언론학의
기원

The Beginnings of Communication Study in America
by Wilbur Schramm
edited by Steven H. Chaffee & Everett M. Rogers

컬처룩 미디어 총서 001

언론학의 기원

윌버 슈람 지음 | 스티븐 H. 채피 · 에버렛 M. 로저스 엮음 | 임영호 옮김

언론학의 기원

지은이 월버 슈람
엮은이 스티븐 H. 채피 에버렛 M. 로저스
옮긴이 임영호
펴낸이 이리라

편집 이여진 한나래
디자인 에디토리얼 렌즈

2014년 9월 15일 1판 1쇄 펴냄

펴낸곳 컬처룩
등록 제2011–000149(2010. 2. 26)
주소 121–898 서울시 마포구 동교로 27길 12 씨티빌딩 302호
전화 070.7019.2468 | 팩스 070.8257.7019 | culturelook@naver.com
www.culturelook.net

The Beginnings of Communication Study in America: A Personal Memoir
by Wilbur Schramm
edited by Steven H. Chaffee & Everett M. Rogers

Printed in Seoul

ISBN 979–11–85521–07–7 94300
ISBN 979–11–85521–06–0 94300 (세트)

* 이 도서의 국립중앙도서관 출판예정도서목록(CIP)은 e-CIP홈페이지(http://www.nl.go.kr/ecip)와 국가자료공동목록시스템(http://www.nl.go.kr/kolisnet)에서 이용하실 수 있습니다.
(CIP제어번호: CIP2014023809)

차례

part 2 미국 커뮤니케이션 연구의 정착

일러두기

- 한글 전용을 원칙으로 하되, 필요한 경우 원어나 한자를 병기하였다.
- 한글 맞춤법은 '한글 맞춤법' 및 '표준어 규정'(1988), '표준어 모음'(1990)을 적용하였다.
- 외국의 인명, 지명 등은 국립국어원의 외래어 표기법을 따랐으며, 관례로 굳어진 경우는 예외를 두었다. 인명의 원어는 찾아보기에 병기하였다.
- 각주는 다음과 같이 구분하였다. 엮은이가 설명을 덧붙인 것은 '편집자,' 옮긴이가 설명을 덧붙인 것은 '옮긴이'로 표기하였다.
- 커뮤니케이션 연구의 선구자(1장), 해럴드 라스웰(2장), 폴 라자스펠드(3장), 커트 레윈(4장), 칼 홉랜드(5장), 윌버 슈람(7장), 언론학계의 주요 연도(8장)의 연표들은 독자의 이해를 돕기 위해 옮긴이가 정리한 것이다.
- 사용된 기호는 다음과 같다.
  논문, 신문 및 잡지 등 정기 간행물, 방송 프로그램, 영화: 〈 〉
  책(단행본): 《 》

돌이켜보면, 언론학자로서 이 분야에 몸담은 지도 적지 않은 시간이 지났다. 내가 학부생이던 시절 국내 언론 관련 학과는 10군데 내외에 불과했지만, 지금은 4년제 대학에 관련 학과를 두지 않는 데를 찾기가 쉽지 않을 정도로 수가 늘어났다. 언론학 연구자의 저변이나 연구 업적도 양적, 질적으로 모두 몰라볼 정도로 성장했다. 하지만 이처럼 화려한 외적 성장에 비해 언론학은 무엇을 하는 학문이며, 어떤 방향으로 가야 하는가 하는 근본적이고 심각한 질문이나 성찰은 예전에 비해 오히려 줄어들지 않았나 하는 아쉬움을 갖게 된다.

흔히 역사는 지나간 시절의 기록이 아니라 현재에 관한 이야기라고 한다. 과거를 오늘의 시각에서 검토하고 재구성하다 보면, 현재 우리가 처한 위치를 돌이켜보지 않을 수 없기 때문일 것이다. 학문도 이와 비슷하다고 생각한다. 학문은 수많은 사람이 참여해서 오랜 시간을 투자해 서서히 쌓아 나가는 집단 작업이다. 개별 연구자들은 자신의 미세한 전문 분야에 몰두하다 보면 긴 안목으로 또 종합적으로 분야의 현재 지형을 살펴보면서 새로운 방향 전환을 모색하기가 그리 쉽지 않다. 하지만 과거 선구자들의 뛰어난 성취와 더불어 시행착오로 얼룩진 학문의 성장 과정을 돌이켜보면 현재 우리 자신의 문제점과 한계를 짚어 보는 데 상당한 시사점을 얻을 수 있다. 과거 이 분야를 창설한 선구자들은 이 학문의 미래에 관해 어떤 청사진을 갖고 있었고, 그 구상과 현실은 어떤 차이가 있었으며, 우리는 과연 바람직한 방향으로 가고 있는가? 선구자들이 남겨놓은 업적이나 미완성 과제 중에서 현재의 고민을 풀어가는 데 도움이 되는 내용은 무엇일까?

윌버 슈람은 커뮤니케이션 연구, 혹은 언론학이라 불리는 학문을 대학이라는 제도적 공간에서 하나의 분과로 창시한 사람이다. 그리고 그 이전에는 슈람이 학문 창시라는 비전을 구상하고 실현해 나가는 데 밑바탕이자 지적 자양분을 제공한 여러 선구자가 있었다. 해럴드 D. 라스웰, 폴 F. 라자스펠드, 칼 I. 홉랜드, 커트 레윈 등 이른바 4명의 시조들, 더 멀리 올라가면, 찰스 쿨리, 로버트 파크 같은 인물이 여기에 해당할 것이다. 슈람은 경력 말년에 바로 이 선구자들에 관한 이야기, 그리고 커뮤니케이션이라는 학문 분야가 싹터서 자리 잡아가는 과정을 자신이 고민하고 몸소 실천하며 느낀 대로 기록하려 하였다. 말하자면 학문의 역사, 즉 '학사學史'에 해당하는 책인 셈이다. 이 책은 바로 이 과정에 관해 학문 분야 설립자 자신이 들려주는 이야기를 담았다.

하지만 슈람은 생전에 이렇게 원대하게 구상한 작업을 완성하지 못했고, 그 원고가 책으로 출판되는 것도 보지 못한 채 미완성 원고 형태로만 남겨놓았다. 슈람이 세상을 떠난 후 우연히 발견한 이 원고를 그 후학인 스티븐 채피와 에버렛 로저스가 슈람의 원고를 다듬고 미완성 부분을 채워 넣어 이 책으로 펴냈다. 그래서 이 책은 슈람이 본 언론학 형성기의 이야기이면서도 동시에 그 후학들의 관점에서 분야 설립자인 슈람 시절과 슈람 이후의 언론학 분야가 제도화되는 과정을 기술하였다. 이처럼 집필자가 여러 명 참여한 것은 이 책의 탄생 과정을 감안하면 불가피한 측면이 있다. 이 책은 또한 저자들의 주관적 관점에서, 즉 학문 형성기의 참여자의 주관적 경험을 통해 이야기를 풀어나가는 형식을 취한다. 그래서 저자의 편향이 드러나는 곳도 군데군데 있다. 하지만 이러한 기술 방식은 어떻게 보면 뚜렷한 한계이면서도 동시에 강점이기도 하다. 이론과 개념의 부침에 관한 기술은 추상적인 내용을 다루기 때문에 자칫 어렵고 딱딱하며 현실감이 없을 수도 있는데, 이 같은 회고론적 서술 방식은 그러한 개념이 왜, 어떻게 형성되고 변해갔는지를 생생하게 이해할 수 있게 해준다.

아무쪼록 이 책을 통해 더 많은 연구자와 학생이 언론학이라는 학문의 역사에 관심을 갖게 되기를 바란다. 사회과학 중에서도 언론학은 현실과 특히 밀접한 관련이 있어 실용적 학문으로 통한다. 이에 비해 추상적 개념과 이론의 역사인 학사는 상대적으로 현실에 별 도움이 안 되는 비실용적 지식으로 보일지도 모르나, 사실은 이러한 체계화, 추상화 과정을 통해 지식은 현실에 훨씬 더 도움을 주는 자산으로 도약할 수 있다.

이 책은 번역자의 관심사나 영역보다 훨씬 폭넓은 분야를 다루고 있어, 번역 과정에서 부족한 점이 적지 않을 것으로 본다. 하지만 이것 역시 학문하는 사람으로서 배워 나가는 과정의 일부라고 여기고, 앞으로 더 분발하고 정진하는 계기로 삼고자 한다. 독자들의 질책과 조언을 부탁드린다. 요즘처럼 출판계가 어려운 실정에서도 순수하게 학술적인 책의 출판에 흔쾌히 동의해 주고 멋진 책으로 완성해 주신 출판사 측에도 감사드린다.

2014년 여름

옮긴이

1987년 12월 27일 윌버 슈람은 집에서 부인과 함께 앉아 텔레비전을 보다가 숨을 거두었다. 몇 주 후 친구들이 와서 유품을 정리하던 중 슈람의 컴퓨터에서 "미국 커뮤니케이션 연구의 기원"이라 이름 붙은 원고를 발견했다. 이는 분명히 초고 형태로, 여섯 개의 장과 아직 집필하지 않은 일곱 번째 장의 개요를 구상한 차례로 이루어져 있었다. 컴퓨터 파일이나 그가 남긴 종이 원고 어디에서도 이 원고에 대한 주석이나 인용 출처는 찾을 수가 없었다.

슈람이 이 책에서 선택한 주제에 관해 일찍이 그보다 집필에 필요한 자질을 잘 갖춘 사람은 없었다. 지금까지 알려진 가장 주목할 만한 학문적 혁신가 중 한 명으로서, 슈람은 자신의 책 제목이 현실에서 실현되는 과정에서 내내 중심적인 역할을 한 인물이었다. 이전에 나온 몇몇 논문에서와 마찬가지로 이 원고에서도 (이 분야에) 영감을 불어넣은 사회과학자 네 사람에 초점을 맞추고 커뮤니케이션 연구 분야의 '시조

forefathers'로 꼽았는데, 바로 해럴드 D. 라스웰, 폴 F. 라자스펠드, 커트 레윈, 칼 I. 홉랜드다. 비록 몸담은 분야는 각기 달랐지만, 슈람은 이 선구자들의 이론과 방법론에서 2차 세계 대전 이후 수십 년간 커뮤니케이션이란 새로운 학문 분야의 토대가 되는 지적 재료를 발견했다. 슈람의 미완성 원고는 이 시조들이 초창기에 기여한 바를 영원히 기리려는 취지에서 기획되었다.

슈람이 시작한 작업을 우리는 능력이 닿는 대로 최선을 다해 완성해 이 책으로 내놓는다. 고인의 미망인인 엘리자베스 슈람(이분은 남편을 뒤따라 1988년에 작고했다)과 딸인 메리 슈람 코벌리가 간곡하게 부탁을 해서 우리는 이 과업을 떠맡았다. 슈람의 오랜 후배이자 동료인 스탠포드대학교의 라일 넬슨과 동서센터East-West Center의 고드윈 추가 수고해 준 덕분에 디스켓과 인쇄물 상태로 이 책 원고를 넘겨받았다. 스탠포드대학교의 마리코 지츠가와는 스탠포드대학교 도서관에서 출처를 열심히 뒤져 원고에서 빠진 부분을 찾아내 이 작업에 큰 도움을 주었다. 우리는 이 밖에도 커뮤니케이션 분야의 역사에 관해 추가 연구를 함께 수행하는 동안 스테이시 프랭크와 스테파니 크래프트의 도움을 받아 원고에서 미처 찾지 못한 나머지 인용 출처도 7년이라는 기간에 걸쳐 확인했다.

하나의 불가피한 예외, 그리고 커다란 예외를 제외하면, 원고에서는 꼭 필요한 부분만 편집해서 슈람이 집필한 내용을 가능한 한 그대로 여기에 실었다. 이 책의 1부는 본질적으로 슈람의 원고에 출처를 붙여 수록했는데, 1장에서 5장까지는 슈람이 초안을 잡은 처음 다섯 장이다. 그분이 아주 세심한 장인임을 알기에 몇 가지 오류를 찾아서 재량껏 수정하였다. 1부의 6장은 슈람이 이 책의 마지막 장으로 쓴 (원래는 그가 7장으로 계획한) 요약문이다.

슈람이 사망하면서 남겨 놓은 원고 상태대로 출판하려 했지만, 다만 여기에 예외적으로 두 장 분량의 원고를 추가했다. 이 두 장은 이 책의 2부를 이룬다. 우선, 슈람의 원고 차례에 나온 개요를 보고, 아마도 책이 완성되었더라면 6장이 되었을 것이라고 추정한 내용을 서술하려고 노력했다. 이 부분은 이 책의 8장에 나와 있는데, 커뮤니케이션 연구가 일단 출범한 이후 미국의 여러 대학교에서 어떻게 확산되었는지를 기술한 내용이다. 슈람의 확실한 의도를 존중하려 한다면 원고에 이런 내용을 추가할 수밖에 없다.

하지만 이 책에서는 훨씬 더 큰 재량권을 발휘해, 윌버 슈람이라면 결코 고려하지 않았을 한 장(7장)을 추가로 집필했는데, 이는 바로 이 분야의 **설립자***the founder*에 관한 설명이다. 이는 물론 슈람을 말한다. 오늘날 이 분야의 시조가 과연 누구인지를 놓고 논쟁을 벌일 수 있을지는 모르나, 슈람이 설립자라는 데 이의를 제기할 커뮤니케이션 학자는 없다. 슈람이 탁월한 인물이라는 점에 대해 왜 그처럼 광범위한 공감대가 형성되어 있으며, 이 훌륭한 인물의 마지막 저작을 출판하기 위해 우리가 왜 이 같은 노력을 기울였는지를 독자들이 이해할 수 있게 7장을 집필하였다.

이 책의 편집 방식에서 몇 가지 특징을 설명해야 할 것 같다. 슈람은 여기에 포함된 여러 장을 개인적 시각에서 서술했기 때문에, 그가 관찰한 내용 중 다수가 일인칭적인 성격을 띠고 있다. 이 점을 강조하기 위해 이 책에 **개인적 회고록***A Personal Memoir*이란 부제를 붙였다. 슈람은 이 분야의 역사를 바로 자신이 경험한 대로 보았다. 그래서 슈람에 관한 7장을 서술할 때에도 비슷한 방법을 사용한다. 이후의 학자들은 커뮤니케이션 연구가 전개되는 다양한 경로를 새롭게 추적했지만, 마치 올림포스의 신처럼 총체적인 시각을 제공하는 일은 이 책의 범위를 벗어난다. 슈람이 제시한 분야의 역사를 수정하려 노력해야 할 필요가 있다고는 전혀 생각지 않는다. 따라서 우리는 커뮤니케이션 연구의 역사에 관해 몇 가지 주장을 여기서 그대로 고수하려 하는데, 다른 곳이었다면 아마 이에 이의를 제기했을지도 모른다. 다름 아니라 이것은 어디까지나 **슈람의** 책이라 생각하기 때문이다.

슈람의 글쓰기 스타일은 매우 개인적이며 슈람 자신만의 독특함을 지녔다. 슈람이 대학에 대해 사용한 호칭을 공식적인 명칭으로 대체하고 싶은 유혹도 느꼈지만, 예컨대 위스콘신을 공식 명칭인 '위스콘신 대학교 매디슨 캠퍼스'로 바꾸기보다는 '위스콘신'으로 두기로 결정했다. 이와 비슷하게, 슈람이 저명한 학자를 언급할 때 사용한 호칭도 원래대로, 즉 흔히 친한 사이에 부르는 호칭 그대로 두었다. 윌버 슈람에게 폴 F. 라자스펠드는 '폴'일 뿐이었다. 어떤 사람이나 기관인지 분명치 않거나, 슈람이 파악한 소속 기관이 더 이상 유효하지 않다고 판단한 경우는 편집자 주를 덧붙였다. 원고에는 설명문을 극히 일부만 붙였고, 이 경우 괄호로 표시하였다. 이처럼 편집을 자제한 것은 그에 대한 호의 때문만은 아니다. 슈람의 원고는 1차 초안일 뿐이며, 분명히 슈람이라면 자신의 문장 표현에 가혹할 정도로 편집을 가했을 것이다. 실제로도 늘 그렇게 한 사람이다(Danielson, 1989). 따지고 보면, 슈람은 커뮤니케이션 분야에 대한 구상을 구체화하기 전에는 단편 소설로 오 헨리상을 수상할 정도로 뛰어난 전문 작가였다. 이 사람은 우리 분야에서 가장 위대한 학자임과 동시에 가장 훌륭한 스토리텔러였다. 이 책을 만드는 과정 내내 우리는 슈람이 이야기를 전개하는 데 방해가 되지 않도록 애썼다.

이 책을 편집하는 작업에서 지적인 측면에서뿐만 아니라 다양한 형태로 빚을 많이 졌다. 편집자들이 소속한 기관의 지원에 대해, 가령 스탠포드대학교 커뮤니케이션학과와 커뮤니케이션연구원의 채피 박사에게 사의를 표한다. 스탠포드대학교의 행동과학심화연구센터의 로저스 박사에게도 감사드리는데, 그는 서던캘리포니아대학교 애넌버그 커뮤니케이션학부에서 뉴멕시코대학교의 커뮤니케이션·저널리즘학과로 옮기기 전 1991~1992학년도에 여기서 펠로우로 근무한 적이 있다. 이 책을 준비하는 여러 단계에서 특히 어윈 베팅하우스, 엘리너 블룸, 헨리 브레잇로즈, 웨인 다니엘슨, 메리 앤 피츠패트릭, 프레드 하버만, 윌리엄 핵텐, 잭 힐가드, 네이선 매코비, 하워드 매케이, 맥스웰 매콤스, 라일 넬슨, 윌리엄 페이슬리, 시어도어 피터슨, 도널드 로버츠, 찰스 새비지, 데이비드 매닝 화이트 등 슈람의 수많은 동료와 제자의 자문을 받았는데, 이분들에게도 감사드린다. 스테파니 크래프트는 최종 원고를 마무리하고 교정지를 검토하는 역할을 맡아준 데 대해 특별한 감사를 받을 자격이 있다. 다른 분들의 이름은 적절한 곳, 특히 7장과 8장에서 언급했다.

그렇다면 이제 윌버 슈람이 스스로 시작한 분야의 후학에게 남긴 마지막 말을 들어 보자.

스티븐 H. 채피(캘리포니아 스탠포드)

에버렛 M. 로저스(뉴멕시코 앨뷰커크)

part 1

미국 커뮤니케이션 연구의 시조

윌버 슈람

chapter 1

우리 시조의 시조

미국 커뮤니케이션 연구의 선구자

Robert Ezra Park   Charles Horton Cooley   Edward Sapir

1864	로버트 에즈라 파크 출생; 찰스 호턴 쿨리 출생
1884	에드워드 사피어 출생
1887	파크, 미시건대학교 졸업; 쿨리, 미시건대학교 졸업(기계공학)
1887~1898	파크, 미니애폴리스, 디트로이트, 덴버, 뉴욕, 시카고의 일간지 기자 근무
1892	쿨리, 미시건대학교 교수 부임
1894	쿨리, 미시건대학교 박사 논문 〈교통 이론〉
1899	파크, 하버드대학교 석사
1904	파크, 하이델베르크대학교 박사 논문 〈군중과 공중〉 출판; 사피어, 컬럼비아대학교 졸업
1905	사피어, 컬럼비아대학교 석사(게르만어학)
1905~1914	파크, 터스키지연구소Tuskegee Institute에서 부커 워싱턴의 비서, 집필, 홍보 담당
1909	사피어, 컬럼비아대학교 인류학 박사; 쿨리, 《사회 조직》 출판
1910	사피어, 캐나다지질조사소 수석 인류학자로 부임. 15년간 근무
1914~1933	파크, 시카고대학교 사회학과 교수
1921	사피어, 《언어: 스피치 연구 입문》 출판
1922	파크, 《이민자 신문과 그에 대한 통제》 출판
1925	사피어, 시카고대학교 인류학과 교수 부임
1929	쿨리 사망
1931	사피어, 예일대학교 스털링 석좌 교수
1933~1944	파크, 피스크대학교 교수
1939	사피어 사망
1940	파크, 〈미국 사회학 저널〉에 〈뉴스 사회학〉 논문 출판
1944	파크 사망

인간 커뮤니케이션의 역사에서 가장 찬란한 여러 대목, 가장 중요한 통찰력, 결정, 발명은 시간과 거리의 안개 속에 감춰져 있어, 극히 일부만 알려져 있을 뿐이다. 그러나 이 책은 주로 우리 자신의 시대에 관한 이야기다. 즉 지금 이 세기의 커뮤니케이션에 관한 사회적 연구에서 중요한 혁명을 주도한 여러 학자를 다룬다. 모두 우리가 개인적으로도 아는 사람이다. 이 학자들에 관한 기억과 기록은 아직도 생생하다. 그리고 이 학자들이 배출한 제자는 모두 아직 우리 주변에 있다. 더구나 이 중 네 명은 너무나 큰 영향을 미쳤기에, 현대 커뮤니케이션 학문의 '시조'라고 불리게 되었다.

우리의 시조

물론 나는 해럴드 D. 라스웰, 폴 F. 라자스펠드, 커트 레윈, 칼 I. 홉랜드를 지칭하고 있다.[1] 이들은 연구 수행과 이론 개발에서 모두 대단히

1 Hovland의 이름은 '헙랜드'로 발음한다. 독일에서 레윈의 이름은 '러빈'으로 발음하지만 미국에서는 대다수 사람이 '류윈'이라고 부른다. 슈람에 따르면, 레윈은 이 두 가지

생산적인 사람이었다. 네 명 중 셋은 연구와 훈련 기관을 설립했으며, 네 명 모두 제자를 무수하게 지도하고 동료에게 엄청난 영향을 미쳤다. 많은 사람이 지적했듯이, 네 사람은 커뮤니케이션 연구가 발전하는 한 단계에서 이 분야에 뛰어들어 새로운 단계에서 분야를 떠났다. 더 정확히 말하자면, 이 선구자들은 커뮤니케이션 연구나 커뮤니케이션학이라 불리는 분야가 생겨나기도 전에 여기에 뛰어들어 이 분야를 창설했다.

이 학자들은 자신의 업적에 대해 겸손했기 때문에, 아마 스스로 그런 역할을 했다고 말하지 않았을 것이다. 실제로 이 네 사람은 만일 자신이 '시조'라면, 자신에게도 역시 시조가 있었다고 아무 망설임 없이 지적하였다. 자신이 활동한 시기 이전에 커뮤니케이션에 관해 자신의 어떤 업적보다도 더 중요한 통찰력을 남긴 사람이 있었다는 것이다. 나는 커뮤니케이션의 과거에 관해 라스웰과 이전에 나눈 대화를 기억한다. 지구상에 얼마나 많은 인간이 살다 갔는지 아느냐고 라스웰은 물었다. 그래서 인간이나 인간 비슷한 존재가 지구상에 존재한 100만 년 동안 1000억 명 ± 25% 정도 되지 않겠느냐고 추정해서 답변했다. 만일 창조론의 주장을 받아들여 약 6000년 전 에덴동산에서 하나의 가족에서 세상이 시작되고 아라랏 산의 방주에 탄 노아 가족으로 새 출발을 했다고 믿는다면, 이 추정치를 500억 ± 15% 정도로 축소해야 할지도 모른다. 라스웰은 껄껄하고 웃더니 시간의 추정치에 관해서는 다윈과 의견을 같이 하겠노라고 말했다. 하지만 이 학자는 분명히 그 수치에 매혹된 것처럼 보였고, 보존 방법이 전혀 없어 전승되지 못하고

발음 중 어느 쪽이라도 상관없다고 했다 한다. — 편집자

사라진 사실이 함축하는 바에 흠뻑 빠진 것 같았다. 선사 시대의 안개 속에 파묻혀 우리에게 알려지지 못했지만, 조상들이 도달한 통찰력에 관해 우리는 멋진 대화를 나누었다.

빙하 시대에는 영국 땅에 사는 전체 인구가 아마 250명에 불과했을 것이라고 어딘가에서 읽었다면서, 그처럼 고립된 생활을 하는 인간에게 커뮤니케이션은 어떤 특별한 의미가 있었을지 궁금하다고 라스웰은 말했다. 빙하기 이후 시대 초기에만 해도 지구상에는 인간보다 침팬지 수가 아마 더 많았을 것이라고 나는 지적했고, 인류가 지배적인 종이 아니던 때에는 과연 인간 커뮤니케이션이 그리 중요하기나 했을까 하는 추론도 함께 해보았다.

그러고 나서 마침내 이 초창기 시절에 아마 틀림없이 인간이 체득했을 정말 중요한 몇몇 통찰력으로 화제가 옮아갔다. 예컨대, 모든 사물에는 이름을 붙일 수 있고 사물 자체 대신에 이름을 전달할 수도 있을 것이라는 발상을 누가 처음 떠올렸을까? 어떤 마술과 같은 순간에, 또한 과연 어떤 곳에서, 몇몇 다른 소리나 동작을 추가하면 어떤 행동을 이름과 짝지을 수도 있을 것이라고 사람들이 깨달았을까? 소리나 동작을 특정한 방식으로 결합하면 미래나 과거에 관해서도 현재만큼이나 손쉽게 커뮤니케이션할 수 있을 것이라는 통찰력은 어디서 나왔을까? 틀림없이 인간은 아주 먼 과거에 이 모든 통찰력을 갖추게 되었으며, 이에 비하면 현재의 커뮤니케이션 연구에서 얻는 따위의 통찰력은 지엽적인 데 불과하다.

나는 때때로 이때의 대화로 되돌아가 라스웰이 자신의 성과에 대해 내린 겸손한 평가를 회상하곤 했다. 우리가 제기한 해답 없는 여러 질문에 다른 질문도 물론 추가할 수 있을 것이다. 뼈나 돌, 진흙 덩어리를 보고는 이를 인간 형상의 조각상으로 변환하는 방법을 처음 상상해 낸 사람은 누구였을까? 약 2만 5000년 전 남유럽의 우리 조상들은 조그만 인간 형상을 제작했는데, 이것이 부족 인구 증가와 어떤 마술과 같은 연관이 있다고 생각했기 때문에, 누군가는 그렇게 했다. 동굴 벽을 쳐다보다가 부족이 사냥한 버펄로나 매머드, 혹은 다른 동물을 재현하기 위해 벽에다 색칠을 할 생각을 처음 한 사람은 누구일까? 그리고 나아가 사물을 그림으로 나타낼 수 있을 뿐 아니라 그 후에는 그림의 스타일과 의미를 일반화하고, 거기에 소리를 부여하여 소리와 시각을 상호 호환할 수도 있고, 그림과 소리를 의미와 연계하여 기록 언어로 사용할 수도 있다고 인간들은 깨닫게 되었다. 이처럼 훨씬 더 흥미로운 통찰력의 기원은 어디일까? 수메르인이 점토판에 눌러쓰고 이집트인이 파피루스에 그린, 이 새로운 '글쓰기'가 인간에게 기억 구실을 할 수 있음을 누가 간파했을까?

만일 이 탁월한 시조 네 사람을 장대한 커뮤니케이션의 역사 속에 자리매김하려 한다면, 우리가 처음 대화하던 날 밤 라스웰이 말했듯이, 19세기나 20세기에 태어난 이 시조나 나머지 사람은 모두 커뮤니케이션에 관해 정말 근본적인 질문이 이미 제기된 이후에야 세상에 태어난 셈이다. 최초의 문자, 즉 젖은 진흙 판에 쐐기 모양으로 눌러쓴 수메르인의 문자에서 20세기에 이르는 발전 과정은 주로 기술적인 개선에 불과했으며, 단지 그림 모양의 상징에서 알파벳으로, 종이와 잉크, 인쇄술로, 영상 녹화와 전자 녹음·송출로 변해 왔을 뿐이다. 이러한 변화를 실현한 재능 있는 장인과 발명가 여럿은 잘 알려져 있는데, 채륜[2]과 구텐베르크, 다게르,[3] 벨, 에디슨,[4] 마르코니, 드 포리스트,[5] 즈보리킨[6] 같은 인물이 바로 그 예다. 그러나 이 발명가들의 기여는 대부분 근본적이라기보다는 스타일의 문제였을 뿐이다. 말하자면 A.D. 105년 채륜이 발명한 넝마를 섞은 종이는, 추정컨대 대략 수십만 년 전에 모든 사물에 이름을 붙일 수 있다는 것을 파악한 발상에 비하면 등급이 낮은 발견일 뿐이다. 전자적인 컴퓨터는 나중에 보면 기술적인 승리일 뿐 아니라 근본적인 통찰력에 해당하는 발명이 될 수도 있겠지만, 이는 앞으로 좀더 지켜봐야 할 일이다. 글쓰기가 발명된 이후 인간 커뮤니케이션에서 오히려 더 근본적인 통찰력은 아마도 인간이 자신과 세계에 관해 어떤 방식으로 이야기해야 하는지 깨달았다는 점에 있을 것이다. 이 사람들은 보이지 않는 사물이나(데모크리토스의 원자론), 만질 수 없는 사물(아리스타르코스, 피타고라스, 코페르니쿠스, 갈릴레오, 케플러, 뉴턴의 우주론)

2 채륜(50~121)은 중국 동한 때의 환관으로 종이를 처음 발명했다. 나무껍질, 대마, 그물 조각 등을 원료로 종이 만드는 법을 개발해 문자 기록 문화의 획기적인 확산에 기여했다. 종이 제조술은 중국 인근 국가 내에서만 수백 년간 은밀히 유통, 전수되다가, 751년 당나라와 아라비아의 전쟁 때 당 포로를 통해 아라비아로 전해졌고 점차 유럽에도 본격적으로 전파되었다. — 옮긴이

3 루이 다게르(1787~1851)는 프랑스의 예술가이자 사진가이다. 특히 은판 사진술*daguerreotype*을 발명해 현대적인 사진의 아버지로 불린다. — 옮긴이

4 토머스 에디슨(1847~1931)은 소개가 필요 없을 정도로 유명한 미국의 만능 발명가였는데, 미디어와 관련해 특히 주목받는 부분은 영화와 음성 녹음 기술의 발명이다. 에디슨이 발명한 기술은 전축과 유성 영화의 등장에 크게 기여했다. — 옮긴이

5 리 드 포리스트(1873~1961)는 미국의 발명가로 '라디오의 아버지'로 불렸다. 삼극진공관*triode vacuum tube*과 전자 신호 증폭 장치 등을 발명했는데, 이 발명은 이후에 라디오, 텔레비전 방송, 원격 전화 서비스 등이 등장하는 토대를 닦았다. — 옮긴이

6 블라디미르 K. 즈보리킨(1888~1982)은 러시아계 미국인으로 텔레비전 기술의 선구자이다. 브라운관*cathode ray tube*을 이용한 텔레비전 송수신 체제를 발명했고, 이러한 발명으로 1930년대 초부터 텔레비전의 실질적인 발전에서 중추적인 역할을 담당했다. — 옮긴이

에 관해 논의하는 방법도 깨쳤다. 이들은 수와 양에 관해 논의하는 방안을 고안했는데, 이 덕분에 버펄로 두세 마리를 세는 데 그치지 않고 계량 가능한 것에는 모두 적용되는 추상적 숫자인 2와 3의 개념도 이해할 수 있게 되었다. 심지어 '영'과 '무한'이라는 포착하기 어려운 개념도 개발해 냈다.

이 사람들은 예컨대 알파벳 창안자와 마찬가지로 현대 커뮤니케이션의 시조였던 셈이다. 또한 가령 재주꾼인 존 베어드는 70년 전 처음으로 텔레비전을 (1926년 1월 26일 런던에서) 공개적으로 시연한 사람으로 커뮤니케이션 기기를 고안해 낸 몇몇 재능 있는 발명가 중 한 명인데, 앞서 말한 인물들은 이보다 훨씬 더 앞선 시조인 셈이다.

2000~3000년 전의 세상에서는 오늘날 철학, 예술, 수사학 등으로 부르는 분야에 종사하면서 미래의 커뮤니케이터에게 필요한 질문을 제기하고 표준을 만들어 내는 역할을 한 독창적인 사고의 인물로 넘쳐났는데, 이 사람들은 그러면서도 자신이 커뮤니케이션을 공부하고 있다는 사실은 거의 깨닫지 못했다. 로마 언어에는 코뮤니카레*communicare*라는 동사가 있었고, 그리스인은 (수사학이라는) 명사의 어간이 된 레토*rhetor*라는 단어를 사용했다. 키케로와 퀸틸리아누스,[7] 아리스토텔레스, 소피스트학파, 소크라테스의 추종자들은 '수사학'이라 부른 현상을 설득과 설명이라는 측면에서 분석했고, 이 학자들이 구사한

7 마르쿠스 파비우스 퀸틸리아누스(35~100)는 에스파냐 출신으로 로마 시대의 유명한 수사학자이다. 퀸틸리아누스의 수사학은 중세 수사학과 르네상스 시대의 글쓰기에 광범위하게 영향을 미쳤다. 퀸틸리안Quntillian은 퀸틸리아누스를 영어식으로 표기한 것이다. — 옮긴이

정교함은 이후에도 오랫동안 대적하는 인물이 없었다. 플라톤은 《동굴의 우화*The Allegory of the Cave*》라는 커뮤니케이션 연구의 고전을 집필했다. 호머가 지은 서사시는 이후 구전에 의해 보존될 정도로 흥미진진한 동시에 그리스 역사에서 전성기의 표준을 세웠다 할 정도로 문화 분석으로서도 통찰력이 있었다. 헤로도토스는 위대한 서사적 역사가였을 뿐 아니라 주변에서 관찰한 문화에 대한 분석가로서도 필적할 이가 거의 없는 인물이었다. 시저는 종종 역사상 "가장 뛰어난 종군 특파원"으로 불리기도 했는데, 물론 초급 라틴어 강좌에서 《갈리아 전기》를 공부한 젊은이라면 이 주장에 펄쩍 뛸지도 모르겠다. 그 시절의 몇몇 극작가, 가령 아리스토파네스는 예리한 사회 비평가로서, 현대의 극작가뿐 아니라 현대의 논평가와 수필가의 자질을 미리 예시해 주었다. 당시의 어떤 철학자나 '현인'도 커뮤니케이션 학자로 자처하지는 않겠지만, 인간 커뮤니케이션에 관해 중요한 지적을 해준 사람은 많았다. 가령 공자가 그러한 인물이다. 아리스토텔레스도 그렇고 《우파니샤드*Upanishards*》[8]의 저자도 마찬가지다.

따라서 이 책 후반부에서 자랑스러운 거물로 다룰 라스웰, 라자스펠드, 레윈, 홉랜드 같은 최근의 학자와 교육자는 커뮤니케이션 발전 경로에서 보면 훨씬 뒷자리를 차지하게 된다. 이 학자들은 매스 미디어

8 《우파니샤드》는 가장 오래된 힌두 경전인 베다를 운문과 산문으로 설명한 철학적 문헌을 말하며, 현재 100여 종이 알려져 있다. 《우파니샤드》에는 BC 1000~600년경에 활약한 여러 힌두 성인과 사상가의 가르침이 기록되어 있다. 이는 힌두교뿐 아니라 불교, 자이나교를 비롯해 인도 철학의 많은 부분에 영향을 미친 사상적 원류가 되었다. 《우파니샤드》는 19세기 초 유럽에서도 번역되어 많은 사상가에게 영향을 미쳤고, 특히 독일에서 그 영향이 두드러졌다. 철학자 쇼펜하우어가 대표적인 인물이다. — 옮긴이

의 시대라고 불리게 될 새로운 시대, 즉 인간의 역사에서 새로운 시간대의 산물이었다.

매스 미디어가 현대 커뮤니케이션 연구의 무대를 열어주다

매스 미디어의 등장을 앞두고 세계는 수 세기 동안 용틀임하고 있었다. 로마인은 출판사를 세우고 여기서 수많은 필경사의 손으로 책을 생산해 냈으며 이들이 필사한 소식지를 제국의 먼 지역에 유통시켰다. 중국에서는 목판에 글자를 새기는 법을 깨쳐, 《금강경金剛經》[9]처럼 화려하게 삽화를 붙인 서적과 궁정 소식지를 생산할 수 있게 되었다. 특히 이 소식지는 8세기부터 20세기 초반까지 지속했기 때문에 분명히 역사상 가장 오래된 신문이었다. 마을 고지원들*town criers*은 비록 미심쩍기는 하지만 오늘날의 라디오 뉴스 캐스터처럼 소리로 소식을 전했다. 한국인과 중국인은 구텐베르크보다 한 세기 전에 금속 활자 제조법을 깨쳤다. 그러나 이처럼 미약한 변화가 조직화된 미디어로 진화해 정보와 오락을 광범위한 공중에게 전할 수 있게 되려면, (금속 활판 인쇄술과 유럽 르네상스의 결합처럼) 새로운 테크놀로지와 우호적인 경제적, 정치

9 《금강경》은 '금강반야바라밀경'을 줄여서 부른 것인데, 원래 산스크리트어로 된 불교 경전의 일종이다. 20세기 초반 금강경의 한문 번역본이 둔황 석굴에서 발견되었는데, 이 문서의 작성일은 868년으로 추정되고 있다. 이는 지금까지 알려진 인쇄물 중에서 날짜가 기록된 가장 오래된 판본으로 간주되고 있다. — 옮긴이

적 분위기의 결합이 반드시 필요했다.

인쇄술이 소식지로, 다시 종이 신문으로 발전하고, 한 해에 책 몇 권을 찍어 판매하는 데 익숙해 있던 인쇄소들이 16세기 초 무렵 유럽에서 2000만 권씩 유통시킬 능력을 갖추게 되자, 인간 커뮤니케이션은 사회 내에서 눈에 띄게 부상하였다. 제록스사 엔지니어인 조지 R. 화이트가 계산한 바에 따르면, 인쇄술이 사용되기 시작한 후 평균적인 인간의 두뇌 정보 저장량은 아마도 **한 자릿수**(10배) **더** 증가했으며, 인쇄술의 사용 후 인간에게 가용한 정보의 총 저장량은 아마 **두 자릿수**(100배) 더 늘어났을 것이라고 한다. 19세기 초반에 전자 미디어가 사용되기 시작한 후 평균적인 인간의 정보 저장량은 한 자릿수 더 증가했고 미디어에서 얻을 수 있는 정보량은 두 자릿수만큼 늘어났다고 한다.

사회 생활에서 커뮤니케이션이 이처럼 새롭게 부각하면서 여러 가지 중요한 문제점이 제기되었다. 이 중 하나는 출판의 자유와 관련된 문제이다. 16세기와 17세기 유럽의 정부는 대부분 뉴스의 자유로운 수집과 유포를 국가 안전에 잠재적인 위협으로 여겼고, 더구나 권위주의적이었기 때문에, 신민에게 알아야 할 뉴스를 정해 줄 권리가 있다고 보았다. 그 결과 최초의 뉴스는 구전에 의해 퍼지거나 제목이나 발행인 이름조차 없는 낱장짜리 소식지 형태로 유통되었다. 법적으로 승인받은 발행인이 정기적인 간격으로 발행하는 신문이라는 발상이 17세기 초반 유럽인에게 먹히기 시작했을 때, 여러 나라에서는 대체로 발행인이 출판 특허(허가)를 반드시 얻도록 규정하였다. 초기에는 보통 **다른 나라**의 뉴스를 대상으로 하는 특허밖에 얻을 수가 없었다.

영국과 다른 서유럽 국가에서 최초로 정기적으로 발간된 코란토 *corantos*는 대부분 이러한 패턴이 특징이다. 자국 내 뉴스보다는 해외 뉴스를 보도하는 것이 더 안전했다. 그러나 이 정도의 내용은 대다수 독자가 원하는 수준에 미치지 못했고, 이러한 상황 탓에 알 자유, 발언의 자유, 언론의 자유에 관해 사상과 토론이 빈번하게 벌어졌다. 인간 커뮤니케이션과 정치적, 도덕적 자유의 관계를 정의하는 데 목표를 둔 몇몇 저명한 저술은 이러한 긴장 속에서 생겨났다. 밀턴의 《아레오파지티카*Areopagitica*》가 그러한 저작인데, 여기서는 이렇게 말한다. "진리와 거짓으로 하여금 서로 맞붙어 싸우게 해야 한다. 이 자유롭고 공개적인 경쟁에서 진리가 패배하는 일은 결코 없다."

17세기와 18세기 유럽과 몇몇 유럽 식민지에서 독립 전쟁의 불길이 휩쓸었을 때, 유럽의 여러 통치자가 우려한 대로 새로운 인쇄 미디어는 빠른 속도로 여기에 얽혀 들었다. 이러한 참여 덕분에 신문과 잡지 쪽에서는 상당한 자기 성찰을 하게 되었을 뿐 아니라 여러 필자 역시 커뮤니케이션이 정치에 미치는 영향에 관해 당연히 고심하게 되었다. 존 스튜어트 밀의 《자유론*On Liberty*》은 이러한 도전에서 생겨난 주목할 만한 책 중 하나이다. 오래전 마키아벨리는 인민이 정부에 관해 어떻게 말하고 생각하는지 면밀하게 살펴보라고 "군주들"에게 조언했다. 메테르니히 역시 민심의 상태에 상당하게 관심을 기울였다. 예측할 만한 일이지만, 루소는 법이 여론에 근거해야 한다고 주장했다. 볼테르, 칼라일, 칼 마르크스는 정치와 공적 커뮤니케이션－여론의 관계에 깊은 관심을 기울인 사상가였다.

우리가 사는 20세기에는 1914~1918년 사이의 세계 대전으로 수많은 대중이 선전을 접하게 되었고, 그 후 현직 언론인인 월터 리프먼 같은 일부 학자는 대중 수용자에게 공적 커뮤니케이션의 중요성을 깨우쳐 주는 데 주도적인 역할을 했다. 리프먼이 1922년에 출판한 《여론

Public Opinion》은 현대의 커뮤니케이션 학도가 이전의 학자 세대에게서 물려받은 여전히 가장 유용한 책 중 하나이다. 그러나 여론 연구가 활발해지게 된 진짜 이유는 영화, 라디오, 텔레비전이 등장하고 전자 미디어의 비용을 조달하기 위해 광고의 필요성이 점차 높아진 데 있다. 매스 미디어가 공중의 생각과 여론에 미치는 영향이 뚜렷하게 드러났을 뿐 아니라, 인쇄 미디어의 이용에 비해 전자, 영상 미디어의 이용은 구체적으로 파악하기가 더 어려워, 광고주와 방송 사업자는 수용자에 관해 구체적인 정보를 파악할 필요가 있었다. 나아가 일부 사회 비평가는 누가 미디어를 통제하며 어떤 의견과 태도를 대중 수용자가 학습하는지에 관심을 기울이게 되었다. 따라서 커뮤니케이션의 학술적 전통은 체제 연구에서 활발해졌을 뿐 아니라 나중에는 여론의 분포와 변동 양상을 측정하기 위한 서베이 연구에서도 활성화하였다.

대학에서 커뮤니케이션 연구의 시작

현대 커뮤니케이션 연구의 배경을 채워 넣기 위해서는 대학에서 이루어진 두 갈래의 발전 양상을 고려해야 한다. 하나는 학술적인 갈래이고 다른 하나는 실용적, 직업적인 흐름이었다.

철학과 역사, 정치학, 경제학에 관해 글을 쓰는 학자 중에는, 비록 커뮤니케이션이라는 명칭으로 분류하지는 않았지만, 사실상 커뮤니케이션에 관해 저술하는 사례가 점차 잦아졌다. 더구나 여러 커뮤니케이션 사상가는 커뮤니케이션과 인접한 사상가와 사회과학자의 저술을 해석해 관련된 의미를 찾아내려 하고 있었다. 예컨대, 다윈이 그렇고 이

후에는 프로이트가 그랬다. 바로 이러한 상황을 배경으로 커뮤니케이션 시조 네 사람이 등장하였다.

1900년 직전과 이후 수십 년 동안 여러 사회과학자가 커뮤니케이션에 관해 대단히 예리하고 통찰력 있는 글을 남겼는데도, 이후 커뮤니케이션학계의 독자는 때때로 이 점을 잊고 있다. 당시의 일부 학자는 심지어 자신의 커뮤니케이션 연구가 지니는 결함을 객관적 관점에서 분석하면서 앞으로 나가야 할 방향을 설계하는 능력까지도 보여 주었다. 예컨대, 1895년 프랑스인 장 가브리엘 타르드[10]는 앞으로 태도와 의견을 연구하는 데 어떤 종류의 통계학이 필요한지 대략적으로 제시해 주었다. 당시 그런 통계학은 존재하지도 않았는데 말이다. 막스 베버는 최초의 독일 사회학자 모임에서 공동으로 독일 언론의 양적 분석 작업을 해보자고 제안했다. 이 역시 당시에는 시대를 앞선 제안이었다. 그러나 경험적 사회 조사가 싹트던 이 여명기에서도 커뮤니케이션에 관해 주목할 만한 몇몇 책이 나왔다. 세 가지 예를 들어보자.

10 장 가브리엘 타르드(1843~1904)는 프랑스의 사회학자이자, 범죄학자, 사회심리학자이다. 타르드는 개인 간의 소규모 상호작용을 관찰해 사회를 설명하면서, 이들의 행동에서 나타나는 모방과 발명이 사회 현상의 근본적 동인으로 작용한다고 보았다. 비슷한 시기에 활동했던 뒤르켐과 방법론이나 이론적 접근 방식에서 뚜렷한 대비를 이룬다. 뒤르켐이 개인의 행동보다는 통합과 일관성이라는 집단 단위의 측면에서 사회를 파악하고 자연과학과 같은 실증적 엄밀성으로 탐구한 반면에, 타르드는 개인 단위의 행동, 특히 비합리적 행동에 주목하였다는 차이가 있다. 타르드가 남긴 '집단 정신*group mind*' 개념은 이후 구스타프 르봉이 패거리 행동이나 군중 심리를 이론화하는 데 큰 영향을 미쳤다. 또한 타르드의 이론은 뒤르켐에 가려 한동안 사회학에서 거의 잊혀졌으나 미국 시카고학파 사회학자들이 수용하면서 다시 주목받았다. 국내에서는 《여론과 군중》, 《모방의 법칙》, 《사회 법칙: 모방과 발명의 사회학》 등의 저서가 번역되었다. — 옮긴이

:: 예 1: 찰스 호턴 쿨리

우리가 아는 네 명의 주인공보다 시기적으로 직전에 등장한 미국인 학자로는 찰스 호턴 쿨리(1864~1929)가 있다. 커뮤니케이션에 관해 다루었지만 《사회 조직*Social Organization*》이라는 제목으로 1909년에 출판된 주목할 만한 다음 구절은 커뮤니케이션이라는 새로운 학문의 장과 쿨리가 어떤 관련이 있는지를 말해준다.

> 여기서 커뮤니케이션이란 인간관계가 성립하고 발전하는 과정을 매개하는 메커니즘을 의미하는데, 정신의 모든 상징과 함께 이를 공간적으로 전달하고 시간적으로 보존하는 수단을 말한다. 여기에는 얼굴 표정, 태도, 동작, 음조, 단어, 글, 인쇄술, 철도, 전신, 전화, 그리고 공간과 시간의 정복에서 최근에 이룩된 다른 모든 업적이 포함된다. 이것들이 모두 실제로 복잡하게 결합하고 얽혀 인간 사고의 유기적 총체에 해당하는 유기적 전체를 구성한다. 그리고 정신적 성장에 걸림돌이 되는 것은 모두 그 점에서 외적 존재가 된다. 이 메커니즘을 면밀하게 고려할수록, 커뮤니케이션과 인류의 내적 삶의 관계는 긴밀하게 될 것이며, 그러한 고려만큼 후자를 잘 이해하는 데 도움이 되는 것은 없을 것이다(Cooley, 1909/1983, p.61).
>
> 바로 커뮤니케이션을 통해 우리는 더 높은 단계로 발전하게 된다. 동료의 얼굴과 대화, 책, 편지, 여행, 예술 등은 생각과 느낌을 일깨우고 일정한 방향으로 유도해 우리가 성장하는 데에 필요한 자극과 틀을 공급해 준다(pp.63~64).
>
> 이와 똑같이, 만일 더 거시적인 시각에서 접근해 사회 집단의 삶을

고려한다면, 문학, 예술, 제도로 조직화된 형태를 포함해 커뮤니케이션이 란 정말 사고의 외부적 혹은 가시적 구조이며, 인간의 내부적 혹은 의식적 삶의 효과인 만큼이나 원인이기도 하다. 모두 단일체처럼 함께 성장하는 존재로서, 상징, 전통, 제도는 분명히 정신에서 투사되어 나온 것이다. 하지만 이것들이 투사되는 바로 그 순간 그리고 그 이후 이것은 거기에 반응하고 어떤 면에서는 통제하며, 특정한 사고를 자극하고 개발하고 고정시키는데, 이 때문에 다른 사고는 억압되어 우리를 일깨우는 어떤 의미 제시도 불가능해진다. 이 구조의 도움으로 개인은 어떤 가족, 계급, 국가의 구성원이 될 뿐 아니라, 선사 시대인까지 거슬러 올라가는 더 큰 전체의 구성원으로도 될 수 있는데, 이 더 큰 공동체는 이들의 사고까지도 함께 투입, 누적되어 구축된 것이다(p.64).

따라서 커뮤니케이션 체제란 하나의 도구이자 점진적으로 발전하는 발명품으로서, 커뮤니케이션 체제가 개선되면 다시 인류까지도 영향을 받고 모든 개인과 기관의 삶도 바뀌게 된다. …… 그리고 특히 현대에서는 커뮤니케이션 혁명으로 어떤 방식으로 새로운 세계가 조성되었는지 파악하지 못할 경우 어떤 것도 제대로 이해할 수 없게 된다(pp.64~65).

이 구절을 쓴 사람은 미시건대학교 법대 초대 학장의 아들이었다. 쿨리는 미시건대 학생으로서 엔지니어가 되려고 공부했고 한동안은 장인으로 일했다. 쿨리는 정치경제학 심화 연구 과정을 준비하는 방편으로 워싱턴 D.C.에 있는 미국 인구조사국U.S. Bureau of the Census 제출용으로 도시 철도에 관한 통계를 분석했다. 미시건대학교 경제학과에서 1894년 통과된 박사 논문은 〈교통 이론The Theory of Transportation〉이라는 제목으로 되어 있었다. 그러나 이 무렵 쿨리는 원래부터 공부하던 공학에서뿐만 아니라 심지어 박사 학위를 취득한 분야인 경제학에서조차 다소 멀리 벗어나 버렸다. 다윈이 삶의 질적 상호 연계성에 관해 말한 내용, 즉 앞의 인용문에서 "유기적 총체"로 묘사한 부분을 읽고 쿨리는 깊은 영향을 받았다. 미국의 민주주의 체제에 관한 제임스 브라이스[11]의 분석에서도 감동을 받았다(Bryce, 1900/1987, 1921을 보라). 윌리엄 제임스의 글을 읽은 후에는, 비록 나중에 무슨 도움이 될지는 미리 판단할 수 없지만, 제임스를 따라 (커뮤니케이션의 효과와 같은) 새로운 사건을 주시하기로 결심했다. 쿨리는 또한 그 대가만큼 훌륭한 글을 써보리라 작정하고 심지어 제임스의 책에서도 벗어났다. 그래서 자신의 첫 번째 강의를 경제학이 아니라 사회학으로 가르쳤으며, 이 분야가 장차 핵심적인 역할을 할 것이라 여겼기에 이 분야에서 커리어를 쌓은 것도 결코 놀랄 만한 일은 아니다. 더 인상적인 부분은 인간 커뮤니케이션이 사회에서 중심적인 중요성을 지닌다고 보고, 글과 강의에서 줄곧 이를 강조했다는 점이다.

:: 예 2: 로버트 에즈라 파크

로버트 에즈라 파크(1864~1944)는 쿨리와 같은 해에 태어났고, 같은 대학에서 학부를 마쳤으며, 학자가 되기로 결심하기 전에는 비학문적 일

11 제임스 브라이스(1838~1922)는 영국의 역사학자로서 옥스퍼드대학교 교수로 재직하면서 《신성 로마 제국*The Holy Roman Empire*》(1864), 《미국 연방*The American Commonwealth*》(1888) 등의 여러 저술을 남겼다. 또한 자유주의의 열렬한 옹호자로서 대학을 떠나 자유당 정치인으로 활동했는데, 자유당 내각의 여러 부서 각료와 미국 주재 영국 대사를 지냈다. — 옮긴이

자리에 종사했다. 파크는 쿨리와 비슷하게 몇몇 사람에게서 영향을 받았는데, 하나만 들자면 바로 윌리엄 제임스다. 미시건에서 파크를 주로 가르친 사람은 존 듀이였는데, 무엇보다 파크에게 프랭클린 포드를 소개하는 중요한 역할을 했다. 파크는 포드와 함께 〈사고 뉴스*The Thought News*〉란 새로운 종류의 신문 창간을 계획했는데, 마치 다른 신문이 증권 시장 가격을 보도한 것처럼 이 신문으로 여론의 변동을 보도하려고 했다. 하지만 그러기에는 시기가 아직 성숙하지 않았다. 이러한 종류의 발전에 필요한 투표와 서베이 조사가 마련되려면 그 뒤 30년이나 더 기다려야 했고, 신문은 창간조차 하지 못했다.

파크는 생애 내내 젊은 학자에게 여론의 양적 연구에 뛰어들라고 권유했지만, 신문사를 차려 편집인이 되는 대신에 기존 신문사의 기자로 일했다. 즉 1890년대에 11년간 미니애폴리스, 디트로이트, 덴버, 뉴욕, 시카고의 일간지에서 일했다. 그러고 나서 하버드대 석사 과정에 진학했고(윌리엄 제임스, 조시아 로이스, 휴고 먼스터버그와 공부했고), 마침내 하이델베르크대학교 철학 박사 과정에 진학해 1904년 〈군중과 공중Masse und Publikum〉이란 논문으로 학위를 받았는데, 이 논문은 여론에 관한 이전부터의 관심사에 근거한 것이었다. 하지만 미국에 돌아온 후, 강단에 서지는 않았다. 그 대신 아프리카에서 벨기에가 저지른 학살에 관심을 갖고 콩고개혁협회Congo Reform Association 사무국장을 맡았다. 파크는 미국의 흑인 지도자인 부커 T. 워싱턴과 친구가 되었는데, 워싱턴은 미국 남부 흑인의 여건을 연구해 보라고 파크에게 권유했다. 그래서 파크는 워싱턴을 위해 일종의 사무국장직을 맡았으며 워싱턴이 1912년 발간한 《맨 밑바닥의 인간*The Man Farthest Down*》이란 책의 상당 부분을 집필한 것으로 보인다. 소수 인종 관계에 관한 적극적인 관심은 남은 생애 내내 지속되었다. 50세가 되던 1914년, 박사 학위를 받은 지 10년이 지난 후, 마침내 파크는 아마도 자신이 받은 훈련에 적합해 보이는 일로 돌아왔다. 학계로 돌아온 것이다. 파크는 시카고대학교의 저명한 사회학과를 설립하는 데 참여해, 1915~1935년까지 학과의 황금기 동안 주도적인 역할을 수행했다. 그 후 남아프리카, 인도, 동남아시아, 브라질을 포함해 인종 문제가 첨예한 수많은 지역을 방문했고, 중국에서도 방문 교수를 지냈다. 은퇴기가 될 수도 있던 시기에, 파크는 테네시 주 내시빌에 있는 피스크대학교에서 살면서 강의를 했다.

아마도 파크는 어니스트 W. 버제스와 함께 집필해 1924년에 출판한《사회학 입문*Introduction to the Science of Sociology*》덕분에 학자들에게 가장 잘 알려졌을 것이다. 이 책은 오랫동안 대학에서 훌륭한 사회학 교재로 쓰였다. 다채로운 경력을 반영하듯, 파크는 수많은 주제에 관해 글을 썼다. 몇몇 저서, 가령《이민자 신문과 그에 대한 통제*The Immigrant Press and Its Control*》는 이러한 관심사 중 여럿을 결합하여, 신문사 시절, 인종 문제에 관한 오랜 관심, 그리고 도시에 관한 폭넓은 지식을 담았다. 당시 수많은 사회과학자가 커뮤니케이션에 관해 글을 썼지만, 파크는 기자이었기에 뉴스와 신문에 관해 예리하게 지적할 수 있는 소수의 사람에 속했다.

파크의 생각과 글쓰기의 질적 수준을 예시하는 데 가장 좋은 방법 중 하나는 아마 뉴스 사회학에 관한 에세이에서 몇 가지 예를 들어 보는 일일 것이다. 이 글은 원래 〈미국 사회학 저널*American Journal of Sociology*〉에 출판되었는데(Park, 1940), 이후에 나온 책에서 "지식 형태로서의 뉴스"라는 제목의 장으로 다시 실렸다(Park, 1955).

과학적 지식에는 세 가지 근본적인 유형이 있다고 파크는 말했다.

즉 "주로 아이디어에 관심을 두는 철학과 논리, 주로 사건에 관심을 기울이는 역사, 주로 사물에 관심을 두는 자연과학 혹은 분류 과학" (Park, 1955, p.74)이 그것이다. 파크는 다음과 같이 지적했다.

> 뉴스란 물리적 과학의 지식처럼 물리적 지식이 아니라는 점은 분명하다. 오히려 뉴스는 사건에 관심을 두는 한, 역사학과 비슷하다. 사건이란 시간에 변함없이 고정되고 공간적으로 위치하기 때문에 독특성을 지니며, 따라서 사물처럼 분류할 수가 없다(p.77).

뉴스와 여론에 관해서도 파크는 이렇게 말했다.

> 하나의 지식 형태로서 뉴스는 주로 과거나 미래가 아니라 현재에 관련된 것으로, 심리학자들이 "피상적인*specious* 현재"라고 부른 현상이다. …… 여기서 "피상적인 현재"가 의미하는 바는, 상업적 신문의 발행인이라면 알다시피, 뉴스란 아주 부패하기 쉬운 상품이란 사실이다. 뉴스 유형마다 유효 시간 대역*time span*이 달라진다.
>
> 가장 초보적인 형태로서의 뉴스 보도는 어떤 사건이 발생했음을 알리는 단순한 "속보*flash*"에 불과하다. 그 사건이 정말 중요한 것이라고 밝혀질 경우 그에 대한 관심은 추가 조사로 이어질 것이며, 관련 상황을 더 완전하게 숙지하게 되는 데 이르게 될 것이다. 하지만 한 사건이 불러일으킨 긴장이 사라지고 주목을 끌 정도로 새롭고 흥미로우며 중요한 환경의 어떤 다른 측면이라든지 다른 사건으로 공적 주의가 쏠리게 되자마자 그 사건은 더 이상 뉴스거리가 아니게 된다(p.78).[12]
>
> 뉴스에 대해 한 개인의 첫 번째 [전형적인] 반응은 그것을 누군가에

게 반복하려는 욕망으로 나타날 가능성이 있다. 이 때문에 대화가 시작되고 추가 논의가 전개되며 아마도 토론이 시작될 수도 있다. 그러나 뉴스에서 기이한 점은, 일단 토론이 시작되면 토론 대상인 사건은 곧 더 이상 뉴스가 아니게 되며, 어떤 사건에 대한 해석이 달라지면서 토론은 뉴스에서 뉴스가 제기하는 이슈로 바뀌게 된다. 토론이 늘 촉발하는 의견과 감정 간의 충돌은 보통 일종의 합의나 집단적 의견으로 종결되는데, 우리는 바로 이를 여론이라 부른다. 여론은 바로 현재의 여러 사건, 즉 뉴스에 대한 해석에 의존한다(p.79).[13]

파크는 뉴스의 속성에 관해서도 덧붙였다.

만일 발생하는 사건이 예측하지 못한 일이라 해도, 뉴스거리가 예측성이 전혀 없지는 않다. 현재에서와 마찬가지로 과거에 뉴스가 된 사건은 출생과 사망, 결혼과 장례식, 작물과 비즈니스의 상황, 전쟁, 정치, 날씨처럼 단순하고 일상적 문제의 특징을 지녀 실제로 예측된 것이다. 이는 예측된 것이지만, 동시에 예측이 불가능한 것이기도 하다. 이것은 삶의 게임에서 발생하는 우발적 사건과 우연이다(p.82).

12 오늘날 미디어 의제에서 어떤 뉴스 이슈가 부상하고 희석되는 과정은 의제 설정 *agenda-setting* 과정이라 불리는데, 로버트 파크는 여기서 바로 이 과정을 묘사하고 있다. — 편집자

13 파크는 윌버 슈람이 1949년 〈뉴스의 속성The Nature of News〉이란 글을 집필하는 데 영향을 미쳤을 가능성이 있다. Wilbur Schramm, "The Nature of News," *Journalism Quarterly*, 26, pp.259~269. — 편집자

뉴스와 과학의 관계에 관해서도 파크는 언급했다.

> 비록 뉴스는 과학 이전의 더 초보적인 커뮤니케이션의 산물이지만, 결코 과학이 뉴스를 대체하지는 못했다. 이와 정반대로 커뮤니케이션 수단의 확장, 과학의 성장과 더불어 뉴스의 중요성은 지속적으로 커졌다. 커뮤니케이션 수단이 개선되고 이와 더불어 도서관, 박물관, 지식인 단체 등에서 방대하게 지식이 축적된 덕분에 사건의 발생 과정을 더 빠르고 정확하며 철저하게 해석할 수 있게 되었다. 그 결과 한때 우리와 무관하고 멀고 전설처럼 아득하게 느껴지기만 하던 인물과 장소가 지금은 일간 신문의 모든 독자에게 친숙하게 되어버렸다(pp.86~87).

파크는 논문의 결론을 이렇게 마무리했다. "우리 시대는 뉴스의 시대인 것으로 보이며, 미국 문명에서 가장 중요한 사건 중 하나는 기자의 등장이었다"(p.88).

이 여러 인용문은 현대의 저널리즘학부에 있는 아주 사려 깊은 학자나 (저널리즘학부를 둔 적은 없지만) 시카고대학교의 사회학자에게서 따온 것 같은 느낌이 들지 않는가? 이 글은 최근에 작성된 것 같은가, 아니면 저널리즘학부가 개설된 곳이 극소수에 불과하던 20세기 초반에 작성된 것처럼 보이는가?

19세기 말과 20세기 초반에는 커뮤니케이션 연구에 깊은 관심을 기울인 매우 유능한 학자가 여럿 있었다. 이 대다수 학자에게 커뮤니케이션이란 부차적인 관심사로 주 분야를 예시하는 데 불과했으며, 우리가 현대 사회과학과 밀접한 연관이 있다고 보는 계량적 방식으로 커뮤니케이션을 접근한 이는 아무도 없었다. 쿨리와 파크 중 한 명은 공학으로 훈련을 받고 경제학 박사 학위를 받았으며, 다른 이는 11년간 신문 기자로 근무한 후 대학원에 들어가 철학 박사를 받은 후에도 10년간 소수 인종 문제의 실제적 해결책 마련에 골몰했지만, 이 둘은 모두 사회학자로 알려졌다.

:: 예 3: 에드워드 사피어

여기서는 놀랍게도 게르만어학 대학원 학위를 받고 나서 15년간 캐나다지질조사소Geological Survey of Canada에서 근무한 후에야 비로소 학술적 인류학의 매력을 발견한 어느 인류학자를 살펴보려 한다.

이 세 학자가 뛰어난 커리어를 준비하는 과정에서 적어도 피상적으로는 유사성이 보인다. 이 사람들은 모두 비학문적 직업에서 상당한 시기를 보내는데, 이는 나중에 이론적 저술을 위한 재료를 제공해 주는 경험이 된다. 이 중 대학에 있는 동안에는 커리어를 어느 방향으로 잡아야 할지 깨달은 사람은 아무도 없었다. 세 사람은 모두 자신의 관심사의 핵심을 파고들다가 인간 커뮤니케이션의 중요성을 발견했다.

그 인류학자는 바로 에드워드 사피어(1884~1939)였다. 사피어는 독일에서 태어나 다섯 살 때 미국에 건너왔고, 교사들에게 깊은 인상을 남겨 컬럼비아대학교에서 장학금을 받게 되었다. 사피어는 1년간 게르만어학 대학원 과정을 다녔다. 석사 과정 중반이 되어서야 마침내 프란츠 보아스를 만났다. 보아스는 인류학적 언어 연구의 잠재력을 소개해 주어 사피어를 흥분시켰는데, 이 일은 1년 전 사피어가 희망하던 진로와 엄청나게 동떨어진 것이었다. 그러나 그 이후 내내 사피어는 언어 인류학자로 남았다.

사피어는 매우 총명하여 새 분야에서 박사 학위를 받는 일도 별다른 문제가 되지 않았고, 26세가 되던 1910년에는 캐나다지질조사소에 수석 인류학자로 채용되었다. 이곳은 민족학을 공부하기에 좋은 일자리였고 학술적 글쓰기 작업에도 좋은 기회였지만, 여기서는 학문적 관심사를 놓고 함께 토론할 인류학자가 별로 없었다.

그러므로 사피어는 1925년 시카고대학교 인류학과 교수직 제안을 기꺼이 수락했다. 이는 자신뿐 아니라 해럴드 라스웰을 포함해 수많은 똑똑한 젊은 학자에게도 지적으로 풍성한 기회를 제공했다. 그러나 6년 후인 1931년 사피어는 예일대학교에서 스털링Sterling 석좌 교수직과 함께 인류학과를 설립할 기회를 얻었고, 1939년 사망할 때까지 예일대에 머물렀다.

사피어의 저술을 잘 아는 동료 인류학자들은 그가 얼마나 아이디어가 풍부한 사람이었으며 아이디어를 표현하는 기술도 얼마나 뛰어났는지 증언하고 있다. 커뮤니케이션에 관한 사피어의 아이디어 중 한 예는 《사회과학 백과사전*Encyclopedia of the Social Sciences*》 기고문 중 다음 세 구절에 잘 표현되고 있다.

> 사회가 전통에 의해 규정되는 정태적 구조인 것처럼 흔히 이야기하는데, 좀더 세밀한 의미에서 사회는 이런 유형의 것이 아니라 규모와 복잡성의 정도가 다양한 여러 조직 단위의 구성원 사이에 고도로 복잡하게 얽힌 부분적이기도 하고 완전하기도 한 이해의 네트워크이다. 이 조직 단위는 연인 한 쌍이나 가족에서 시작해 국제연맹League of Nations, 그리고 모든 초국가적인 갈래를 관통하며 언론의 영향이 미쳐서 형성되는 인류 집단에까지 다양하게 걸쳐 있는데, 후자의 비중은 갈수록 커지고 있다.

사회는 단지 표면상으로만 정태적 제도의 총합일 뿐이다. 실제로 사회는 거기에 참여하는 개인들 사이에서 커뮤니케이션의 속성을 띠게 되는 특정한 행위에 의해 매일매일 재활성화되거나 창조적으로 확인된다. 따라서 공화당은 그 자체로 존재한다고 말할 수 없으며, 커뮤니케이션의 속성을 띠는 특정한 행위에 의해 매일매일 재활성화되거나 창조적으로 재확인되고 있는 한에서만 성립한다. 이러한 행위는 존 도우가 공화당에 표를 던지고 이를 통해 일정한 종류의 메시지를 전달하는 것일 수도 있다. 혹은 대여섯 명이 서로 아이디어를 커뮤니케이션하고 궁극적으로는 수개월 후 공화당원 집회 토론에서, 어떤 진짜 혹은 가상의 국익 관련 사항을 토론거리로 올릴 것인지 결정하기 위해 일정한 시간과 장소에 공식적 혹은 비공식적으로 모이는 행위가 될 수도 있다.

역사적 실체로서의 공화당이란 어떤 지속적인 준거적 특징을 공유하는 개별적 커뮤니케이션 행위가 수천 번씩 쌓이고 쌓인 데서 추상화해 낸 것에 불과할 뿐이다. 만일 커뮤니케이션이 포함되는 모든 있음직한 장으로 이 사례를 확장한다면, 곧 모든 문화적 패턴과 모든 사회적 행위 수행에는 명시적이든 함축적이든 커뮤니케이션이 포함된다는 점을 깨닫게 된다(Sapir, 1931, p.78).

사피어가 재직하던 일부 기간 동안 칼 홉랜드도 예일대에 있었지만, 이 저명한 노학자와 홉랜드가 어느 정도 가까웠는지는 알 수 없다.[14]

14 사피어와 홉랜드는 모두 예일대의 인간관계연구소the Institute of Human Relations에 몸담고 있었기 때문에 서로 아는 사이였다는 점은 분명하다(Rogers, 1994). — 편집자

하지만 또 다른 유명한 커뮤니케이션 학도인 벤저민 리 워프(1897~1941)에게 사피어가 미친 영향에 관해서는 어느 정도 알려져 있다.

앞서 논의한 학자 중 몇몇은 박사 학위를 마치는 데 시간이 아주 오래 걸렸다. 워프는 박사 학위를 받지 않았다. 일부 다른 사람은 비학술적 직장에서 일정 기간 종사했는데, 예컨대 쿨리는 제도사*draftsman*와 교통 통계사로 근무했다. 워프는 1937~1938년 이전에는 학술적 직장에 몸담은 적이 없는데, 이 해에 예일대 인류학 강사로 일했다. 워프는 비즈니스 종사자였는데, 하트포드화재보험사의 화재 예방 점검 담당으로 일하다가 나중에 회사 간부로 승진했다. 워프는 다른 일만큼이나 이 직종에서 일을 잘 했다. 그 회사 이사회 회장은 "내가 보기에 이전에 그처럼 철저하고 빠르게 업무를 처리하는 화재 예방 점검 담당자는 없었다"(Kremer in Carroll, 1956, p.4)고 말했다. 바로 이 화재 예방 점검 담당자가 언어에 관심을 갖게 된 것이다. 이는 1924년경 일어난 일이라고 한다. 워프는 번역과 의미 이론에 관심을 갖게 되었다. 그래서 워프는 언어학의 진정한 관심사는 "언어의 짙은 어둠을 밝히는 일이다. …… 언어학은 본질적으로 의미의 추구이다"(Whorf, 1941/1956, p.73)라고 썼다.[15] 사피어는 언어와 의미의 관계에 관한 아이디어를 개발했다. 그 후 1931년에 워프는 에드워드 사피어를 만났고 워프가 예일대에 와서 처음 개설한 강좌에 등록했다. 사피어는 워프의 언어 관련 주 관심사에 관해 엄청나게 깊이 생각하고 읽었기에 이 만남은 하나의 전환점이 되었다. 그리고 그때부터 사피어가 1939년 작고할 때까지 워프는

15 원래 텍스트는 다음 글처럼 문장 순서가 달랐다. "언어학은 본질적으로 의미의 추구이다. …… (언어학의 진정한 관심사는) 언어의 짙은 어둠을 밝히는 일이다." — 편집자

하트포드사의 일자리를 포기하지 않은 채(학교 봉급만 받고 일할 형편이 안 되었기 때문이라고 했다) 사피어와 가깝게 지내며 공동 작업을 했다.

언어적 상대성이라는 아이디어는 두 사람이 함께 개발했기 때문에 사피어-워프 가설*Sapir-Whorf hypothesis*로 알려지게 되었는데, 이는 아주 적절하다. 인간은 사고와 커뮤니케이션에서 자신이 습득한 언어를 통해 세상을 지각한다는 것이 이 가설의 핵심적인 주장이다. "현실 세계는 대부분 무의식적으로 집단의 언어 습관 위에 구축되어 있다. 어떤 두 언어도 똑같은 사회 현실을 재현한다고 간주할 수 있을 정도로 흡사하지는 않다"(Whorf, 1941/1956, p.134)고 사피어는 썼다.[16] 무엇 때문에 비전문가에게조차 언어적 상대성 개념이 아주 매력적으로 보일까? 존 B. 캐럴은 워프 전집의 서문에서 이런 질문을 던졌다. 그리고 자신의 질문에 대해 다음과 같이 답변했다. "인간은 생애 내내 스스로 전혀 깨닫지 못하는 사이에 언어 구조의 속임수 때문에 특정한 방식으로만 현실을 인식하게 된다는 점을 아마 시사하는 게 아닐까? …… 이 개념이 함축하는 바는 이 기만적 유도를 깨달으면 세계를 새로운 통찰력을 갖고 볼 수 있게 된다는 점이다"(p.27).

캐럴이 지적하듯이, 사피어-워프 가설(언어적 상대성의 원칙)은 "따라서 충분하게 입증된 상태도 아니고 명백하게 반박되지도 않았다"(p.27). 그런데 당시에는 현대 커뮤니케이션 학문의 여러 시조가 이 분야에 막 뛰어들고 있던 시기였다. 비록 스스로 커뮤니케이션 학자로 여기지는 않았지만 이 신생 학문에 기여하고 있던 사회과학자가 여럿 있

16 이 진술문의 원래 출처는 Whorf(1941)이다.

었는데, 이 가설은 바로 이들에게서 나온 번뜩이던 통찰력 중 하나였던 셈이다.

커뮤니케이션 연구의 발전에서 현직 경력의 중요성

따라서 20세기 초반 가장 유능한 사회 연구자 중 몇몇은 외관적으로 사회학자, 정치학자, 인류학자, 역사학자와 심리학자였지만 잘 훈련된 다른 사회 연구자들이 커뮤니케이션 학도로서 이 분야에 뛰어들게 하는 데 필요한 길을 닦고 있었다. 이와 동시에 인간 커뮤니케이션 연구에 중요한 또 다른 진전이 이루어졌는데, 그것은 바로 학생들이 매스 미디어에서의 커리어를 준비할 수 있도록 훈련 학교를 대학에 도입한 일이다.

여러 사회 연구자가 20세기의 커뮤니케이션 연구에 몸담기로 작정했을 때, 전형적으로 관심사가 된 것은 대개 매스 미디어였다. 폴 F. 라자스펠드가 들려준 커리어에서의 일화를 여러분과 공유하고자 한다. 1930년대에 폴이 컬럼비아대학교 응용사회조사연구실Bureau of Applied Social Research을 설립한 직후, 이 연구실은 아이오와주립대학교(당시에는 아이오와주립대학Iowa State College으로 불렸다)와 라디오 수용자 조사 계약을 맺었다.[17] 당시 아이오와주립대의 WOI는 아마 전국적으로도 저

17 형식적으로는 라자스펠드가 아이오와주립대와 이 수용자 서베이 계약에 서명하지는 않았다. 이 조사는 록펠러재단이 컬럼비아대학교에서 라자스펠드가 운영하던 라디오

명한 교육 라디오 방송사라 할 만한 존재였다. 이 방송은 비영리 기관이었고 방송 시간의 상당 부분을 라디오를 통한 교육에 할애했지만, 상업 광고로 재원을 조달했다. 그러므로 이 방송사는 믿을 만한 수용자 관련 정보를 필요로 했고, 컬럼비아대의 새 연구소에서 그 정보를 얻으려고 했다. 연구를 설계한 후, 컬럼비아의 연구 조교들은 아이오와로 가서 수용자 인터뷰를 감독하였다. 이들이 컬럼비아로 되돌아와 데이터를 취합하고 마침내 보고서를 완성하자, 폴 라자스펠드는 그것을 몸소 전달할 준비를 했다.

라자스펠드는 에임즈Ames에 도착한 후 아이오와대 총장의 영접을 받았다. 두 사람은 커다란 검정 세단을 타고 캠퍼스를 통과했다. 폴은 걱정이 되었다. 이 조사는 연구소가 뉴욕 지역 바깥에서 시도한 첫 번째 연구 중 하나였다. 라자스펠드는 미 중서부 지역에 와 본 적도 없었고 대학 총장의 영접을 받으며 검정색 리무진을 타는 일에도 익숙하지 않았다. 차를 타고 아름다운 캠퍼스를 지나는 동안, 폴은 이 건물, 저 건물을 살펴보며 무슨 건물인지 물어보았다. 캠퍼스 한복판의 철탑을 쳐다보곤 어색하게 대화를 시도하는 과정에서 무심코 다음과 같은 말을 던졌다는 사실을 깨닫고는 엄청난 공포에 휩싸였다. "오, 여기 방송국이 있네요!"

폴의 말에 따르면, 너무 창피해 실언을 만회하려 했으나 — 따지고 보면 이게 바로 자신이 방금 연구를 마친 라디오 방송국이었다 — 프라일리 총장이 이를 농담으로 받아들여 긴장된 순간은 간신히 넘겼다.

연구실Office of Radio Research(이는 훗날 응용사회조사연구실로 바뀐다)을 통해 재원을 지원한 것이었다. — 편집자

폴은 스스로 왜 그런 말을 했는지 나중에 생각해 보았다고 했다. 이처럼 당혹스런 말실수를 프로이트적으로는 어떻게 설명할 것인가? 즉 미디어로서의 라디오는 자신에게 그냥 실재감이 없는 현상일 뿐이라 결론지었다고 말했다. 프로그램, 라디오 주변에 둘러앉은 청취자, 서베이 인터뷰 등은 모두 실제였지만, 실제로 이를 송신탑과 라디오 방송국과 연계해 생각한 적은 없었다. 방송 과정에서 폴에게 유일하게 실제인 부분은 라디오 수상기 이후에 발생한 현상뿐이었다. 이 프로그램이 어떻게 전파를 타고 라디오 수용자에게 도달하게 되었는지 시간을 내서 생각해 본 적이 없었던 것이다.

폴은 이 이야기를 활용해 요지를 전달했다. 당시 나는 대학에서 커뮤니케이션연구소를 막 출범시켰고,[18] 폴은 연구소 개소에 도움을 주고 있었다. "이것이 바로 우리가 선생님과 선생님 동료에게서 가장 부러워하는 부분입니다" 하고 폴은 말했다. "당신들은 대부분 미디어에 종사했어요. 방송국이나 신문사 사무실 내부에서 일어나는 일은 당신이 잘 압니다. 우리는 현장 조사 경험은 더 많지만, 미디어에 관해서는 진짜 아는 게 없어요." 라자스펠드는 경험이 풍부한 연구소 소장으로서 아버지 같은 태도로 신참자인 나에게 이렇게 말했다. "미디어에서 너무 멀리 벗어나지 마세요!"

이는 매우 너그럽고 솔직한 대화로 폴의 전형적인 모습이었다. 여러 커뮤니케이션 연구소에서 근무하는 동안 나는 그 기억을 거듭 곱씹어 보곤 했다. 20세기 중반 대학 캠퍼스에서 등장한 저널리즘과 방송

18 슈람의 소속 기관은 일리노이대학교의 커뮤니케이션연구원Institute of Communications Research이었고, 그때가 1947년이었다. — 편집자

학부가 커뮤니케이션 연구에 왜 중요한지 설명하려 할 때마다 그 기억에 관해 생각하곤 한다.

이러한 진전에 관해서는 이후의 장에서 더 자세히 다뤄 볼 것이다.[19] 미국 최초의 저널리즘학부는 1908년에 설립되었고 20세기 중반에 이르면 100군데 이상으로 늘어났는데, 이 기관은 모두 여러 후원자가 (직업*trade*이라기보다는) 전문직*professional* 활동이라 부르는 활동에 주력했고 마침내 연구와 대학원 학위에도 점차 관심을 기울이게 되었다. 기관에서는 소속 교육자 다수가 합당한 대학원 훈련을 갖추도록 요구했고 적어도 부분적으로는 연구와 교육에서 직업 커리어를 희망하는 학생도 많아졌다. 학생과 교수 모두 대학이나 연구소에서 어떤 종류의 미디어 연구(즉 수용자, 효과, 미디어 콘텐츠 연구)를 하는지 보고 나서는 왜 직업 학교에서는 그런 연구를 하지 않는지 의문을 갖게 되었다. 그래서 머지않아 이런 유형의 학교에서도 실제로 그런 연구가 이루어지게 되었다. 직업 학교의 교육자도 연구 수행 능력을 습득하거나 갖춘 사람으로 채워졌다. 연구 논문을 쓰는 학생도 나오기 시작했다.

또 하나 중요한 진전이 일부 직업 학교에서 이루어졌다. 즉 여러 연구소와 심화 교육 기관이 생겨났다. 일리노이, 스탠포드, 위스콘신, 미네소타와 수많은 다른 학교에서는 기존의 직업 저널리즘학부에 그러한 연구소를 추가로 세우고 잘 훈련받은 연구자를 고용해 수많은 대학의 최상위 사회과학 학과 수준에 버금가는 연구와 교육을 수행했다. 이전에 유럽 대학들이 새로운 학문 연구 분야를 발굴할 때 깨달았듯

19 8장을 보라.

이, 이 연구소에는 몇 가지 이점이 있었다. 우선 대학에서 연구소는 학과의 전통적인 패턴을 쉽게 극복할 수 있었다. 둘째, 연구소는 가장 유능한 학생을 수준 높은 공부와 연구에 대거 끌어들일 수 있었다. 연구소 덕분에 저널리즘학부는 이전에 없던 학문 분야(이 경우 인간 커뮤니케이션)를 개발하기가 더 수월해졌다.

따라서 사회과학 훈련을 받고 커뮤니케이션 연구에 주로 관심 있는 교육자는 새로운 저널리즘·방송학부 덕분에 필요한 공간을 얻었다. 이 기관들은 사회과학으로 명성이 있는 대학에 똑똑한 학생을 계속 공급해 주었으며, 커뮤니케이션은 자신의 학문 분야에도 중요한 부분이라는 점을 이 미디어 관련 학생은 여러 사회과학 교육자에게 계속 환기해 주곤 했다. 직업 학교와 학술적 학과 간의 협력은 매스 미디어, 미디어의 통제, 미디어가 사회에 미치는 효과에 관한 연구에 새로운 기회를 열어주었다. 여러 직업 저널리즘학부와 그 연구소는 '커뮤니케이션'이란 명칭을 유지했고, 커뮤니케이션 연구는 학술 공동체에서 친숙한 개념으로 자리 잡았다.

이 학부와 연구소의 성장은 그 자체로 하나의 이야깃거리다. 이는 20세기 초반의 학문적, 직업적 세계를 휩쓴 흐름 중 하나로, 현대 커뮤니케이션 연구의 시조로 부르는 네 명의 학자들이 지대한 영향을 행사할 수 있도록 토대를 마련하는 데 기여했다.

시조들과 새로운 연구 패턴의 시작

우리가 시조라는 명칭을 부여한 네 사람의 사례는 어떤 점이 새로웠나? 우선, 이들은 이전의 학자에 비해 커뮤니케이션 연구에 대한 경험적 접근을 더 강조했다. 이는 엄밀한 과학과 사회과학에서 성장하고 있던 지적 전통에서 빌려 온 부분이다. 모든 시조는 인간 커뮤니케이션을, 가령 집단 행동이나 소수 인종 문제에서 한 가지 요소로 취급하는 데 그치지 않고 인간 커뮤니케이션 자체를 연구했다. 네 사람은 모두 연구 문제와 매스 미디어의 관련성을 예리하게 지각했다. 그리고 이들은 모두 실험실이나 책에서뿐만 아니라 삶에 미치는 커뮤니케이션의 효과를 검토하는 데 깊이 관심을 기울였다.

네 명은 아주 달랐다. 비록 쿨리나 파크 중 누구도 라스웰처럼 내용 분석에 관해 박사 논문을 집필하거나 전시 선전 관련 주제를 연구하는 일은 상상할 수조차 없지만, 라스웰은 아마 쿨리와 파크에 가장 가까운 인물이었을 것이다(파크는 라스웰과 같은 시기에 시카고대학에 있었다). 레윈은 네 명의 시조 중 아마 매스 미디어에 관심이 가장 적은 사람일 것이다. 레윈은 주로 집단 내 커뮤니케이션에 관심이 있었다. 라자스펠드는 아마 네 명 중 매스 커뮤니케이션과 그 효과에 가장 관심을 기울인 인물일 것이다. 홉랜드는 물론 태도 변화를 연구하는 데 자극제로서 영화와 방송을 활용했지만, 현장 서베이보다는 통제된 실험을 수단으로 연구를 진행했고, 이 점에서 라자스펠드와 달랐다. 이 학자들은 각자 선택한 문제나 연구 수행 방식은 달랐지만, 제자들에게 불러일으킨 흥미와 열정, 그리고 경험적 연구에서 이론적 통찰을 이끌어 내는 방식이 닮았다. 나아가 커뮤니케이션 연구가 시급하다는 점을 일깨우고, 이 작업이 이전에는 존재하지 않던 도전거리라는 인식도 심어 주었다.

다음 4개 장에서는 이러한 일반적 논의를 넘어서 이 시조들이 어떤 부류의 사람이었는지 간략하게 소개하고자 한다.

chapter 2

해럴드 라스웰

정치, 권력과 의미 상징

1902	일리노이에서 출생
1922	시카고대학교 졸업
1926	시카고대학교 박사, 시카고대학교 정치학 조교수 부임
1927	학위 논문 〈세계 대전의 선전 기술〉 출판
1935	《세계 정치와 개인적 불안》 출판
1936	《정치: 누가, 무엇을, 언제, 어떻게 얻는가》 출판
1937	〈계간 여론〉 창간
1938	시카고대학교 교수 사임
1940~1945	미 의회도서관 전시커뮤니케이션연구단 단장으로 전시 연구
1948~1953	RADIR 연구 수행
1946	《선전, 커뮤니케이션, 여론》 편찬
1946~1970	예일대학교 로스쿨 교수
1955	미국정치학회 회장 선출
1970~1972	뉴욕시립대학교 석좌 교수
1972~1976	탬플대학교 법학부 석좌 교수; 컬럼비아대학교 국제 문제 석좌 교수
1976~1978	뉴욕 소재 정책과학연구소 소장
1978	사망

레오 로스텐의 책은 해럴드 라스웰에 관해 가장 잘 묘사한 글 중 하나이다. 로스텐이 하이먼 캐플런에 관해 책을 여러 권 낸 사람이라고 하면 기억날지 모르겠다.[20] 그는 1927~1930년에 시카고대학교에서 해럴드 밑에서 공부했다. 1967년 로스텐은 〈새터데이 리뷰*The Saturday Review*〉에 옛 스승에 관해 회고담을 실었다(Rogow, 1969, pp.1~3에 재수록). 그 일부를 여기서 소개한다.

> 내가 시카고대학교에서 괴로운 2학년을 보내던 시절 신출내기 강사이던 라스웰을 처음 만났다[고 로스텐은 말했다]. 라스웰은 약간 괴짜로 보였다. 즉 현학적이고 말이 많으며 안절부절못하던 사람이었다. 머리는 짧은데다 뻣뻣한 스포츠형 스타일로 깎고 다녔고, 거만하고 경직되며 거슬리는 방식으로 지식을 과시했다. 그리고 바깥을 흐릿한 눈으로 응시하면서 자포자기한 듯한 태도로 강의했는데, 우리가 이해하기나 하는지 신경도 쓰

20 로스텐은 레오너드 Q. 로스라는 필명으로 하이먼 캐플런Hyman Kaplan이라는 이름의 우스꽝스런 동유럽 유대인 이민자에 관한 단편 소설을 〈뉴욕 타임스〉와 다른 잡지에 여러 편 기고했다. 이 소설은 몇 권의 책으로 묶어 간행되기도 했고, 몇몇은 미국의 유머집에 실리기도 했다(Ross, 1937; Rosten, 1938을 보라).

지 않고 우리 생각에는 관심도 없는 게 분명해 보였다.

라스웰은 계속 흥분한 상태에서 아이디어를 연이어 쏟아 내면서 너무나 빨리, 광적으로 이야기했기 때문에, 쉴 새 없는 독백은 흐릿한 다음절이 되어 버렸고, 내가 아연실색한 가운데 그 긴 음절에서 다음과 같이 깜짝 놀랄 만한 단어와 구절이 쏟아져 나와 나에게 파고들었다. 맥락 …… 준거틀. 불안 …… 탓에 …… 체계적 …… 조작 …… 상징 …… 불안정 …… 객관화 …… 초자아*superego* …… 엄정한 …… 불안 …… 계량화 …… 변증법적 …… 명시적 …… 불안정 …… 참여 관찰자 …… 이 시대의 세계 혁명 등의 단어가 바로 그 예다. 라스웰은 당혹, 아니 경악스런 사람이었다. 그리고 강의를 한다기보다 우리를 질식시켰다. 라스웰에겐 언어에 사로잡히지 않은 때가 한순간도 없는 것처럼 보였다. 철학, 사회학, 경제학, 인류학, 정치학 이론, 정신의학, 통계학, 소아과학, 언어학, 정신 분석, 법학, 생리학, 양자물리학 (오, 맙소사!) 등 십여 개의 이질적 학문 분야에서 기술적 용어를 끌어 모았는데, 물론 그게 나한테는 별 도움이 안 되었다.

라스웰이 독백을 늘어놓을 때 콧구멍을 벌렁거리는 게 나의 흥미를 자극했다. 동그란 뺨은 양 볼 주머니에 견과를 문 줄무늬 다람쥐 뺨처럼 부풀어 올랐고, 이 두 동그란 돌출부에서 놀랄 정도로 가느다란 코가 뻗어 나왔으며, 콧구멍은 쉽사리 움직이며 풍부한 표정을 드러내고 있었다. 콧구멍은 그가 의미하는 바에 맞춰 붉게 부풀어 올랐다가 좁아지기도 하고 경련을 일으키기도 했는데, 여기서는 경멸을 암시하고 다른 곳에서는 존경을 표시하기도 했다. 지금처럼 그때도 그는 완전히 객관적이어야 한다는 강박관념에 사로잡혀 있었다. 그 목표는 비인간적인 것은 말할 것도 없고 인간의 것이라 할 수도 없었다.

이 인간미 없는 성직자풍의 인물뿐 아니라 그가 내준 과중한 궂은일에 화도 나고 해서, 나는 나름대로 용기를 내어 씩씩거리며 라스웰의 연구실로 처들어가, 거기서 진심으로 불만을 토해냈다. 라스웰은 차가운 눈으로 말없이 들어주었다. 라스웰이 임상에 임하는 것처럼 응시할 때마다 나는 마치 초기의 사례 연구 대상이 된 것처럼 느꼈고, 여기에 질려 때때로 그가 무슨 말을 하는지 전혀 이해가 안 된다고 떨리는 목소리로 항변하기까지 했다. 마침내 해럴드 라스웰은 차갑게 코웃음으로 반응했다. "커뮤니케이션은 여러 생체 심리적 변인의 우발적인 유사체일 뿐이다." 그래서 나는 비틀거리며 나와 버렸다.

이 비상하게 영리하고 경이적으로 명확한 사람이 왜 그처럼 터무니없는 말버릇에 의존하는지 깨닫는 데는 수년이 걸렸다. 라스웰은 거기에 완전히 익숙해져 있었다. 그의 특기였던 셈이다. 사람들은 대부분 진부한 아이디어를 표현하고 열등감을 은폐하기 위해 언어를 엉성하게 구사한다. 반면 라스웰은 단순한 감정을 은폐하고 복잡한 아이디어를 표현하기 위해 단어를 탁월하게 구사한다. 그는 남에게 전하고 싶은 열정과 함께 쉽게 이해되지 못하도록 막는 대리석 같은 방어막을 갖춘 것 같다.

그 시절 라스웰은 결코 "내가"라고 하지 않고 "우리"라고 늘 말하곤 했다. 그는 듣기 좋은 말을 관습적으로 주고받는 데 질색을 했다. 그래서 모든 가벼운 대화, 심지어 "헬로"라는 말까지도 혐오했다. 그가 숭배한 대상은 아이디어뿐이었다. 한번은 식당 여종업원이 별 생각 없이 "날씨가 너무 좋지 않아요?"라고 질문을 던지는 것을 들었다. [그리고는 잠시 침묵이 흘렀다] [해럴드 라스웰이] 충분히 정신을 차려 종업원의 동기를 분석하고 (그리고 기상학을 논하기에 적합한 시간이 아니라고 판단하고) 나서야, "그렇네요"라고 대답했다. [라스웰이 그날 날씨의 기상학적 결정 요인을 진단

하지 않은 것은 놀랄 만한 일이었다.]

불친절하게 일부만 인용한 회고록만 보고 로스텐이 라스웰에게 품은 감정을 잘못 해석하면 안 된다. 위에서 인용하지 않은 회고록 일부에서 말했듯이, 라스웰에 관해 로스텐은 나중에 "내가 지금까지 만난 어떤 사람보다도 그에게서 더 많이 배웠거나 배움에 대한 격려, 충동, 영감을 얻었다"(Rosten, 1967, p.67)는 판단을 내렸다. 괴상망측한 버릇에도 불구하고 라스웰이 왜 그렇게 엄청난 영향을 미쳤는지에 관해서는 이 장 후반에서 설명할 것이다.

나는 1954년경 해럴드 라스웰을 처음 만났다. 심화연구센터Center for Advanced Study의 초대를 받아 그곳을 살펴보기 위해 방문하고 있던 동안이었다.[21] 사회과학자라면 서로 동등한 대우를 받을 (혹은 어떤 비슷한 처벌을 받을) 자격이 있다고 이들은 여기는 듯했고, 그래서 나는 라스웰의 서재에 초대를 받아 방문했다. 내가 경험한 바는 레오의 진술과 다소 달랐다. 확실히 대화는 매우 길었지만, 나중에 우리는 저녁을 함께 했고 다음날 아침 모임을 재개했다. 로스텐이 전해 준 것과 똑같은 특징 몇몇은 내 눈에도 띄었다. 한 가지를 들자면 라스웰은 이야기할 때 손을 춤추듯이 움직였다. 로스텐(Rosten, 1967)은 다음과 같이 썼다.

매우 창백하고 부드러운 지식인의 손이었는데, 음료를 마시거나 음식을 들면서 이야기할 때에는 똑같은 의례처럼 작은 원형으로 움직였다. 왼손

21 이는 캘리포니아 스탠포드에 있는 행동과학심화연구센터the Center for Advanced Study in the Behavioral Sciences를 말한다.

> 은 엄지와 집게손가락으로 O자를 이룬 채 움직이지 않고, 오른손은 그 'O'자 위에서 주변을 선회하면서 춤추듯 한다. 가령 플랑크 상수Planck's constant나 섭취 역학에 관해 예시하려 할 때에는 왼손의 'O'자의 내부 원과 떨어져 수평을 이루는 경로 위의 보이지 않은 바늘 안으로 보이지 않은 실을 잡아당긴다. 이 사람은 과연 어떻게 해서 가상의 자수에 이론적 요지를 바느질해 넣을 수 있는지 마냥 경이로울 뿐이다(p.66).

라스웰은 나지막하게 속삭이듯 이야기를 했다. 그리고 집필 중이던 논문과 약 200장의 참고 문헌 카드를 옆으로 밀어놓고 나에게만 주의를 집중했다. 내가 어떤 작업을 하는지, 커뮤니케이션에 종사하는 몇몇 사람을 어떻게 생각하는지, 커뮤니케이션이 어떤 것이라고 이해하며 어떻게 정의하는지에 관해 라스웰은 정말로 관심을 보였다. 대화가 의미 상징 문제로 옮아갔을 때, 예측한 대로 조지 허버트 미드가 거론되기 시작했다.[22] 그러나 내 학문적 배경에 앨프리드 노스 화이트헤드가 포함되어 있음을 발견하자 라스웰은 정말로 감정이 격앙되었다. 그래서 화이트헤드와 "질서화된 사회*ordered society*"의 등장이란 견해에 관해 긴 독백을 시작했다. 나에게는 이야기할 기회를 거의 주지 않고 아주 오랫동안 말을 했지만, 나는 여전히 라스웰의 감언이설에 "넘어가거나" 압도되고 있다고 느끼지 않았다. 그것은 그냥 즐겁고 지적인 대화였고,

22 미드는 1900년부터 1930년까지 시카고대학교에서 가르쳤다. 스미스(Smith, 1969)에 따르면, 라스웰은 미드가 가르친 '심화 사회심리학*Advanced Social Psychology*'이란 과목을 수강했으며, "강의를 수강한 것뿐만 아니라 듀이, 미드와 대화도 많이 나누었다"(p.52).

나는 박식하고 예의바른 한 인물을 만났을 뿐이라고 생각한다.

로스텐이 회고록 한 귀퉁이에서 표현한 대로, 라스웰은 본질적으로 수줍어하는 사람이구나 하는 결론을 갖고 나는 그 자리를 떠났다. "라스웰은 자신의 시간, 격려, 전문 지식을 아낌없이 내준다"고 로스텐(Rosten, 1967)은 말했다.

> 하지만 라스웰과 알고 지낸 거의 40년 동안, 그가 사는 아파트 문손잡이조차 본 적이 없다. 라스웰은 친밀함에 당혹스러워하고 …… 개인적이거나 가족에 대한 사항을 드러내는 데 인색하다. 라스웰에게 개인적 질문, 정말로 사적인 질문을 던져보라. 아마 얼굴이 불그레해지며 말을 더듬을 것이다(p.66).

개인적으로 해럴드는 박식함을 과시용으로 늘어놓는 것처럼 보인 적은 한 번도 없었다고 덧붙이고 싶다. 이보다 더 흔히, 라스웰은 스스로 생각해서 해결하려 했고, 불편한 말 끊김이나 잠재적으로 당혹스런 순간을 피하거나 감추려 애썼다. 아마 내가 이분에게는 의무감을 갖고 '가르칠' 학생이기보다는 자신의 관심 분야에 있는 젊은 학자였기 때문이었는지는 몰라도, 아주 편안하게 대해 주었다. 또한 그 무렵에는 이분도 명성 있는 학자였기에, 자신도 숭배하는 몇몇 성지를 찾는 순례자처럼 나를 대해 주었다.

비록 너무 오래전이라 인용하기에는 망설여지지만, 그날 행동과학심화연구센터에서 해럴드가 말한 몇 가지는 지금도 기억이 난다. 그런데 내 기억엔 30년 전 라스웰의 말과 너무 비슷한 문장을 최근 그의 논문에서 우연히 발견했다. 라스웰이 말하고 글을 쓸 때 보이는 아주 전형적인 문장이라 여러분에게 다시 들려주려 한다. 즉 사고란 일화적이고 찰나적이며 불연속적 특징이라는 점에서 희미한 빛이 드는 흙구덩이에서 탈출하려 애쓰는 메뚜기의 특이한 여정에 비견된다는 것이다.

라스웰식의 스타일이 50분간 계속 이어진다면, 시카고대학교의 레오 같은 학부 수강생이나 예일대의 법률가 지망생 수강생들이 얼마나 당혹해 했을지 여러분도 알 수 있을 것이다. 하지만 그것은 풍성하고도 생생한 스타일이었다. 그리고 라스웰이 다루던 주제, 즉 사고에서 논리적 속성에 지나치게 의존하는 자세의 위험성이란 주제에 적합한 것이었다. 비록 아주 많은 음절로 가장하여 잘 드러나지 않기는 하지만, 라스웰은 심지어 스스로 소박한 이미지를 드러내기도 했다. 라스웰은 바로 그런 사람이었다.

라스웰의 커리어가 구체화하다

라스웰의 커리어는 어떻게 평가할 수 있을까? 커뮤니케이션 분야의 위대한 선구자는 모두 비슷한 커리어를 거쳤다. 이 선구자들은 모두 초기에는 매우 풍부한 배경을 지녔고 명문 대학에 진학했으며, 여러 위대한 사상가와 접하게 되었다. 이들은 광범위하게 학제적인 문제에 관심을 기울였다. 또한 쉽사리 '커뮤니케이션'이라 부를 수 없는 분야에서 훈련을 받았으나, '현실 세계'의 문제와 직면하는 경험을 거쳐 커뮤니케이션 연구로 전향했다. 이 선구자들은 모두 중요한 대학교에서 여러 젊은 학자에게 지대한 영향을 미쳤다. 이들 중 한 명을 제외하면 모두 연구소나 연구 프로그램을 설립해 똑똑한 젊은이와 유능한 동료를 끌어들였다. 이 네 명 중 그러한 연구소를 세우지 않은 유일한 사람은 라스웰이었는데, 그의 특이한 학문적 커리어를 살펴보면 그 이유를 설명하는 데 도움이 된다.

시카고대학교에 진학할 때까지 라스웰은 대부분 일리노이의 소도시에서 살았다.[23] 아버지는 전도사였고, 어머니는 교사였다. 그러므로 라스웰의 가족은 그 소도시의 지적 귀족층에 속했고 해럴드는 책을 귀하게 여기는 가정에서 성장했다. 아버지는 해럴드에게 빌헬름 빈델반트의 《철학의 역사*History of Philosophy*》를 읽으라고 주었고, 물론 오늘날엔 학교 교사인 어머니가 그리 할 것이라 예상하기 어려운 일이지만, 어머니는 라스웰에게 칼 마르크스를 소개했다.[24] 라스웰은 공공 도서관에서 해브록 엘리스[25]의 책을 읽었다. 여름철 차토쿠아Chautauqua에서 윌리엄 제닝스 브라이언[26]과 로버트 라 폴레트[27]의 강의도 들었다. 가족의 친구를 통해 존 듀이라는 위대한 인물과 만나 대화를 나누기도 했다.

23 여기서 라스웰의 초년기에 관한 기술은 드웨인 마빅(1977)에서 큰 도움을 받았다.

24 스미스(Smith, 1969, p.48)가 이 일화를 전해 주었는데, 여기서 해브록 엘리스와 칼 마르크스를 라스웰에게 소개한 사람으로 어머니가 아니라 라스웰이 다닌 고등학교 영어 교사(넬슨 부인이라고 하는 사람)를 지목했다. “라스웰이 존 듀이와 다소 긴 대화를 나눌 수 있었던” 것도 넬슨 부인 덕분이었다. 또한 Marvick(1977, p.17)을 보라. — 편집자

25 해브록 엘리스(1859~1939)는 영국의 의사, 작가, 사회개혁가로 인간의 섹슈얼리티에 관해 많은 저술을 남겼다. 1897년에는 동성애에 관해 영어로 된 최초의 의학 서적을 출판했으며, 트랜스젠더 심리학 등 다양한 성적 관행에 관해 연구 업적을 냈다. 특히 엘리스는 나르시시즘이나, 자기 성애*autoeroticism* 등의 개념을 도입하여 이후 정신분석학에도 큰 영향을 미쳤다. — 옮긴이

26 윌리엄 제닝스 브라이언(1860~1925)은 19세기 말 미국의 저명한 민주당 정치인이었다. 연방 하원 의원과 윌슨 대통령 정권에서 국무장관을 지냈으며, 민주당 후보로 대통

16세가 되던 1918년에 라스웰은 시카고대학교에 진학했다. 이 무렵 시카고대학교는 사회과학의 전성기를 구가했다. 라스웰은 생물학자인 안톤 칼슨, 경제학자 존 모리스 클라크, 국제 관계와 무역의 권위자인 제이콥 바이너와 공부할 수 있었다. 대학원생으로서 멕시코 테포츨란Tepotzlan 부락을 최초로 연구한 사회학자이자 인류학자인 로버트 레드필드와 연구실을 함께 썼다.[28] 라스웰의 논문 지도 교수는 '새로운 정치과학' 운동을 주도하는 정치학자인 찰스 메리엄이었다(가령 Merriam, 1925). 라스웰은 사회학자인 어니스트 버제스, 소수 인종 문제 전문가인 로버트 E. 파크, 철학자인 조지 허버트 미드의 강의를 수강했다. 이 무렵 미드의 집에서 존 듀이를 다시 만났는데, 듀이가 이전의 만남을 기억하는 것을 알고는 놀랐다. 이후에 화이트헤드는 미국에 건너와 하버드대에서 가르치게 되었는데, 미드는 라스웰을 화이트헤드에

령 선거에 세 번이나 출마했다. 브라이언은 금 본위제, 금융 자본과 독점 자본에 대해 강력하게 비판했으며, 평화주의와 금주령을 지지했다. 대중 민주주의의 열렬한 옹호자였기에 '위대한 보통 사람*The Great Commoner*'으로 불렸다. 특히 당대에 가장 뛰어난 연설가로 명성을 얻었다. 대통령 선거에서 후보자의 전국 순회 연설이 아직 등장하지 않았던 시절에, 한 해 동안 500번 이상 전국을 돌면서 연설하는 기록을 세웠다. — 옮긴이

27 로버트 라 폴레트(1955~1925)는 미국의 저명한 진보주의 정치인이다. 위스콘신주를 기반으로 연방 하원 의원, 상원 의원, 주지사를 모두 거쳤고, 1924년에는 진보당 후보로 대통령에 출마했다. 라 폴레트는 미국 진보주의의 열렬한 옹호자이자 유력 정치인이었는데, 철도 트러스트 등 자본의 권력화에 대항한 비판 세력의 지도자였고 세계 대전에도 반대한 평화주의자였다. 1982년 미국의 역사학자들은 재직 중 업적이나 장기적으로 미친 영향의 측면에서 역사상 가장 위대한 상원 의원 10명을 선정했는데, 여기서 라 폴레트는 첫 번째로 꼽혔다. — 옮긴이

28 모두 사회학 전공자인 레드필드와 다른 연구실 동료를 통해, "라스웰은 로버트 E. 파크, 어니스트 버제스, 알비온 스몰을 만나는 등 사회적 교류 범위를 넓혔다"(Marvick, 1977, p.21).

게 소개해 주었다. 라스웰은 화이트헤드의 사상을 나중에 체계 이론을 탄생시키는 데 활용했고, 자신의 사고에 부분적으로 수용하기도 했다. 또한 인간은 삶의 맥락 전체에 대해서가 아니라 주변 환경의 일부에만 선택적으로 반응한다는 발상을 라스웰은 화이트헤드에게서 채택했으며, 왜 맥락의 다른 부분이 아니라 특정 부분에 반응하게 되는지에 관한 착상도 받아들였다. 이 아이디어를 출발점으로 삼아, 라스웰은 평생 이 문제에 주의를 집중하게 된 것으로 보인다.[29]

시카고대학교 대학원생으로서 그리고 다시 젊은 강사로서, 라스웰은 유럽에서 잠시 시간을 보냈다(1923~1924).[30] 거기서 라스웰은 특히 존 메이너드 케인스, 레너드 울프,[31] 그레이엄 월러스,[32] G. 로우스

29 화이트헤드가 라스웰에 미친 영향에 관해서는, Heinz Eulau (1969), "The Maddening Methods of Harold D. Lasswell," in Arnold A. Rogow (ed.), *Politics, Personality and Social Science in the Twentieth Century: Essays in Honor of Harold D. Lasswell*, University of Chicago Press, 특히 Section II를 보라.

30 "아직 학부생이던 시절, 라스웰은 노동조합집단(the ILGWU) 대상으로 강좌를 개설하고 메이경영대학May Business College에서도 강의를 하기 시작했다"(Marvick, 1977, p.19). 1922년에 학사 학위를 받은 후, "메리엄은 즉시 그를 강의 조교로 채용했다"(Smith, 1969, p.56). 이때 라스웰은 20세에 불과했다.

31 레너드 울프(1880~1969)는 영국의 정치이론가, 작가이자 출판인이었다. 젊은 시절 영국 식민지 실론(현재의 스리랑카)에서 관리로 일했는데, 이 경험을 바탕으로 《정글의 부락*The Village in the Jungle*》(1913) 등 여러 편의 소설을 썼다. 하지만 1차 세계 대전을 계기로 정치학과 사회학 등 시의적 학문으로 관심사가 바뀌었다. 울프는 노동당과 파비안협회에 가입해 활동했고 〈뉴 스테이츠먼*New Statesman*〉이란 잡지에 정기적으로 기고 활동도 했다. 《국제 정부*International Government*》(1916)라는 책에서 국제 평화 질서를 강제하기 위한 국제 기구 창설을 주장하기도 했다. 이후에는 〈국제 리뷰*International Review*〉 등 여러 잡지의 편집인으로 활동했다. — 옮긴이

32 그레이엄 월러스(1858~1932)는 영국의 사회주의자이자 사회심리학자였다. 파비

디킨슨[33]의 세미나를 수강했다(Marvick, 1977, p.24). 버트런드 러셀이 첼시Chelsea 지역구 의원으로 출마했을 때에는, 러셀을 위해 봉사를 자원하고 가가호호 방문도 마다하지 않았다. 비록 꺼림칙함이 없지는 않지만 전부 공개하자면, 러셀은 표를 너무 적게 받아서 공탁금조차 돌려받지 못했다는 사실을 밝힌다. 유럽에서 라스웰은 정신분석학에도 깊이 관심을 갖게 되었다. 그래서 6개월 동안 (1949년 출판된 《제3의 귀로 듣다*Listening with the Third Ear*》의 저자인) 시어도어 라이크[34]에게 정신분석학을 배우러 가서, 정신 분석 실행과 해석법에 관해 가르침을 받았다.[35] 다시 미국으로 돌아온 후 라스웰은 자원자를 대상으로 정신 분석을 시도하였다(가령 Lasswell, 1930/1960). 널리 주목받은 첫 번째 강좌 중 몇

안협회 지도자로 활동했으며 런던정치경제대학 설립자 중 한 명이기도 하다. 월러스는 산업 혁명이 초래한 사회 문제를 규명하는데 사회심리학적 분석이 기여할 수 있다고 믿었다. 《위대한 사회*The Great Society*》(1914), 《우리의 사회적 유산*Our Social Heritage*》(1921) 등 여러 저서를 남겼다. — 옮긴이

33 G. 로우스 디킨슨(1862~1932)은 영국의 정치학자이자 철학자로 케임브리지대학교에서 교수로 재직하면서 활동했다. 영국의 1차 세계 대전 참전에 충격을 받고는, 국제연맹 설립이라는 아이디어를 제안했고 이후 기구 설립 여론 조성에도 큰 영향을 미친 것으로 평가받고 있다. 디킨슨은 블룸즈베리 그룹Bloomsbury Group으로 불린 당대의 영향력 있는 지식인 모임의 일원으로 활동했다. 《국제적인 무정부 상태*The International Anarchy*》(1929), 《전후*After the War*》(1915) 등 수많은 저서를 냈다. — 옮긴이

34 라이크는 "정신 분석 이론에 관한 저명한 저자이자 프로이트의 1세대 제자였다"(Smith, 1969, p.57).

35 라스웰은 (첫 번째 여행이 아니라) 1928~1929년의 세 번째 여행 동안 정신의학을 체험하러 라이크를 방문했다. 이 여행은 라스웰이 사회과학연구평의회Social Science Research Council에서 받은 펠로우십 덕분에 성사되었다. 그 무렵 라스웰은 시카고대 정치학과 조교수였다 — 편집자

몇은 프로이트의 시각에서 마르크스를 해석하려는 시도였다.[36]

1920년대와 1930년대의 한 젊은 사회과학자에게 시카고는 훌륭한 곳이었다. 오늘날 우리가 아는 사회과학은 거기서 형태를 갖추어 가고 있었다. 라스웰 선집의 긴 서론에서 드웨인 마빅(Marvick, 1977)이 말했듯이, "가설 수립," "데이터 수집," "실험," "계량화," "명제 검증"[그리고 명제에 대한 "경험적 입증"]이 필요하다는 점을 사람들은 당연시하기 시작했다(p.26). 여러 사회과학 학문 분야는 서로 더 뚜렷이 차별화되면서도 동시에 더 포괄적으로 변했다. 사회학 같은 분야도 나름대로 자신만의 패턴을 개발해 나가면서 연구자는 주변 환경에서 사회를 이해하는 데 도움이 될 만한 것이라면 무엇이든 손을 댔다. 젊은 학자인 라스웰은 학위나 소속 기관은 정치학자였지만, 제자들이 보기에는 정치 사회학자, 정치 철학자, 정치 심리학자, (만일 그런 게 있다면) 정치 정신의학자, 그리고 말할 필요도 없이 정치 커뮤니케이션 전문가였다고 할 것이다.

오늘날에야 경험적 연구와 학제적 관심사란 게 오래되고 진부한 것이지만 과거에도 늘 그랬던 건 아니다. 라스웰 자신도 마음만 먹으면 얼마든지 명쾌하고 재미있게 글을 쓸 수도 있음을 보여 주는 구절이 있는데, 여기서 1920년대의 상황을 다음과 같이 묘사했다.

내가 여론과 커뮤니케이션 연구 분야를 처음 알게 된 무렵에는 로퍼, 갤

36 이 강좌는 라스웰이 나중에 펴낸 저술(Lasswell, 1935)의 토대가 되었다. 스미스(Smith, 1969)는 마르크스와 프로이트가 라스웰에 미친 영향에 관해 자세히 기록하고 있다(특히 pp.57~69를 보라).

럽, 캔트릴, 스토우퍼, 홉랜드 같은 인물이 전혀 없었다. 라자스펠드는 사람도 측정 단위도, 혹은 범주조차도 아니었다. 서베이 조사, 내용 분석, 계량화된 심층 분석도 없었다. 전산화된 저장, 검색, 활용 체제도 아직 없었다. 대학 간 협력 네트워크도 아직 없었고, 훈련 기관, 연구소, 전문적 참고 문헌 목록도, 전문 학회도 아직 생겨나지 않았다. 어느 정도까지는 실질적으로 라디오나 텔레비전 방송도, 흑백이든 컬러든 즉석 사진도, 음파 탐지기[레이더]나 적외선, 레이저도 아직 없었다.

우리가 완전히 저개발 국가에서 살고 있다고 여러분이 생각하지 않도록, 동력 자동차가 발명된 것은 인정해야겠다. 케이블, 전신, 전화는 완벽하게 운영되고 있었다. 그리피스 씨[37]는 국가의 재탄생을 장엄하게 보여 주는 데 벌써 산파 역할을 했다. 정치에서 늘 그랬듯이, 가스 풍선은 시골 축제에서도 잘 알려져 있었다. 항공기는 아직 납치할 만한 가치가 있을 정도로 발전하지 못했다. 치명적 화학 물질을 흡입하지 않고도 센트럴 파크에서 숨을 크게 들이쉴 수도 있었고, 간염 걱정 없이 조개를 씹어 삼킬 수도 있었으며, FBI가 출동할 염려 없이 재즈 바에서 마리화나를 피울 수도 있었다. 고속도로는 아직 오염되지 않았다. 반면에 거기는 향수에 젖게 하는 말똥 거름 냄새나 지저귀는 잉글랜드 참새 소리로 가득 차 있었다. 어떤 종양이나 인후염이든지 혹시 악성 종양의 징후는 아닌가 하는 걱정 없이, 남자든 여자든 발암 물질을 평화롭게 피워 댔다. 턱수염이나 콧수염은 여성과 어린이에게 비위생적이고 혐오스런 것으로 인식되

37 데이비드 W. 그리피스(1875~1948)는 미국의 영화 감독으로 무성 영화 시대의 대표작인 〈국가의 탄생*The Birth of a Nation*〉(1915), 〈불관용*Intolerance*〉(1916)으로 유명하다. — 옮긴이

어 점차 사라지고 있었다.

> 우호적 여건이 눈에 띄게 수렴되는 데 맞춰, 현대적인 여론과 커뮤니케이션 연구는 발전하였다. 사회과학은 물리학과 생물학에 종사하는 자신의 형제, 자매, 사촌과 비교하면서 열등감으로 발작하고 있었다. 만일 사회 전문가가 자신의 명제를 '계량화'할 수 없다면 세속적 지식 세계에서 영원히 이등 시민의 신분으로 남을 운명에 처하게 될 것이라고 수많은 주도적 인물은 확신했다(Lasswell, 1972, pp.301~302).

이처럼 빠르게 진행되는 경주에서는, 사회과학에 몸담은 젊은이라면 경기를 중도 포기하든지 더 빨리 달리려 할 것이다. 이 중 해럴드 라스웰이 어느 쪽을 선택할지는 말할 필요도 없다. 라스웰은 대학원 세미나에서 처음 발표한 두 논문을 학술지 논문으로 출판했다(Lasswell, 1923a, 1923b). 적어도 한 명 이상의 교수가 그 사례를 학생에게 소개했다. 라스웰은 박사 학위를 받은 이듬해에 학위 논문을 책으로 출판했다(Lasswell, 1927/1971). 1차 세계 대전의 선전을 분석한 논문이었다. 라스웰은 시카고대학교에서 강의하는 일 외에도 노조 지도자를 위해 야간 학교에서 정치사회학을 가르쳤다. 《사회과학 백과사전》의 '윤리' 항목 같은 주제로 글도 썼다.[38] 프로이트와 마르크스에 관해 강의도 여러

38 라스웰은 윤리 관련 학술지에 《백과사전》에 관한 리뷰 논문을 썼다(Lasswell, 1936a를 보라). 《백과사전》에 집필한 항목은 관련 주제를 다루었다. 《사회과학 백과사전》에 기고한 항목은 다음과 같다. "Adams Brooks," vol. 1, pp.429~430; "Agitation," vol. 1, pp.487~488; "Bribery," vol. 2, pp.690~692; "Censorship," vol. 3, pp.290~294; "Chauvinism," vol. 3, p.361; "Compromise," vol. 4, pp.147~149; "Conflict, Social," vol. 4, pp.147~149; "Faction," vol. 4, pp.194~196; "Feuds,"

차례 했는데, 이 강의를 출발점으로 삼아 1935년 《세계 정치와 개인적 불안*World Politics and Personal Insecurity*》이라는 제목으로 책을 출판하였다. 라스웰의 책 중에서는 이것이 가장 심오한 (그리고 아마 가장 어려운) 책이라고 여기는 독자가 많았다. 1936년 라스웰은 책을 하나 더 펴냈는데, 아마 미국에서 정치학을 공부하는 대학원생이라면 모두 읽었을 것이다. 그 책은 《정치: 누가, 무엇을, 언제, 어떻게 얻는가*Politics: Who Gets What, When, How*》(1936b)였다. 커뮤니케이션 과정에 관한 라스웰의 가장 유명한 도식화 — 누가 누구에게 무엇을 어떤 채널을 통해 말하고 어떤 효과를 얻는가(Lasswell, 1948) — 와 이 책의 유사성을 조금이라도 깨닫는다면, 이 닮은꼴은 우연이 아니다. 이처럼 속기록 같은 도식화는 라스웰이 아이디어를 단순화하는 방법 중 한 가지였다.

라스웰은 오로지 젊은 강사로 부임한 1926년과 시카고를 떠난 1938년 사이 동안에만 대학원생에게 직접 영향을 미쳤다. 이 대학원생이 모두 정치학도는 아니었다. 노벨 경제학상을 수상한 허버트 사이먼처럼 다른 분야에서 온 사람도 있었다. 그 밖의 사람으로는 코넬대학교의 V. O. 키, 컬럼비아대학교의 데이비드 트루먼,[39] MIT의 이시엘

vol. 6, pp.220~221; "Fraternizing," vol. 6, pp.425~427; "Morale," vol. 10, pp.640~642; "Propaganda," vol. 12, pp.521~527. — 편집자

39 데이비드 트루먼(1913~2003)은 미국의 정치학자로서 정치 다원주의 이론으로 유명하다. 학자 경력 이외에도 컬럼비아대학교 부총장과 마운트홀리오크대학Mount Holyoke College 총장 등을 거치면서 대학 행정가로서도 인정받은 인물이었다. 트루먼은 베트남 반전 운동과 인종 폭동 등 학생 시위로 얼룩진 시기에 대학 행정가로 재직하면서 정치적으로 민감한 사안들로 시달렸다. — 옮긴이

드 솔라 풀, 시카고대학교의 모리스 야노위츠,[40] 스탠포드대학교의 하인즈 유라우와 가브리엘 알몬드,[41] 배링턴 무어,[42] 에이브러햄 캐플런[43] 등이 있었다. 말하자면 엄청나게 수준 높은 인물 명단이었다. 라스웰이 시카고대에 재직하던 동안 이 대학원생들의 지적 성장에 미친 엄청난 영향을 이 명단은 증언해 준다.

1938년 라스웰은 시카고를 떠났다. 라스웰이 이직한 주요 이유는 당시 대학 총장이던 저명한 인문주의자 로버트 메이너드 허친스가 "정치학을 경멸했거나," 적어도 라스웰류의 정치학을 싫어하여 종

40 모리스 야노위츠(1919~1988)는 미국 사회학자로서 미시건대학교와 시카고대학교 교수를 지냈다. 특히 군 사회학을 창설하고 오늘날과 같은 민간-군 관계를 확립하는 데 기여한 인물이다. 야노위츠는 2차 세계 대전 기간 동안 다른 사회과학자들과 함께 전시 연구에 참여한 경험을 계기로 군 문제에 관심을 갖게 되었다. 그의 가장 대표적인 저술은 《직업 군인*The Professional Soldier*》(1960)이다. — 옮긴이

41 가브리엘 알몬드(1911~2002)는 미국 정치학자로서 비교 정치, 정치 발전, 정치 문화에 관해 선구적인 업적을 남긴 사람이다. 1963년 시드니 버바Sydney Verba와 함께 출간한 《시민 문화*The Civic Culture*》에서 '정치 문화'라는 개념을 제시하여 대중화하였다. 여기서 알몬드는 정치 참여 수준과 유형, 정치에 대한 국민의 태도 등을 기준으로 국가별 정부의 특성을 파악했다. 또한 사회 발전 수준을 측정하기 위해 다양한 문화적, 기능적 방법을 제안하여, 비교정치론 분야를 개척한 인물로도 유명하다. — 옮긴이

42 배링턴 무어(1913~2005)는 미국의 정치 사회학자로 시카고대학교와 하버드대학교 교수로 재직했다. 특히 《독재와 민주주의의 사회적 기원*Social Origins of Dictatorship and Democracy*》(1966)이라는 책으로 잘 알려져 있는데, 이 책으로 비교 역사 연구의 이정표를 세웠다는 평가를 받았다. — 옮긴이

43 에이브러햄 캐플런(1918~1993)은 미국의 철학자로 특히 대표작인 《탐구 행위: 행동과학의 방법론*The Conduct of Inquiry: The Methodology for Behavioral Science*》을 통해 행동과학을 철학적인 관점에서 체계화한 인물이다. 캐플런은 찰스 퍼스, 윌리엄 제임스, 존 듀이 등 미국 실용주의의 철학적 전통에서 영향을 많이 받았다. — 옮긴이

신 고용을 허용하지 않으려 했다는 것이다(Marvick, 1977, p.32).[44] 이 때문에 특이한 상황이 전개되었다. 라스웰에게 시카고대 정교수 승진을 거부한지 10년도 되지 않아, 허친스는 영향력 있는 언론자유위원회 Commission on the Freedom of the Press의 위원장을 맡고 라스웰을 위원으로 초빙했다. 라스웰 쪽에서 볼 때 커리어에서 예기치 않은 역설적인 전환이라 할 수 있는 일은, 정교수가 된 후에는 학과에서 전혀 박사 과정생을 받지 못했다는 점이다. 언론자유위원회가 최종 보고서를 제출한 해인 1947년에(Commission on the Freedom of the Press, 1947a, 1947b) 라스웰은 예일대 로스쿨에서 정교수직을 얻는데, 여기서는 똑똑한 젊은 변호사는 많았지만 적어도 로스쿨에 정치학 박사 과정생은 없었다.

커리어에서의 전환점

다른 측면에서 1938년은 라스웰의 삶에서 커다란 전환점 중 하나였다. 시카고대학교의 비옥한 지적 심층토에서 뿌리가 뽑혔을 뿐 아니라, 이사하는 동안 이사 차량에 불이나 독서 카드와 연구 노트가 모두 타버렸다. 그 결과 라스웰의 학술적 삶도 변화했고 글의 내용도 바뀌어 버렸다. 드웨인 마빅은 라스웰이 쓴 책 내용을 세 시기로 분석해, 학술

44 시카고대학교의 리젠스타인도서관Regenstein Library에 아카이브로 보관되어 있는 라스웰의 1938년도 개인 파일을 근거로 판단하면, 라스웰이 시카고를 떠나기로 결정한 이유는 마빅이나 여기서 슈람이 설명한 내용과 달랐다. 라스웰은 테뉴어를 받았지만 대학에서의 커리어가 스스로 기대한 속도로 진전되지 않았고 매력적인 대안이 있었기에 사임한 것으로 보인다. — 편집자

적 글에서 일어난 변화를 범주화하려 했다(표 2.1을 보라).

솔직히 나는 표 2.1이 보여 주려하는 것처럼, 라스웰의 커리어를 그처럼 뚜렷하게 구분할 수 있다고 생각하지 않는다. 상징에 관한 경험적 작업의 상당수는 상징기*symbol period* 이전에 이루어졌다. 즉 이 작업은 발군의 연구 조교 4인조(이시엘 드 솔라 풀, 대니얼 러너, 네이선 라이츠, 하인즈 유라우)와 함께 미 의회도서관과 스탠포드대학교에서 2차 세계 대전 선전물의 상징 분석 작업을 하던 중간기보다는 시카고대에서 박사학위 논문을 위해 1차 세계 대전의 선전 상징을 연구하던 기간에 나왔다는 것이다. 미래에 대한 라스웰의 가장 심오한 투사 중 몇몇은 '미래의 선택'을 강조한다고 분류되기 30년 전에 나왔다. 라스웰은 경력 후반부에도 여전히 현대적 문제점과 더불어 퍼스낼리티에 대한 임상적 시각에서 얻을 수 있는 특별한 통찰에 관심을 두고 있었다. 그런데 (표에 따르면) 이 두 주제는 모두 첫 번째 시기에 속한다고 되어 있다. 심지

표 2.1 라스웰의 단어 생산의 요약 (%)

주력 분야	초창기 (1923~1938)	중간기 (1939~1954)	후반기 (1955~1972)	계
현대적 문제	48	14	5	18
인간 심리	18	13	17	15
상징 소구	19	51	11	27
조사 방법	13	18	39	26
미래의 선택	2	4	28	14
계	100	100	100	100
단어 수(1000)	900	1,300	1,700	3,900

출처: Harold D. Lasswell, *On Political Sociology*, edited by D. Marvick, Chicago: University of Chicago Press, 1977, p.11.

어 라스웰의 저술 제목을 대략적으로 내용 분석해 보더라도 모든 시기에 세계, 정치, 권력, 혁명, 선전, 여론, 내용 분석, 결정, 미래 등 똑같은 단어가 반복해 등장한다.

마빅이 라스웰의 저술을 세 시기로 구분한 것은 흥미로울 뿐 아니라 쓸모가 있다. 그러나 라스웰의 주제는 시기별로 구분되기보다는 일관성이 있었다는 점을 알았으면 한다.[45] 또 한 가지 교훈은 이 작은 표에 따르면 저술량이 엄청나게 많다는 점이다. 쪽당 350단어로 계산한다 해도 오히려 너무 적게 추정한 수치라 할 수 있는데, 마빅은 1972년까지의 저술량이 400만 단어에 달한다고 추정했다(Marvick, 1977, p.10). 더구나 1972년 이후 몫으로 100만~200만 단어는 더 추가해야 할 것이다. 해럴드가 1978년 사망했을 때 사실 라스웰, 러너와 스파이어(Lasswell, Lerner, & Speier, 1980a, 1980b, 1980c)가 공동 편집한 세 권의 책이 동서센터출판사East-West Center Press에서 발간될 예정이었기 때문에, 이것까지 치면 총 수치에 적어도 50만 단어는 더 늘어난다. 그러므로 라스웰은 500만~600만 단어에 달하는 분량을 출판했다고 공인해 주어야 할 것이다.

아마 이 중 절반은 공동 저술이나 공동 편집이었을 것이다. 흔히 이전의 제자나 조교 중 한 명 이상과 함께 어떤 책의 편집자나 공저자로 라스웰의 이름이 나오는 횟수는 놀랄 정도로 많다. 하지만 라스웰

45 《세계 정치와 개인적 불안*World Politics and Personal Insecurity*》을 지칭하면서, 스미스(Smith, 1969)는 다음과 같이 논평한다. "어떤 면에서 이후 30여 년간 라스웰이 수행한 다층적인 활동은 거의 모두 이 한 권에 실린 주된 아이디어 중 다수를 정교화, 수정, 해명, 검증하는 작업으로 간주할 수도 있을 것 같다"(p.69).

이 편집자로서는 그다지 훌륭하지 못했다고 대다수 학자가 생각한다. 로스텐(Rosten, 1967)의 말에 따르면 라스웰은

> 비범한 아이디어 생산자이지만, 자신의 글이든 다른 사람의 저작으로 엮을 때든 무능한 편집자이다. 문제는 어떤 글이 부적합할지도 모른다고 고백하기를 두려워하는 데 있지 않나 하고 나는 추정한다. 라스웰 자신이 늘 배우고, 재배열하고, 기록하고, 분류하고, 저장하고 있기 때문에, 아무리 "사소한" 잠재적 사실이나 아무리 엉뚱한 상상이라 해도 — 언젠가, 어느 곳에선가, 어떻게든 — 결정적인 요인으로 밝혀지는 일은 없을 것이라 하겠는가? 언뜻 우발적으로 보이는 정보에서 지그문트 프로이트가 발견한 것을 생각해 보라!(p.67).

라스웰의 출판물 중 300만 단어가 공동 저술과 편집이라고 추산한다고 치자. 이는 커리어 기간 동안 라스웰이 300만 단어에 달하는 박식하고, 예리하며 통찰력 있고 독창적인 출판물을 추가로 생산했다는 뜻이다. 라스웰이 사회과학 학과를 떠나 더 이상 사회과학 분야의 대학원생을 가르치지 않게 된 후에도, 바로 이 성과물과 개인적 교류, 토론 덕분에 학자에게 계속 영향을 미쳤다. 시카고대학교를 떠난 1937년부터 1950년까지는 정치학 저널에 논문을 싣지 않은 기이한 시기였다.[46] 이는 "라스웰의 사상에 대한 거부감" 때문이었는데, "소장 정치

46 "1937년부터 1950년 사이에, 라스웰은 〈미국 사회학 저널〉, 〈계간 여론*Public Opinion Quarterly*〉(POQ)과 많은 정신의학 저널에 빈번하게 기고하긴 했지만, 〈미국 정치학 리뷰*American Political Science Review*〉나 다른 정치학 저널에는 단 한 편도 기고

학자들은 학문 분야 내에서 압력을 가해 결국 라스웰을 인정하도록 했다"(Ennis, 1978)고 〈뉴욕 타임스〉는 라스웰에 관한 부고 기사에서 썼다. 라스웰은 늘 자신이 가르치거나 함께 작업한 똑똑한 젊은 정치학자 사이에 추종자를 대거 확보하고 있었는데, 이 분야에서 다시 명성을 회복한 것도 후학에 미친 영향과 관련이 있었을 가능성이 있다. 어쨌든 1955년 라스웰은 미국정치학회American Political Science Association 회장으로 선출되었다.

1938년 이후 라스웰은 강의와 글쓰기에 몰두했고 잠시 신사회연구대학New School for Social Research에 교수로 근무했는데, 그 후 2차 세계 대전이 터졌을 때 많은 다른 학자와 마찬가지로 전문가의 도움을 요청하는 정부의 부름을 받아들였다. 전쟁 기간 동안 라스웰은 미국 의회도서관에서 책 출판이 아니라 현실 세계의 정책 지도용으로 '세계 혁명 선전'을 분석하는 연구 과제 책임자로 일했다(Lasswell & Jones, 1939).[47] 종전 후에는 스탠포드대학교 후버연구소Hoover Institute에서 관련 프로젝트 책임자직을 수락한 후,[48] 세계의 선전 상징과 세계 엘리트

하지 않았다"(Rogow, 1969, p.137).

47 2차 세계 대전 기간 동안, 라스웰은 미 의회도서관에서 전시커뮤니케이션연구단 the War-Time Communications Research Division 단장으로 근무했다. "의회도서관에서의 작업은 라스웰이 '세계 주목도 조사*World Attention Survey*'라 부른 일이었다"(de Sola Pool, 1969, p.207). (또한 Lasswell, 1941b; Lasswell & Leites, 1949를 보라).

48 지금 이 연구소는 후버 전쟁·혁명·평화연구소Hoover Institution on War, Revolution, and Peace로 불린다. 당시의 프로젝트는 "2차 세계 대전 후 라스웰이 스탠포드대학교 후버연구소 공동 소장이던 때 제작된 후버연구소 상징 시리즈*Hoover Institution Symbol Series*에 포함되어 있었다"고 스미스(Smith, 1969)는 말한다. 다음과 같은 보고서는 모두 스탠포드대학교 출판부에서 간행되었다. Lasswell(1951); Lasswell, Lerner &

의 의견을 분석하였다. 전 세계 '권위지' 연구는 후자의 프로젝트에 포함된 내용이었다. 이미 언급했듯이 두 가지 활동에서는 재능 있는 여러 젊은이의 도움을 받아 내용 분석을 수행하였다. 이 소장 학자들의 존재 자체야말로 라스웰이 지도력과 함께 이 분야 최고의 인재를 끌어들이는 능력을 갖추었음을 잘 보여 준다. 미 의회도서관에서는 네이선 라이츠와 하인즈 유라우와 일했고, 스탠포드대학교에서는 이시엘 드 솔라 풀과 대니얼 러너를 끌어들였다.

라스웰은 자신이 기대한 것보다 10년이나 지나서야 교수직을 얻었는데, 이는 실로 충분한 자격을 갖추고도 10년이나 훌쩍 지난 뒤였던 셈이다. 1947년 예일대 로스쿨 교수직으로 매우 권위 있는 자리였다. 라스웰은 늘 그랬듯이 주변 학생의 문제점에 관심을 기울였다. 그리고 국제법과 그 정치적 파급 효과에 관해 논문도 썼다(요약으로는 McDougall, 1984를 보라). 라스웰의 새로운 분신인 학생들은 그에게서 지적 자극을 많이 받았지만, 때로는 이해할 수 없는 모습에 당혹해했음은 의심할 여지가 없다. 그러나 라스웰의 주 수용자는 정치, 권력, 정치커뮤니케이션과 관련된 사회과학자였다. 비록 공동 집필과 공동 편집

Rothwell(1952); Lasswell, Lerner, & de Sola Pool(1952); de Sola Pool et al.(1951).

후버연구소에서 1948년과 1953년 사이에 수행한 RADIR(Revolution and the Development of International Relations) 연구는 세계 주목도 조사이기도 했지만, 이번에는 1890년과 1950년 사이의 60년을 대상으로 이루어졌다. 연구의 목적은 "이 시대의 세계 혁명*The World Revolution of Our Time*"이란 제목으로 개발적 개념*developmental construct*을 찾아내는 일이었다. 여기서는 주요 정치 개념의 부침을 확인하기 위해 5개국 권위지의 신문 사설을 검토하였다(de Sola Pool, 1969, p.208).

의 비율이 더 높기는 했지만, 출판된 성과물도 더 많아졌다.[49] 라스웰은 중요한 위원회나 단체에서 봉사했고, 자신의 분야에서 몇몇 저명 학술 단체의 장을 맡았으며, 예일대에서 자주 휴가를 얻어 연구 과제를 수행하거나 다른 학술 연구소에서 일했다. 라스웰은 1973년 예일대에서 은퇴한 후 한동안 뉴욕시립대학교, 템플대학교, 컬럼비아대학교에서 가르쳤으며, 1976년에 이르러 강의를 완전히 그만두었다. 작고하기 전 2년 동안은 뉴욕에 있는 정책과학센터Policy Sciences Center에 헌신했다. 이는 라스웰의 관심사 전개가 시기별로 확연하게 바뀌지 않고 이전 시기에 배우고 글을 쓰던 주제를 상기하면서 어떻게 계속 반복되었는지를 보여 주는 또 다른 예였다. 라스웰은 늘 과학과 정책의 관계에 관심을 두었지만, 주로 정책과학에 관심을 집중하게 된 것은 전시 기간 동안의 봉사, 그리고 스탠포드대학교의 대니얼 러너와 공동으로 집필한 《정책과학*Policy Sciences*》(1951)에서 유래한 것이다.[50]

커뮤니케이션 연구에 대한 라스웰의 기여

라스웰은 어떻게 커뮤니케이션 연구에 뛰어들게 되었나? 사실 라스웰은 늘 커뮤니케이션에 몸담고 있었다. 앞서 살펴보았듯이 일찍이 선전에 관해 박사 학위 논문을 썼으며 이는 그의 첫 번째 저서였다

49 스미스(Smith, 1969, p.47)는 공저자 목록을 부분적으로 작성했다.

50 드 솔라 풀(de Sola Pool, 1969)에 따르면, 《정책과학》은 "RADIR 프로젝트 부산물 중 하나"라고 한다.

(Lasswell, 1927/1971). 라스웰이 수행하거나 책임을 맡은 거의 모든 경험적 연구 작업은 상징 연구와 관련된 것이다. 라스웰의 가장 본격적인 공익적 봉사 활동은 미국 정부를 도와 외국 엘리트의 의견을 분석한 일이다. 라스웰이 적극적으로 커뮤니케이션에 봉사한 다른 부분은 시간이 지나면서 잊혀지는 경향이 있었는데, 예컨대 〈계간 여론〉 창간에 기여한 일이나,[51] 앞서 언급했듯이 1947년에 보고서를 발간해 많은 토론거리를 제공한 언론자유위원회 위원이었다는 점이 그 예다. 라스웰은 또한 브루스 스미스, 랠프 케이시와 더불어 1946년에 《선전, 커뮤니케이션, 여론*Propaganda, Communication, and Public Opinion*》이란 제목으로 국제 커뮤니케이션에 관해 상당한 분량의 문헌 해제를 최초로 편찬했다. 시카고를 떠난 후, 라스웰은 학술적 문장을 통해서만 그를 알던 사람을 놀라게 했을 글을 몇 편 썼는데, 바로 시저나 마호메트 같은 세계 지도자에 관해 놀랄 정도로 명쾌하고 흥미로운 라디오 대본을 여러 편 낸 것이다.[52]

라스웰이 커뮤니케이션 연구에 주로 기여한 부분은 실천 쪽보다는 오히려 사고의 측면에 있었다. 우리와 함께 한 시절을 회상해 보건데, 라스웰의 뛰어난 지적 기여를 우리는 세 가지로 보는 경향이 있다.

한 가지 기여는 커뮤니케이션 연구에서 유래했다고 말할 수 있는 유일한 연구 방법을 매우 풍성하게 발전시켰다는 점이다. 설득에 관한

51 POQ는 1937년에 출범했는데, "라스웰은 창간 후 몇 년간 편집자를 맡았다"(Smith, 1969, p.75).

52 "대학에서 일자리를 구하지 못하자, 해럴드는 시저, 마호메트, 나폴레옹 등의 인물에게 뼈아픈 순간을 극화한 라디오 프로그램용 대본을 여러 편 쓰게 되었다"(Rosten, 1967, p.67).

홉랜드의 실험이나 집단 과정에 관한 레윈식의 조심스런 관찰도, 매스 미디어 이용과 효과에 관한 라자스펠드식의 서베이도 라스웰의 성격에는 맞지 않았다. 하지만 정치 생활의 의미 상징을 반드시 연구할 필요가 있다고 인식했기 때문에, 학자 경력 바로 처음부터[53] 내용 분석 방법으로 몸소 혹은 다른 사람을 끌어들여 작업을 했다.[54]

하인즈 유라우는 미 의회도서관 전시 연구 프로젝트의 일원이었는데, 해럴드 라스웰을 위해 수행하던 내용 분석이 어떠한 것이었는지에 관해 다음과 같이 서술하였다.

> 우리는 세계 언론의 국제 커뮤니케이션을 내용 분석하는 데 라스웰식의 "가치 범주*value categories*"를 적용하는 작업을 했다. …… 약 6개월간 낮에는 라스웰의 작업을 하고 밤에는 그의 글을 읽으면서, 내 생각과 행동은 엄청나게 영향을 받았다. 이 중 사고는 정치 과정에 관해 라스웰이 제시한 비범하게 정교하고 복잡한 공식화를 이해하게 된 것과 관련이 있었다. 행동 부분은 경험적 연구에 대한 헌신을 말하는데, 여기서 나는 평생 벗어나지 못했다(Eulau, 1968, p.9).

따라서 비록 라스웰 자신은 엄청난 양의 경험적 데이터 분석을 하지는 못했을지라도 다른 사람이 하도록 자극했을 수도 있고 실제로도

53 내용 분석의 가장 초기 사례는 라스웰(Lasswell, 1925)에게서 발견할 수 있다고 스미스(Smith, 1969)는 말한다.

54 야노위츠와 드 솔라 풀은 각기 로고우의 책에 라스웰의 내용 분석 작업에 관해 한 장씩 기고했다(Janowitz, 1969; de Sola Pool, 1969를 보라).

그랬다. 라스웰이 기여한 바는 방법론 자체보다는 내용 분석을 개념화하고 확장한 데 있다. 그래서 이 방법이 '단순' 혹은 '자명'한 것이라면서도, 그러고 나선 보통 전혀 단순하거나 자명하지 않은 방법을 추천했다. 원한다면 어떤 주제의 변방보다는 핵심부에서 작업할 수 있도록 범주를 선택하는 법을 보여 줄 수도 있었다. 그리고 분석 결과가 사회적 기능과 구조의 관점에서 폭넓은 의미를 도출할 수 있도록 집계 결과로 나온 수치를 해석하는 법을 예시해 줄 수도 있었다.

라스웰이 내용 분석에 보내는 핵심적 메시지나 예시는 반反단순화주의였다. 즉 관찰의 초점을 너무 좁게 제한하지 말라고 조언했다. 그리고 너무 단순한 선택, 집계 방법에 만족해서는 안 된다고 했다. 라스웰은 이렇게 썼다.

> 어떤 사람의 주의를 끄는 모든 것을 완전히 파악하고 나서야 비로소 그 사람의 세계에 대한 통찰력을 얻을 수 있음을 깨달아야 한다. 커뮤니케이션의 모든 흐름을 총체적으로 해석할 때에만 종종 완전한 도면이 드러나게 된다(Lasswell, 1949, p.51).

라스웰은 메시지 내용의 흐름에서 어떤 것이든 배제하는 데 대해 우려했음에 틀림없다. 하지만 어쩔 수 없이 현실의 곤란한 문제를 다뤄야 했을 때, 가령 보통 인간이 할 수 있을 정도로만 집계를 내야 했을 때에는 그런 방식을 택했다. 스탠포드 프로젝트를 수행하면서 상징과 문장을 집계하고 재확인하는 작업에 얼마나 넌더리를 냈는지 이시엘 드 솔라 풀은 회고했다. 그래서 드 솔라 풀은 미리 일반화해 봄으로써, 즉 연구가 어느 방향으로 가는지, 어떤 대변인이나 조사 대상에서 나온 데이터가 왜 그런 결과로 나왔는지 판단해 보려고 함으로써 시시콜콜한 사항을 탐색하는 작업의 지루함을 잊으려 노력했다. 몇 년이 지나서야 드 솔라 풀은 광범위하게 초점을 넓히는 지혜에 대해 깨닫기 시작했고 그러고 나서야 라스웰의 방법에 더 편안해졌다고 말했다.[55]

이와 비슷하게, 라스웰은 내용 분석을 가르칠 때 가용한 숫자와 무관하게 경험적 결과에만 지나치게 의존하지 않으려 했다. 즉 "계량화의 역사가 보여 주듯이, 이론, 직감, 인상, 엄밀성 사이에는 끊임없이 풍성한 상호작용이 이루어진다"(Lasswell, 1949, p.51)는 것이다.

예컨대, 투표는 환경에 따라 의미가 달라진다고 말했다. "사건을 단순히 목록으로 작성하는 일은 오도의 우려가 있다. 계량적 방법은 엄밀해질 수도 있고 인상주의에 흐를 수도 있으며"(Lasswell, 1949), 어떤 경우에는 후자가 "문화를 배우는 사람(이들은 고립된 외부 사실을 너무 중시해서는 안 된다)에게나 정신병리학을 공부하는 사람(이들은 의식적 의미뿐 아니라 무의식적 의미도 고려해야 한다)에게 더 적합하다"(Lasswell, 1949). 라스웰은 아마 그 당시의 어떤 다른 정치학자보다도 사회적 데이터와 사회

55 "RADIR 프로젝트에 참여한 주역 중 한 사람으로서, 비록 정책적 관련성에 헌신하기는 했지만 당시에는 연구에 어떤 것이 필요한지 이해하지는 못했다고 말하는 게 옳다고 생각한다"(p.209). 그리고

> 40대에 라스웰은 의회도서관 프로젝트와 RADIR 프로젝트의 틀을 설계하면서 개발적 개념을 깊이 염두에 두었다. 어떤 데에는 주변적으로, 어떤 데에는 핵심적으로 관여하고 있던 젊은이로서, 나는 이 연구에서 과학적 일반화라는 측면에만 진정한 흥미를 느끼고 주로 그 방향에만 기여하려 했다. …… 15년이나 지난 지금에서야 라스웰의 전략을 훨씬 더 잘 이해하게 되었고 내 성격에도 맞게 된 것 같다(de Sola Pool, 1969, pp.222~223).

적 삶의 복잡성을 더 잘 인정한 것 같다. 따라서 라스웰은 결과나 결론에 도달하는 어떤 한 가지 접근 방식에도 완전히 만족하지 못했다. 이는 이전에 정신분석학을 공부한 데서 나온 결과였을 수도 있는데, 정신분석학은 인간의 퍼스낼리티와 인간관계가 얼마나 복잡한 것인지 가르쳐 주었다. 어쨌든 라스웰은 항상 "데이터 이면을 들여다보려" 애썼다. 만일 (자신의 저술을 세 시기로 구분한) 마빅의 표 2.1을 보았다면, 이 학자는 손을 문지르고는 이 비율 이면에 어떤 현실이 존재하는지 분석하기 시작했을 것임에 틀림없다. 라스웰은 그렇게 가르쳤고 그렇게 실천했다.

라스웰은 내용 연구를 풍성하게 발전시키면서 선전 개념도 발전시켰고 선전 내용을 연구하는 데 시간을 엄청나게 많이 투자했다. 선전은 권력의 분포와 행사를 들여다볼 수 있는 몇 안 되는 수단이고 정치학이란 사회 내 권력에 관한 연구일 뿐 아니라 사회에서 강제와 폭력을 대체하는 극소수 대안 중 하나라고 보았기 때문에, 아주 중요한 현상으로 간주했다.[56] 따라서 라스웰의 저술에서 선전의 이미지는 미국에서 보통 받아들여진 것보다 더 우호적이다. 선전이란 "의미 상징 …… 이야기, 루머, [보도], 그림, 그리고 다른 사회적 커뮤니케이션 형태에 의한 의견 통제이다"(Lasswell, 1927/1971, p.9). 선전은 강제력보다는 암시와 환상에 의해 작동한다. 선전은 "우호적 여건하에서 수단의 교묘한 사용에 의존한다"(Lasswell, 1927/1971, p.185). 전시에는 폭력적 방식으로 뿐

56 선전의 중요성에 관해, 라스웰(Lasswell, 1927/1971)은 다음과 같이 말했다. "현대전은 세 가지 전선에서 수행되어야 하는데, 바로 군사적 전선, 경제 전선, 그리고 선전 전선이다"(p.214).

아니라 상징적 방식으로도 사회는 투쟁한다고 라스웰은 말했다. "한 나라에서 달변인 모든 사람은 선전의 목표에 도움이 된다."[57] 그러나 현대적 삶에서 선전이란 전쟁에서 비폭력적 수단을 훨씬 넘어서는 역할을 수행한다고 보았다. 그래서 현대의 과학자 사이에는 "원시 부족의 삶이 지녔던 사회적 유대가 존재하지 않는다. 선전은 수백만 명을 하나의 융합된 도구로 결집하는 새로운 수단이다"라고 주장했다.[58] 선전을 이해해야만 하는 이유는 "선전의 메커니즘을 조명하는 일은 사회 행동의 비밀스런 원천을 밝혀내는 일이기 때문이다. …… 선전은 삶에서 불가피한 사실이다. 민주주의 국가라면 선전에 비난만 할 게 아니라 적응해야 한다"고 말했다(Lasswell, 1927/1971, pp.222~223).

어떤 학자는 이 진술문이 실린 책에 관해 서평을 쓰다가 경악했다. 그 학자는 격노하여 라스웰의 책은 "당장 태워 버려야 할 마키아벨리적 교재"라고 썼다(Dulles in Marvick, 1977, p.49). 이 서평을 쓴 사람은 아이젠하워 대통령 때인 1952~1960년에 국무장관을 지낸 포스터 덜레

57 "표준으로 정해진 견해*master voice*를 널리 증폭하는 선전 활동에 …… 오늘날에는 달변의 사람이 모두 …… 동원되고 있다"(Lasswell, 1927/1971, p.221).

58 라스웰(Lasswell, 1927/1971)은 다음과 같이 말했다.

> 선전은 현대 세계에서 가장 강력한 도구 중 하나이다. 선전은 사회의 속성까지도 바꿔버린 복합적으로 변화된 환경에 대응해 지금같이 두드러진 위치로 부상했다. 소규모 원시 부족이라면 북소리와 요란한 댄스 리듬으로 이질적인 구성원을 한 덩어리의 전투 집단으로 결집할 수 있다.
>
> 위대한 사회*the Great Society*에서는 각기 제멋대로인 개인을 전투 댄스의 열기 속으로 결집하기란 더 이상 불가능하다. 새롭고 더 정교한 도구를 사용해 수천, 심지어 수백만 명을 단일한 증오, 의지, 희망의 덩어리로 융합시켜야 한다. …… 사회적 유대의 이 새로운 망치와 모루의 이름은 선전이다(pp.220~221).

스였다.[59] 해럴드가 그 서평을 읽었을 때 흐뭇한 표정으로 손을 문지르면서, 서평자가 어떤 개인적 배경 때문에 어떤 맥락에서 그런 글을 쓰게 되었는지 분석하기 시작하는 모습이 눈에 선하다.

라스웰이 커뮤니케이션 연구에 크게 기여한 세 번째 부분은 설득과 선거 캠페인을 훨씬 넘어서 여러 기능을 포괄하는 방식으로 커뮤니케이션의 정치적 기능을 개념화했다는 점에 있다. 〈사회 내 커뮤니케이션의 구조와 기능The Structure and Function of Communication in Society〉이라는 논문에서, 커뮤니케이션에는 다음과 같이 세 가지 사회적 기능이 있다고 라스웰(Lasswell, 1948)은 말했다. (a) 어떤 사회가 대응해야 할 욕구, 위협, 기회에 관해 사회가 알아야만 하는 정보를 수집하는 **환경 감시***surveillance* 기능, (b) 정책 수립, 조직화, 권력과 책임의 배분, 또한 필요하다면 패턴의 변화를 통해 관련 정보에 대한 사회의 대응책을 시행하는 **관계 설정***correlation* 기능, (c) 어린이가 책임감 있고 유용한 시민으로 성장하고 어른은 지식과 신념의 망 주변으로 융합될 수 있도록 잠재적인 구성원과 무지한 구성원에게 사회의 지식과 가치를 전수하는 기능이라는 뜻으로 라스웰이 사용한 **사회화***socialization* 기능 등이다.[60] 커뮤니케이션의 이 세 가지 가능은 단순하고 명쾌해 보이지만, 해럴드가 생각하기에는 결코 그렇지 않았을 것이라고 장담한다.

어느 날 저녁 한 토론에서 아마 라스웰은 뉴스 미디어, 정부, 학교

59 서평의 필자인 포스터 R. 덜레스는 실제로는 미 국무장관 존 포스터 덜레스John Foster Dulles(1888~1959)의 형제였는데, 덜레스 장관은 종종 포스터 덜레스로 불리기도 했다. — 편집자

60 슈람이 여기서 지적한 논문에서, 라스웰이 사회화 기능을 지칭하기 위해 실제로 사용한 용어는 "전파*transmission*" 기능이었다. — 편집자

의 기능을 염두에 둔 게 틀림없을 것이라고 누군가가 말한 적이 있는데, 바로 그때서야 라스웰이 커뮤니케이션 기능에 관해 어떤 생각을 했는지에 대해 어렴풋하게나마 파악이 되었다. 해럴드는 그 언급에 대해 침묵을 지켰지만, 그다음에 다른 누군가가 시대별로, 즉 가령 원시 부족 사회에서 언덕 전망대의 감시인이 부족을 위해 환경 감시를 맡고, 추장이 부족의 관계 설정을, 부모가 사회화를 책임질 경우 이 여러 기능이 어떻게 달라지는지 질문했다. 해럴드는 마치 좋은 질문이라며 칭찬하듯이 고개를 끄덕이더니 한 시간 이상 동안 놀랄 정도로 상상력이 풍부하고 박식한 담론을 쏟아냈다. 감시인이 어떻게 매스 미디어로 바뀌었고, 그 기능이 어떻게 변화했으며, 장소, 시간, 사회마다 기능 자체가 어떻게 달라지는지에 관해 설명했다. 기능 중 단 한 가지(즉 환경 감시)만 보더라도 유목민 부족이 도시 빈민가와 어떻게 다를 것인지, 수집해야 하는 정보의 종류와 수집 방법이 어떻게 달라지는지를 분석하면서 매듭을 지었다고 기억한다. 이 설명은 세 가지 기능 중 한 가지만 다룬 데 불과했다. 그 기능을 모두 완전하게 설명하려면 아마 1시간이 아니라 3시간은 걸렸을 것이다. 그러나 다음과 같은 핵심 요지는 아주 명쾌하게 전달되었다. 비록 시간과 공간이 달라져도 기능은 기본적으로 바뀌지 않겠지만, 인간 커뮤니케이션과 인간 사회를 이해하려면 수많은 미세하고 필수적인 작은 차이도 살펴보아야 한다는 것이다.

라스웰과 사회과학 일반

만일 오로지 커뮤니케이션에 미친 영향에만 초점을 맞춘다면, 라스웰의 기여를 공정하게 평가할 수 없다. 라스웰이 미친 지적 영향은 훨씬 더 광범위했으며, 사회과학과 사회과학자 일반에 관해 말한 내용은 커뮤니케이션을 공부하는 사람에게도 적용된다.

라스웰이 핵심적으로 미친 영향이 무엇이었는지는 기본적으로 그리 중요하지 않다고 본다. 오히려 라스웰이 몸소 예시해 준 박식함, 지식과 관심사의 폭, 사실의 추구와 처리에서의 조심스러움, 어떤 현상의 이해를 위해 모든 것을 알고자 하는 채워지지 않는 갈망, 믿기 어려울 정도로 넓은 관심사의 폭이 더 중요할지 모른다. 라스웰의 글을 읽었을 때도 이런 시각이 생겼지만, 이 학자를 몸소 알게 되면서 그런 생각이 훨씬 더 굳어졌다. 모두 우러러보고 경탄하면서 닮아가기를 희망하는 자질이지만, 그 기준이 우리에겐 너무나 높다는 사실을 깨닫게 된다.

또한 라스웰은 이론과 연구에 접근할 때 단순화하는 방식에 빠져서는 안 된다고 주장했다. 행동과학심화연구센터에서 라스웰을 처음 만났을 때, 집에 돌아와 생각해 보니 그는 늘 가설을 세우고 있었다는 느낌을 받았다. 오랫동안 특정 사항을 생략하는 것처럼 보였을 때에도 늘 결국 그것을 검증하거나 적어도 진지하게 생각하고 고려하게 되는 지점에 도달하곤 하는 것처럼 보였다. 분명히 라스웰은 과학에서 가설을 검증하는 쪽보다는 늘 가설을 수립하는 쪽에 서 있었다. 그리고 대체로 후학에게 좋은 모범을 보여 주었다고 생각한다. 탁월한 심리학자인 윌리엄 맥과이어가 몇 년 전 〈퍼스낼리티와 사회심리학 저널*The Journal of Personality and Social Psychology*〉에 쓴 내용을 환기해 본다.

> 연구 방법론을 가르칠 때 근본적으로 바꿔야 할 한 가지 사항은 연구에서 중요한 가설 검증 단계에 비해 상대적으로 창의적인 가설 형성 단계

를 더 강조해야 한다는 점이다. 내가 추정한 바로는, 현재 강좌에서는 가설 검증을 제시하는 방식에 적어도 90%나 시간을 투입하고 있으며, 우선 이 가설을 고안해 내는 더 이전의, 더 중요한 과정에는 거의 시간을 쓰지 않고 있다(McGuire, 1973, p.450).

라스웰이 폭넓은 지식을 갖추고 수많은 분야의 학문과 학자와 알고 지낸 것은 바로 이 지점에서 결실을 맺는다. 아마 라스웰은 아는 게 너무 많아, 한 가지 접근 방식이나 하나의 가설에 정착하기가 어려웠던 것 같다. 그러나 그보다 오히려 더 핵심 사항은 사회과학과 자연과학의 차이에 대한 라스웰의 인식이었다. 대다수의 사회과학적 탐구에서는 '핵심적 실험'이란 것이 존재하지 않을지 모른다. 여기서는 발견해야 할 뉴턴의 법칙 같은 것은 없을지도 모른다. 그러나 이것은 과학적 접근을 폐기해야 할 이유는 되지 못한다. 오히려 이 때문에 (시간이 제한되어 있기 때문에) 연구 시간을 허비하지 않도록, 또한 단편적이거나 불완전할 수도 있는 결과에서 근거 없는 결론을 이끌어 내지 않도록, 주변의 현실 세계를 가능하면 폭넓게 이해할 수 있게 가설을 선정하고 결과를 해석해야 한다. 사회과학에서 잘못된 단순화는 아마 (만일 그가 에머슨을 기억한다면) 소인배의 도깨비에 불과하다고 말했을 것이다!

라스웰이 미친 중요한 영향 문제로 되돌아가 보자면, 그 부분을 명확하게 식별해내기란 더욱 어렵다. 왜냐하면 다른 사람도 지적했듯이, 라스웰이 50년 전 고안한 공식은 처음에는 의심과 충격, 때로는 분노의 대상으로만 받아들여지다가 지금은 보편적으로 수용되었기 때문이다. 마빅(Marvick, 1977)은 이 중 몇몇을 열거했다.

오늘날 다음 사항에 관해서는 대체로 합의가 이루어져 있다. 어느 곳에 있든지 인간은 복지(건강, 지식, 숙련도, 부)와 존경(존경받고 애정을 느끼며 결정에서 목소리를 내고 이에 따른 권력을 행사하며 옳고 그름에 대해 공인된 인식을 지니는 것)이 실현되는 여건을 추구한다는 점, 정치란 어떤 상황에서 권력 측면의 문제라는 점, 인간은 공적 대의의 이름으로 사적 문제를 실행한다는 점, 기본적으로 분업이 초래한 존경과 복지 여건의 변화에 적응하는 과정에서 개인이 겪는 어려움에서 그리고 기술적 변화에서 사회적 격변은 유래한다는 점, 불안정한 인간은 확립된 삶의 질서에 점차 환멸을 느끼고 혁명적 선전을 잘 수용하는 경향이 있다는 점, 필연적으로 폭력과 상징 조작 분야의 직업적 전문가가 이 시대의 세계적 혁명을 좌우한다는 점, 현대의 지식인은 정책 결정자가 자문을 구할 만한 값어치가 있는 유능하고 상상력 넘치는 정책과학자가 되어야만 인간 존엄의 대의에 가장 잘 봉사할 수 있다는 점 등이다. 이러한 생각은 지금은 일반적으로 수긍이 가는 사안이지만, 라스웰이 그런 내용을 쓰기 시작하던 1920년대에는 전혀 그렇게 수용되지 못했다(pp.5~6).

하지만 라스웰이 이후에 제시한 공식 중에서도 엘리트에 관한 연구는 그간 널리 영향을 미쳤을 뿐 아니라 지금도 계속 영향을 미치고 있다. 보통 사람의 의견이 연구할 가치가 없다는 뜻은 아니다. 라스웰은 여론의 힘에 대해 확고한 믿음을 지녔다. 그러나 정치 체제의 권력 중심부를 연구하는 게 라스웰의 스타일이었고, 이 목적을 위해서는 엘리트를 연구하는 게 더 효율적이었다. 더구나 라스웰은 자신의 미래관에 근거해, 엘리트의 행동과 정책이 (앞으로 전개될) 사안의 실마리가 될 가능성이 있다고 생각했다. 특히 최근 서구의 역사에서는 새로운 체제가 점차 기술 엘리트, 가령 엔지니어, 관료, 정당 지도자, 선전가에 의해 통제되는 경향이 있다고 생각했다(Lasswell, 1937, 1977b). "기술의 국가*commonwealth of skill*"가 갈수록 더 보편화하고 있다는 것이다(Lasswell, 1937, p.305). 엘리트의 기술과 보상을 공유하고 분담하려는 시도를 포함해 무수하게 다양한 방식으로 이 경향은 구현될 것이다. 그러므로 우리 사회의 과제는 이러한 탈구 현상을 제거하는 방법을 발견해 내는 일이다. 계급 의식은 숙련도와 숙련도 보유 집단의 "심각한 탈구"를 초래할 것이다(Lasswell, 1937, p.310). 그러므로 우리 사회의 과제는 이러한 탈구 현상을 어떻게든 제거하는 방안을 찾아내는 일이다. 따라서 오늘날 권력의 지표로서뿐 아니라 앞으로 다가올 권력 분포의 지표로서도 엘리트를 연구할 수 있으며 또 그렇게 해야만 한다.

이러한 주제 때문에 라스웰은 정치적 미래에 관해 생각하게 되었고, 필연적으로 라스웰의 독자도 그렇게 되고 있다. 라스웰이 가장 큰 영향을 미친 부분이면서, 그를 따르는 제자에게 가장 흥분되고 자극이 된 방식 중 하나는 미래를 향해 등불을 쳐든 채 제자들이 추세를 이해하고, 예측하며, 준비할 수 있도록 자극했다는 점이다. 라스웰이 미래에 관해 제시한 가장 유명한 묘사 중 하나는 "요새 국가*garrison state*"였는데(Marvick, 1977, p.46), 유럽이 한참 전쟁 중이던 1941년에 주장했지만 이후에도 가능성이 전혀 소멸하지 않은 것이다(Lasswell, 1941a를 보라). 요새 국가는 필연적이지는 않지만 "실현될 수도 있는 가능성에 관한 청사진"(Lasswell, 1977a, p.166)이라고 라스웰은 말했다. 그러한 국가에서는 폭력 전문가가 가장 강력한 집단으로 떠오를 것이다. 폭력 전문가에게는 현대적 테크놀로지와 관리 전문가가 필수적 존재가 될 것이다. 또한 요새 국가에서는 사람들이 전쟁과 생산에 모두 참여하도록 설득해야 하므로, 상징 조작 전문가도 필수적 존재가 될 것이다.

그러한 가능성이 있는 미래에 대해 무엇을 할 수 있는가 하고 라스웰은 학생들에게 질문했다. 가장 필요한 것은 가능성을 이해하는 일이라고 말했다. 그 가능성을 이해하고 나서는 가장 바람직하지 않은 가능성을 피할 방도를 찾아라. 라스웰은 다음과 같이 여러 도발적인 질문을 제기했다. 군사적인 마인드를 더 문명화한 패턴으로 개조할 수 있는가? 일반 시민은 권력 엘리트에게서 자치 시행 업무를 어느 정도 넘겨받을 수 있는가? 엘리트 지배 국가를 막는 데 엘리트를 동원할 수 있을까? 해럴드 라스웰의 강의와 책에서 정치학과 커뮤니케이션은 분야 간의 근접성과 지식의 명쾌함에는 차이가 있을지라도 모두 결코 이론적 훈련에 그치지 않았다. 오히려 그보다는 사회의 복리와 미래의 모습과 관련이 있고 정치학과 커뮤니케이션의 힘에 도전을 제기하는 철저하게 실천적인 연구로 간주되었다. 물론 이론은 사회과학에 속하지만, 이 과학의 궁극적인 목적은 정책이다.

따라서 해럴드 라스웰이 미친 가장 큰 영향 중 하나로 정책과학의 옹호를 꼽는 게 아주 적절할 것이다. 이는 라스웰이 고수해 온 책임 개념의 일부를 이룬다. 사회과학자 같은 지식 엘리트는 그 지식을 사회에 쓸모 있게 활용할 책임을 진다. 전시 중에 라스웰은 수많은 미국 최고의 과학자가 연방 정부를 위해 일하는 모습을 목격했다. 그래서 전시뿐 아니라 평화 시에도 똑같은 정도의 책임이 성립한다고 주장했다. 정치학자, 경제학자, 학습심리학자, 그리고 커뮤니케이션 문제와 관련된 작업을 직업으로 삼는 수많은 다른 종류의 학자에게도 이는 적용된다. 라스웰이 커뮤니케이션 전문가에게 특별히 전한 메시지도 있었는데, 과거 라스웰의 글에서 따온 다음과 같은 작은 단락으로 글을 마무리하는 게 적절할 듯하다.

어떤 직업의 중요성은 차별화된 문헌을 갖고 있다는 전통적인 주장만으로는 납득시킬 수가 없다. 오늘날 실질적으로 모든 장인직이나 밥벌이 직업은 이 기준을 충족한다. 한편으로는 어떤 숙련된 기술을 [실행하는 일], 다른 한편으로는 그 숙련 기술을 밀접하게 연관된 총체적 과정에 관한 지식과 연계하는 일을 구분하는 게 더 적절하다. 비즈니스 종사자와 경제학자의 차이를 생각해 보라. …… 경제학자는 부의 생산, 분배, 투자, 소비 등의 진정한 모습을 파악하기 때문에 전문직으로 간주해야 마땅하다. 의사는 개인에 관한, 또한 건강, 질병의 집단 과정에 관한 인지적 지도에 따라 행동하도록 되어 있기 때문에 전문직 범주에 속한다(p.306).

커뮤니케이션 전문가는 서베이 실시, 내용 분석, 혹은 다른 기술적 작업에서 숙련도를 갖추는 것만으로는 충분하지 않다. 진정한 전문직이라면 숙련도를 계몽으로 보충한다고 말할 수 있다. 커뮤니케이션의 경우, 이는 전 과정의 추이, 조건, 전망에 관한 공통된 그림을 파악하고 있다는 뜻이다. 이는 또한 인정된 목표의 성취에 필요한 정책을 새로 만들어 내고 평가하는 능력도 의미한다(Lasswell, 172, p.306).

chapter 3

폴 라자스펠드

시장 조사에서
미디어 효과를 거쳐
사회적 보강으로

1901	오스트리아 비엔나에서 출생
1925	비엔나대학교 응용수학 박사; 비엔나대학교 심리학연구소 연구센터 설립
1931~1932	마리엔탈 실업 연구 수행
1933~1935	록펠러재단 펠로우로 미국 방문
1935	미국 이민
1935~1936	뉴워대학교/전국청년기구에서 근무
1936	뉴워대학교 연구센터 설립
1937	프린스턴대학교 라디오 연구 프로젝트 설립
1939	프린스턴대학교 라디오연구실 설립; 뉴욕 컬럼비아대학교로 이전; 컬럼비아대학교 시간 강사
1941	컬럼비아대학교 사회학과 부교수 임용
1942~1943	《라디오 연구》 출판
1944	컬럼비아대학교 라디오연구실을 응용사회조사연구실로 개편; 《국민의 선택》 출판
1948~1949	《커뮤니케이션 연구》 출판
1950	컬럼비아대학교 응용사회조사연구실 소장 사임
1954	《투표》 출판
1955	《개인의 영향》 출판
1962	컬럼비아대학교 퀘틀렛 사회과학 석좌 교수
1969	컬럼비아대학교 은퇴, 피츠버그대학교 출강
1976	사망

폴 라자스펠드는 어떤 부류의 사람이었나? 진실하고 유머 감각이 있으며, 따뜻하고 열정적이며 활달했다. 연구 아이디어가 넘쳐났고, 연구 수행 방법과 결과 해석 방법에 관해 풍부하게 제안도 해주던 사람이었다. 본질적으로 이론가는 아니었으나, 늘 어떤 연구나 결과의 더 심오한 이론적 의미에 대한 안목을 갖춘 사람이었다. 뛰어난 문장가는 아니었으나, 연구에 관해 이야기할 때에는 남에게 흥미를 불러일으키는 사람이었다. 강단에서는 그리 탁월한 달변이 아니었으나 젊은 연구자 집단을 매우 효과적으로 설득하는 사람이었다. 모든 사람이 인정하는 훌륭한 사업가이기도 했다. 세부 행정 업무는 특히 잘 처리하진 못했으나 운영 중인 연구소나 학과를 지원할 재원을 얻는 데는 유난히 재능이 있었고, 그 구성원을 자극하는 데는 더더욱 재주가 뛰어난 사람이다. 뛰어난 업적에도 불구하고 기본적으로 겸손한 사람으로, 커뮤니케이션 연구에 관해 프랭크 스탠턴과 공동으로 편집한 신간 서적(1949년에 출간)을 한 부 보내면서 거기에 다음과 같이 전혀 당치도 않은 문구를 적었다. "친구를 너무 과대평가하는 윌버 슈람에게." 이는 내가 폴의 이전 책에 관해 쓴 글을 지칭한 것이었다.

이 장의 제목으로 어떤 형태든 실례를 끼치려는 뜻은 없었다. 사실은 정반대다. 라자스펠드는 실제로 시장 조사*market research*의 '발명가'

라 할 만하긴 했지만, 비록 그렇다 해도 위대한 학자이자 이론가를 시장 조사라는 관점에서 서술하는 것은 사실 이례적이다. 그러나 다른 관점에서 생각해 보라. 라자스펠드는 불황의 밑바닥을 헤매던 시기에 오로지 시장 조사 수입만으로 연구소를 지탱하던 데에서 시작해, 세계에서 가장 유명한 커뮤니케이션 연구소인 컬럼비아대학교 응용사회조사연구실 소장 겸 퀘틀렛Quetelet 석좌 교수와 사회학과 학과장이 되었고, 일찍이 파리대학교가 명예 학위를 수여한 유일한 미국 사회학자였다. 젊은 학자 중에서 그런 인물이 과연 얼마나 자주 나올까? 더구나 폴의 경력을 모르면 그 업적을 거의 이해할 수가 없고, 시장 조사와 폴의 관계를 모르면 그의 경력을 이해하는 게 거의 불가능하다. 이 장의 제목을 앞서 언급한 대로 붙인 이유는 바로 이 때문이다.

비엔나 시절

이야기는 비엔나에서 시작한다. 그렇게 전형적으로 미국적인 활동처럼 보이는 시장 조사가 오스트리아에서 시작되었고, 그처럼 자본주의의 자연스런 산물처럼 보이는 활동이 열렬한 젊은 사회주의자 사이에서 시작되었다고 생각해 보면 다소 기이한 느낌이 든다. 하지만 이는 사실이다. 어떻게 그런 일이 일어났는지 파악하기 위해, 폴 라자스펠드의 경력 초창기 시절로 되돌아가 보자.[61]

61 라자스펠드의 젊은 시절에 관한 이 묘사는 대부분 라자스펠드(1969)에 나온 내용이다. 이는 폴 뉴러스(1983)에서도 자세히 설명하고 있다.

폴은 1901년 비엔나에서 태어났다. 아버지는 아주 잘 나가는 사람은 아니었으나 변호사였다. 어머니는 공식적인 훈련을 받지 않은 심리학자였다. 폴의 가족은 열렬한 사회주의자였다. 빅토르 아들러, 프리드리히 아들러,[62] 그리고 1945년에 오스트리아 제2공화국 대통령이 되는 파울 레너 같은 사회민주당 지도자가 라자스펠드의 집을 종종 방문하곤 했다. 폴은 유럽 중상층 계급의 학생에게 정해진 교육 경로(대학 진학 학교*grammar school*, 김나지움*gymnasium*,[63] 대학교 등)를 밟았다. 폴은 정치 문제에 적극 참여했고 사회주의 김나지움 학생 리그League of Socialist Gymnasium Students를 조직하는 데 기여했다. 폴은 많은 분야에 재능이 있었기 때문에, 오히려 대학에서 어떤 전공을 택할지 정하는 데 어려움을 겪었다. 마침내, 사회주의자 인터내셔널Socialist International의 제1 서기이자 당시 정치적 암살죄로 감옥에 있던 프리드리히 아들러가 보낸 편지가 문제를 해결해 주었다. 수학자이자 물리학자이기도 했던 아들러는 수학을 공부하면 많은 분야에서 이점이 있을 것이니 수학 공부를 계속하라고 권유했다. 이로써 문제가 해결되었다. 폴은 수학 전공으로 졸업했고, 아인슈타인의 중력 이론의 수학적 측면에 관해 박사 논

62 빅토르 아들러(1852~1918)는 오스트리아의 사회주의 정치인이자 노동운동 지도자였으며, 사회민주노동자당을 창립했다. 그의 아들 프리드리히 아들러(1879~1960)는 아버지와 마찬가지로 오스트리아의 사회주의 정치인이면서 혁명가였다. 프리드리히 아들러는 국제 노동조합 운동에도 열정적으로 참여했고, 오스트리아 사회민주당 서기장을 지냈다. 당내에서도 좌파의 대변인으로 당의 공식 견해와 달리 오스트리아의 참전을 반대했다. 아들러는 반전 의사의 극단적 표현 수단으로 오스트리아 수상인 칼 폰 스튀르크 백작을 암살해 파문을 일으켰다. 2차 세계 대전 발발 후에는 미국에 망명해 거기서 사망했다. — 옮긴이

63 교육 순서로 보면 유럽의 김나지움은 대략 미국의 고등학교에 해당한다.

문을 썼다(Lazarsfeld, 1925). 그러고 나서는 상대적으로 안정된 공무원 직업을 택해 김나지움에서 수학과 물리학을 가르쳤다. 오스트리아의 중등학교 교사에서 컬럼비아대학교 사회학과 학부장직에 이른 것은 커리어에서 대단히 높은 계단을 뛰어오른 셈이다.

어떻게 해서 이런 변화가 일어났을까? 라자스펠드가 비엔나에서 학생이자 젊은 학교 교사이던 시절 오스트리아는 치열하게 정치적인 국가였다는 점을 기억하라. 지금 폴 뉴러스라는 이름은 인디애나 주 푸너Poona의 농촌 지역 라디오 포럼의 연구와 델리의 학교 텔레비전 연구로 알려졌지만, 폴과 이 시기를 함께 겪었기 때문에 어떤 사람보다도 라자스펠드의 초기 시절을 잘 설명해 준다(Neurath, 1960). 당시 비엔나의 젊은 사회주의자 지식인은 모두 새로운 사회주의 사회를 위해 '새로운 인간'을 창조하는 일에 참여하고 싶어 했기 때문에, 심리학과 정신분석학에 깊은 관심을 기울였다고, 폴은 컬럼비아대학교의 기념 강연에서 말했다. "이들은 프로이트에 관해 독서를 많이 했고, …… 알프레드 아들러의 공개 강연에 참석했으며, 매우 보수적인 전통 심리학과 다른 대학 강좌라면 어디든 떼 지어 몰려갔다"고 뉴러스는 말했다(Neurath, 1983, p.15).

폴은 이 똑똑한 젊은 사회주의자 학생 중 한 명이었다. (남편인 칼과 함께) 비엔나대학교에 심리학 연구소를 설립하기 위해 부르츠부르크Wurzburg에서 최근 부름을 받고 옮긴 심리학자 샤롯데 뷜러와 폴은 알게 되었다. 폴은 그 교수의 세미나를 수강했다. 어느 날 폴은 젊은 사회주의 지도자가 노동자에게서 수집한 설문지 분석을 세미나에서 발표했다. 이는 전형적인 라자스펠드적인 이벤트였다. 설문지를 수집한 사람에게 폴이 "왜 [답변을] 집계하지 않죠?" 하고 묻자, 이 사람은 문서를 폴에게 바로 넘겨주면서 집계를 부탁했다.[64] 그 무렵 사회 통계에 대한 인지도는 지금보다 훨씬 더 낮았기 때문에, 폴의 데이터 처리 방식은 충격적이고 독창적으로 받아들여졌다. 폴이 이전에 받은 수학적 훈련이 큰 도움이 되었다. 실제로 뷜러 박사는 폴을 조교로 채용했다 (Lazarsfeld, 1969, p.284; Neurath, 1983, p.16).

이는 엄청난 기회였다. 야심 있는 학생들과 일하는 일이었으며, 그 중 대다수는 사회심리학에 종사하고자 하는 젊은 사회주의자였다. 한 가지 문제는 돈이었다. 젊은 라자스펠드 박사는 뷜러 박사가 지급할 수 있는 적은 봉급으로는 김나지움의 교사직을 그만둘 정도의 경제적 형편이 안 되었다. 그리고 교사직을 계속한다면, 연구할 시간이 거의 안 날 우려가 있었다. 그래서 심리학자인 뷜러 박사 부부를 설득해 시장·소비자 조사 연구소를 설립할 수 있게 허락을 받았는데,[65] 이 연구소는 뷜러가 소속한 심리학과와 관계는 유지하지만 비엔나대학교의 일부는 아니었다.[66] 대학교 산하 기관이 아니었기 때문에, 라자스펠드의 연구소는 오늘날 "용역 연구"라고 불리는 연구를 수주할 수도 있었다. 그 때는 그러한 용어가 없었다. 이 외부 연구로 폴 라자스펠드와 동료 작

64 폴은 이 연구 결과를 뷜러의 세미나에서 논문으로 발표했다(Lazarsfeld, 1969, p.284). 뉴러스(Neurath, 1983)에 따르면, 이 결과는 Lazarsfeld, Büehler, Biegeleisen, Hetzer, & Reininger(1931)라는 논문으로 출판되었다.

65 이는 심리학연구소Wirtschaftspsychologische Forschungsstelle라 불렸다. 라자스펠드(Lazarsfeld, 1969)에 따르면, 이 명칭은 "사회, 경제적 문제에 심리학을 응용한다는 폭넓은 뜻을 함축하는 용어"(p.274)이다.

66 독일어 Institut는 미국 대학에서는 대략 '학과'에 해당하므로, 칼과 샤롯데 뷜러는 비엔나대학교의 심리학연구소, 즉 심리학과 교수였다. — 편집자

업자를 먹여 살리고 연구소를 유지하며, 더 이론적인 사회적, 심리학적 연구에 필요한 비용을 조달할 정도로 연구비를 남겼으면 하고 이들은 희망했다(Lazarsfeld, 1969).

뉴러스(Neurath, 1983)는 이렇게 말했다.

> 50년 전에는 여건이 어떠했는지를 우리 중 젊은이는 상상하기조차 어려울 뿐 아니라 심지어 더 나이든 사람도 그 시절을 기억하기 쉽지 않다. 당시에는 이런 부류의 작업에 필요한 훈련된 인력을 갖춘 대학 연구소도 존재하지 않았고, 연구를 뒷받침할 예산도 전혀 없었고, 대학이나 정부, 재단의 연구 예산도 없었으며, 노골적인 상업적 연구를 수행할 상업적 연구비조차도 없었다. 실제로 상업적인 시장 연구를 한다는 발상 자체가 아직 나와 있지 않았다.

라자스펠드의 새 연구소에 속한 동료와 공동 작업자 집단을 부양하는 데 필요한 것보다 재원은 모자랐다. 비엔나에서 라자스펠드 세대의 한 구성원이던 한스 자이젤(Zeisel, 1979)은 당시 상황을 이렇게 묘사했다.

> 물론 우리에겐 그런 게 없었지만, 운영 자본 대신에 우리 공동 작업자는 노동 외에는 투자할 게 아무것도 없었다. …… 우리 동료는 비엔나 커피숍 구석에 앉아 보고서 작업을 하곤 했는데, 유감스런 일이지만 제때 지불한 것은 이 커피 값밖에 없었다. 그 이상 지급한 적이 한 번이라도 있었는지는 더 이상 확신할 수가 없다. 왜냐하면 월말이 가까워지면 직업이 있던 사람은 (나는 아버지의 법률 사무소에서 훈련생으로 일한 사람이니 여기에

속했다) 수입 일부를 연구소 운영에 보태야 했다.[67]

이 소집단의 또 다른 구성원은 나중에 라자스펠드의 첫 번째 부인이 되는 마리 야호다였다. 야호다는 폴의 새 연구소에 관해 이런 말을 했다.[68]

> 우리 중 다수는 다른 수입이 없었다. …… 우리 인터뷰어 중에는 이 일을 [유일한] 수입원으로 삼는 …… 법학, 경제학 박사 학위 소지자가 여럿 있었다. 오스트리아에서 당시는 특히 젊은이에게 참담한 시절이었으나, 양식의 가책을 느낄 시간은 전혀 없었다고 우리끼리 자주 합리화하곤 했다.

야호다는 계속해서 다음과 같이 말한다.

> 폴은 이 놀라운 시장 조사를 발명했고, 우리는 이것으로 업계를 위한 서베이를 실시했다. 그러나 우리는 대가로 받은 돈을 사회심리학적 연구에 쓰면서 …… 그리고는 마음속 깊숙이 늘 다음과 같은 생각을 품고 있곤 했다. 진정으로 원하는 일을 위해 돈을 어느 정도 벌 수 있을까?(in Neurath, 1983, p.17).

67 인용문의 상당 부분은 한스 자이젤(1979)에 나온다. 하지만 아마 슈람은 라자스펠드를 위해 컬럼비아대학교에서 열린 기념식에 발표된 더 긴 글에서 인용하고 있는 듯하다. 자이젤의 장은 이 글에 근거했다.

68 마리 야호다의 진술은 Greffrath(1979)에서 따온 것이다. 야호다는 1978년에 서독 라디오와 인터뷰를 했다.

야호다는 연구소를 다음과 같이 미사여구로 표현되는 사회 조직으로 묘사했다. "이는 연구소라기보다는 오히려 삶의 스타일이었다. …… 수많은 젊은 지식인이 실업자라는 사실에서 연구소는 존재의 유래를 찾았다. 그것은 친구 집단이지 상업적 사업이 아니었다."[69]

이 연구자들은 이런 부류의 연구를 했는가? 사회심리학적 요소가 조금이라도 있고 대가를 받을 수 있는 일이라면 닥치는 대로 했다. 뉴러스(Neurath, 1983)는 이들이 연구한 다양한 시장 조사 주제를 예시했다. "커피, 차, 초콜릿, 맥주, 셔츠, 신발, 꽃, 향수"(p.17). 가능하다면 상업적 질문이 더 심오한 의미를 지니도록 수정하려 늘 노력했다. 예컨대, 세탁소 서비스를 이용하지 않는 주부가 왜 더 많은지 세탁소에서 알고 싶어 할 경우에는, 어떤 경우에 주부들이 집 바깥으로 세탁물을 보내 처리하는지 발견하려고 연구 설계를 했다. 그 결과 기업은 출생, 사망, 결혼 등의 일정에 유의해야 한다는 점을 깨달았다. 그리고 구입하는 식품 종류의 차이를 연구하면서, 중간 계급 소비자와 대비되는 "프롤레타리아" 소비자의 프로파일도 만들었다.[70] 비엔나 라디오가 청취자의 라디오 프로그램 선호 양상에 관해 알고 싶어 했을 때에는 가

69 이 발언은 뉴러스(Neurath, 1983)에서 다음과 같은 내용으로 등장한다. "엄청나게 많은 젊은 지식인이 실업자라는 점을 근거로 해서야만 연구소는 존재할 수 있었다. 그것은 친구 집단이지, 상업적 사업이 아니었다"(p.18). — 편집자

70 라자스펠드의 회고록에 따르면, 청년 실업자에게서 수집한 데이터를 분석하는 동안 "프롤레타리아다운" 특성에 점차 관심을 갖게 되었다. "《청년과 직업*Jugend und Beruf*》 저술을 위해, 다양한 출처에서 얻은 많은 양의 데이터를 어느 정도 일관성 있는 개념 체제로 정리했다. 뷜러 교수는 흡족해 하면서, 중간 계급과 노동 계급 젊은이를 구분할 필요가 있다는 내 입장을 받아들였다"(Lazarsfeld, 1969, p.285).

벼운 음악과 진지한 음악 취향 간의 사회 계급적 프로파일을 만들었다. 먼 훗날, 라자스펠드는 이 연구야말로 미국 수용자 연구의 원조라고 회고했다(Lazarsfeld, 1969).

이 연구자들은 상업적 연구를 다른 흥미로운 데에도 활용할 수 있었다. 비엔나대학교 학생이나 뷜러의 학과 학생은 라자스펠드의 연구소에 와서 참여를 통해 연구하는 법을 배웠다. 폴은 대학의 공식적인 학문적 구조에서는 (무보수로) 한두 과목만 가르쳤다. 이러한 방식으로 연구소는 연구 조교를 확보했고, 학과 학생은 연구 수행 훈련을 받았다. 대학교 강의에서 제기된 이론적 명제는 현장 조사에서 얻은 연구소 데이터에 비추어 확인할 수 있었고, 반대로 조사는 새로운 이론을 제안할 수도 있었다.

폴 라자스펠드의 경력에서 이 초기 단계를 이렇게 자세히 다룬 이유는, 그가 비엔나에서 개발한 작업 방식과 조직 패턴을 미국에 갖고 왔기 때문이다. 나중에 응용사회조사연구실의 구성원 중 한 명 이상이 초창기 라자스펠드의 비엔나 시절에 관해 뉴러스나 자이젤, 야호다가 이야기하는 것을 듣고는 모두 아주 낯익은 이야기라고 언급했다. 비엔나의 경험은 이후 폴이 미국 뉴웍Newark이나 뉴욕에서 다른 학자와 작업할 때 체득한 작업 방식 속에서뿐만 아니라 더 풍족하고 더 많은 재원으로 운영하던 시절에도 정신적 유산으로 남아있었다.

미국에서의 라자스펠드

폴은 어떻게 해서 미국으로 활동을 이전하게 되었는가? 1930년대 초에 라자스펠드, 야호다, 자이젤은 마리엔탈Marienthal이라는 오스트리아 소도시에 관한 연구를 했는데, 대공황 초기의 이곳에서는 실업이 존재하는 수준을 넘어 거의 모든 이가 실업 상태였다(Lazarsfeld, Jahoda, & Zeisel, 1933, 1960, 1971). 이 연구는 실업이 개인과 사회에 미치는 효과를 모두 살펴보았기 때문에, 당시에 보기엔 감동적인 연구였고 지금 읽어보아도 여전히 감동적이다. 라자스펠드와 동료들이 가장 간절하게 해답을 구하려 한 질문 중 하나는 과연 이러한 부류의 광범위한 실업이 사람들을 혁명적으로 만들게 되는가 아니면 무감각하게 만들게 되는가 하는 문제였다. 이 연구자들은 발표하면서 유감스러워했지만, 해답은 실업이 사람들을 더 무감각하게 만드는 것처럼 보인다는 것이었다. 이 책은 히틀러가 집권하던 바로 그 시점인 1933년에 독일어로 출판되었고, 이내 출판이 금지되어 1960년까지 독일어로 다시 발간되지 못했으며, 영어로는 1971년까지 나오지 못했다. 그러나 이미 인쇄된 책과 데이터는 계속 유통되었고, 특히 샤롯테 뷜러 박사는 대단히 감동을 받았다. 뷜러는 폴을 함부르크에서 열린 국제심리학대회International Congress of Psychology에 보내 연구 결과를 발표하도록 했다. 그 행사에는 세계적으로 가장 유명한 심리학자도 몇 사람 참석했는데,[71] 폴의 발표에 감동을 받았다. 록펠러재단의 유럽 대표가 마리엔탈 연구 자료를 일부 보고는 미국을 방문할 수 있는 1년짜리 연구 펠로우십을 폴에게 제공했다. 1933년 10월 폴은 뉴욕에 도착했다.

71 국제심리학대회는 1932년에 열렸다. 참석자 중에는 고든 앨포트, 오토 클라인버그, 굿윈 왓슨 등이 있었다(Lazarsfeld, 1969, p.293). 이 행사에서 라자스펠드가 발표한 논문은 1년 후 영어로 번역되어 Lazarsfeld(1933)로 출판되었다.

라자스펠드는 국제심리학대회에서 만난 학자 중 다수를 만나러 다녔다. 처음 연락해 만난 사람 중 한 명은 바로 《미들타운*Middletown*》(Lynd & Lynd, 1929)의 공저자인 로버트 린드였다. 린드는 컬럼비아대학교 사회학 교수였고 뉴저지 주의 몬클레어Montclair에서 실업의 효과에 관해 연구하고 있었다. 폴은 아주 친숙한 주제라고 보았기에 자원자로서 현장 작업을 돕겠다고 제안했다. 항상 친절하고 사려 깊은 린드는 그러한 제안을 받아들이면 폴을 착취하는 일이 될 것이라 느끼고는, 자신이 컬럼비아에서 가르치는 대학원 수준의 강좌를 보조해 달라고 부탁했다. 나중에 폴이 미국에서 커리어를 쌓으면서 도움이 필요할 때마다 린드는 거듭해서 라자스펠드를 지원했기 때문에, 이 양자의 관계는 폴이 개발한 관계 중에서 가장 운이 좋은 것이었다. 폴은 경험적 사회 조사의 선구자를 만나러 여행을 자주 다녔는데, 이 중에는 그 주제에 관해 최초로 책을 쓴 루터 프라이,[72] 미네소타의 스튜어트 채핀, 그 무렵 뉴딜 정책을 위해 실업 문제를 연구하고 있던 조지 A. 런드버그 등이 있었다. 라자스펠드는 연방비상구호기구Federal Emergency Relief Administration의 자원 봉사자로 일하면서 시카고 지역의 연구와 뉴욕에 있는 심리학법인(Psychological Corporation: TPC)을 위한 연구를 수행했고, 그리하여 이 과정에서 미국의 현장 연구는 유럽과 어떻게 다른지에 관해 상당한 지식을 습득하였다.[73] 그 사이에 오스트리아는 점점 매

72 회고록에서 라자스펠드(Lazarsfeld, 1969)는 다음과 같이 썼다. "이 초창기 시절에 나는 경험적 사회 연구를 가르치는 몇 군데서 조금씩 시간을 보냈다. 사회 조사 기법에 관해 최초로 책을 쓴 루터 프라이와 안면을 트기 위해 로체스터대학교에도 갔다"(p.294).
73 심리학법인은 "E. L. 손다이크, J. M. 카텔을 포함해 일군의 저명한 미국 심리학자들"이 세운 비영리 조직이었다(Lazarsfeld, 1969, pp.295~296).

력 없는 곳으로 변해갔다. 그곳에서 파시스트 쿠데타가 일어났다. 폴의 부모들은 저명한 사회주의자를 경찰에게서 숨겨준 죄목으로 수감되었다. 폴은 록펠러재단에 2년차 펠로우십 지원을 신청했고, 지원을 받아냈다.

펠로우십 기간이 끝나기 전에, 라자스펠드는 미국으로 커리어를 옮기기로 결심했다. 그래서 남은 업무를 처리하고 학생 비자를 이민 비자로 바꾸기 위해 유럽으로 돌아갔다. 라자스펠드는 피츠버그대학교에서 일자리 제안을 받았고 그 이점 때문에 '피고용인'으로서 이민을 가려고 했다. 그런데 미국에서 받은 일자리 제안이 증발해 버리자, 이민 비자에 다소 문제가 생겼다.[74] 그러나 이미 여행 서류를 준비했기에

제임스 카텔은 미국심리학회 회장이자 〈월간 과학*Scientific Monthly*〉의 설립자 겸 편집인, 컬럼비아대 심리학과 학과장을 지낸 유명한 심리학자였다. 그런데 1차 세계 대전 때 징병 반대 운동 때문에 대학에서 해고된 후 손다이크와 로버트 우드워스 등 이전의 제자들과 1921년 TPC라는 교육 서비스 회사를 세웠다. 특히 이들은 심리 테스트를 개발해 기업과 정부, 학교 등에 판매했는데, 1939년 내놓은 웩슬러-벨뷰 지능 테스트Wechsler-Bellevue Intelligence Scales로 유명해졌다. 1970년 출판 그룹인 하코트 브레이스 조바노비치Harcourt Brace Jovanovich가 TPC를 인수하여 그룹 산하의 교육 테스트 분과와 합병하였다. 현재 TPC는 세계적인 교육-출판 그룹인 피어슨교육출판그룹Pearson Education PLC.의 산하에 속해 있다. — 옮긴이

74 라자스펠드의 회고록에 따르면, 당시 피츠버그대 소매연구소Retail Research Institute 소장이던 데이비드 크레이그가 "이 연구소에 임시 채용되도록 주선해 주었다" (Lazarsfeld, 1969, p.209)고 한다.

> 피츠버그대 소매연구소에서 받은 채용 약속을 근거로 이민 비자를 신청하러 비엔나로 간 것은 기억에 남을 일이다. 비자를 받은 다음 날, 크레이그가 소매재단의 연구소 소장직을 수락했기 때문에 피츠버그를 떠난다는 내용의 전보를 받았다. 나는 이 때문에 크게 실망했지만, 크레이그의 후임이 승인해 줄 때까지 참고 기다려야만

어쨌든 오스트리아로 가기로 작정했다. 라자스펠드는 전형적인 이민자처럼 무일푼에 직업도 없이 뉴욕으로 돌아왔다.[75]

라자스펠드의 천사인 린드가 다시 발 벗고 나서 뉴저지 주 뉴웍대학교에 일자리를 마련해 주었다. 라자스펠드는 뉴저지 소재 뉴딜 단체인 전국청년기구National Youth Administration에서 학생 구호를 감독하는 일자리를 얻었다. 이 직책 이름이 의미하는 바는 무엇이었을까? 그 단체가 지원하기로 된 젊은이에게 달리 일자리가 없을 때 일자리를 만들거나 창안해 내야 한다는 뜻이었다. 폴에게 이는 아주 친숙한 부류의 문제였다. 폴은 청년 실업자에게서 수집한 1만 장의 설문지를 발견했다.[76] 당시엔 수동으로 표 만들기가 유행이었으며, 컴퓨터와 펀치 카드는 아직도 미래의 일이었다. 그러므로 설문지 1만 장은 자신이 맡은 젊은이에게 몇 달간 바쁜 일자리를 줄 만큼은 되었다.[77]

그러나 폴에게는 이 정도로는 충분하지 않았다. 이후에 폴은 이렇게 회고했다. "[뉴웍대학교] 총장인 프랭크 킹던에게, 만일 자신의 조직을

했다(Lazarsfeld, 1969, p.303).

75 무일푼이라는 단어는 라자스펠드의 회고록(1969)에 다음과 같이 등장한다. "따라서 나는 무일푼인 채 고전적인 이민자로 뉴욕에 도착했다"(p.304).

76 이 서술은 라자스펠드(1969, p.288)의 진술과 다소 다르다. 회고록에 따르면, 바로 뉴저지구호기구New Jersey Administration가 전국청년기구의 프로젝트로 이 설문지를 수집한 후 데이터 분석의 도움을 받으려고 뉴웍대학교 총장 프랭크 킹던에게 넘겨주었다고 한다. — 편집자

77 조사 결과는 1937년에 〈에섹스 카운티에서 성장하기: 16~24세 사람 1만 명 대상의 인터뷰 분석Coming of Age in Essex County: An analysis of 10,000 Interviews with Persons 16~24 Years Old, Office of the Essex County Superintendent and the University of Newark Research Center〉이라는 미출간 보고서로 발표되었다.

큰 대학교로 발전시키고 싶다면[78] 연구 센터를 갖추어야 한다고 말했다"(Lazarsfeld, 1969, p.288). 도착한 몇 달 뒤, 라자스펠드는 연구 센터를 설립했다.[79]

연구 센터는 비엔나의 연구소와 대개 비슷했는데, 법적으로 "계약" 연구를 수주할 수 있도록 대학교 외부에 설립되었다. 폴은 뉴웍대학교가 봉급의 절반을 지급할 수 있도록 시간 강사로 임명되었다. 대학교는 빈 양조장 건물에 센터를 입주시키고 전국청년기구가 작은 액수나마 지원해 주는 학생을 연구 조교로 배치했다. 폴이 일군의 똑똑한 젊은 동료를 모집하기 시작하고 가능하다면 계약 연구로 먹여 살려야 하는 처지가 되면서, 상황은 갈수록 비엔나 연구소와 닮아갔다. 나중에 코넬대학교 사회학 교수가 되는 로즈 골슨은 1957년 컬럼비아대학교 응용사회조사연구실 설립 20주년 기념식에서 뉴웍센터를 이렇게 묘사했다.

우리는 어떻게 먹고 살았는가? 한스 자이젤은 (1951년) 폴의 50번째 생일

78 라자스펠드가 일자리를 수락했을 때, 킹던은 "막 뉴웍대학교 총장으로 임명되었는데, 이 조그만 기관을 뉴웍 에섹스 카운티의 저소득층 학생을 위한 고등 교육의 장으로 발전시켜야 한다는 기대를 안고 있었다"(Lazarsfeld, 1969, p.288). 하지만 그 대학교는 그리 오래지 않아 문을 닫았다.

79 이는 뉴웍대 연구센터the Research Center of the University of Newark라 불렸다. 1937년에 뉴웍센터 소장으로 있으면서 프린스턴대 라디오연구실Princeton Office of Radio Research도 함께 책임지게 되었다. 라디오 연구소가 그 "기능적 자율성"을 확대하고 동시에 뉴웍대학교가 문을 닫으면서 "프린스턴과 뉴웍대학교 간의 공생 관계"(Lazarsfeld, 1969, p.308)는 중단되었다. 프린스턴이 센터를 학교에서 내보냈을 때, 센터는 1938년 가을 뉴욕 유니언 스퀘어에서 새 보금자리를 찾았다.

[축하연]을 맞이해, 사회 조사의 재정 구조는 비엔나 연구소의 초창기에 틀이 짜인 걸로 알고 있다 …… 고 언급했다. 지금 이 비엔나식 재무 원칙에 벼랑 끝 매달리기 식 재정 원칙이라는 이름을 붙이고자 한다. 그 시절 우리는 모두 벼랑 끝에 매달린 사람이었다. 당시는 대공황 시절이었다 …… 그 결과, 폴은 우리를 고용해 고객의 연구를 하게 한다는 아이디어를 잠재적인 "표적"에게 팔러 다니며 나날을 보냈다. 그 어떤 조사든 말이다[80](Neurath, 1983, p.20).

그러나 골슨 교수가 다음과 같이 간파했듯이 이 "벼랑 끝 매달리기" 시절에는 특별한 점이 있었다.

그런데 창의적 사고의 보유자가 사고하는 모습을 지켜보고, 상황을 파악해 처리하며, 심지어 자신의 한계를 넘어 능력을 극대화해서 발휘하는 데에서 나오는 희열이 있었다. 그러나 그 즐거움은 그 이상이었다. 모두 젊었고, 에너지가 넘치고, 자심감과 낙관으로 가득 차 있으며, 만일 그렇게 말해도 된다면 사랑으로 넘치던 시절에 치열한 정서적 관여의 분위기 속에서 [이러한] 일을 하는 즐거움이었다(Neurath, 1983, p.22~23).

80 로즈 골슨은 뉴웍센터와 라자스펠드의 초창기 뉴욕 시절에 그의 비서였다.

따라서 뉴웍센터는 비엔나 연구소와 매우 흡사했고, 이에 못지않게 얼마 뒤 설립된 컬럼비아 연구실과도 닮은꼴이었다. 그러나 뉴웍과 컬럼비아 사이에는 한 단계가 더 있었다. 프린스턴대학교 교수이던 해들리 캔트릴이 (당시 생긴지 10년 남짓밖에 안 된) 라디오가 청취자에게 미치는 효과에 관한 연구 제안서를 록펠러재단에 냈다. 그러나 캔트릴은 연구 책임자를 구하는 데 애를 먹고 있었는데, 이 책임자는 필요한 자질을 갖추어야 할 뿐 아니라 대공황 중에 2년간 본업을 떠나 딴 사람의 연구 프로젝트를 관리하려 할 정도로 자신감이 있는 사람이어야 했다. 로버트 린드 — 이 사람 말고 또 누가 있겠는가? — 는 라자스펠드를 추천했고, 이 사람이야말로 적임자임이 이내 분명해졌다. 폴은 이 제안에 관심이 있었지만 두 가지 장애 요인이 있었다. 첫째, 폴은 자신이 새로 설립한 뉴웍연구소를 떠나 프린스턴으로 옮길 수는 없다고 생각했다. 둘째, 이 문제에 관해서는 많이 언급되지 않았지만, 폴은 캔트릴과 함께 일하는 게 그다지 편치 않았다. 그러므로 라자스펠드가 채용되었을 때, 라디오 프로젝트의 명목상 책임자는 프린스턴에서 맡았지만 실제 작업은 뉴웍대학교에 있는 라자스펠드의 연구센터에서 했다.[81]

새 프로젝트에 다행스런 한 가지 우연의 일치는 (당시 연구소 소장이자 나중에 CBS 회장이 되는) 프랭크 스탠턴이 캔트릴 밑에서 라디오 연구 프로젝트의 부소장으로 임명된 것이다. 몇 년이 지난 후, 폴은 특유의 기

81 공식적으로 라자스펠드는 프린스턴대학교 연구원으로 임명되었다(Lazarsfeld, 1969, p.308).

발한 말투로 그 조직에 관해 다음과 같이 묘사했다. "캔트릴은 폴이 돈을 갖고 튀지 않도록 감시하기 위해 거기 있었다 …… 그리고 스탠턴은 폴이 무슨 일을 해야 할지 아는지 감시하기 위해 있었다"(Lazarsfeld, 1969). 만일 린드가 폴에게 뉴욕에서 처음이자 가장 많은 도움을 준 친구였다면, 스탠턴은 두 번째 친구였다.

스탠턴은 이 오스트리아 출신의 연구소 소장을 매스 미디어 기관, 연구자, 자금 후원자와 연결시켜 주었다. 라디오 프로젝트를 뉴욕으로 이전해야 한다고 폴이 판단했을 때에도 스탠턴은 핵심적인 역할을 했다. 그러나 캔트릴과의 관계는 원만하지 못했다. 뉴웍대학교는 그리 오래 존속하지 못했고, 미디어는 대부분 뉴욕에 있었다. 그래서 스탠턴의 지원을 받아, 라디오 연구 프로젝트의 나머지 부분을 다른 곳으로 옮기도록 프린스턴대학교를 설득했고, 린드의 도움을 받아 컬럼비아대학교가 이를 인수하도록 설득했다. 그러므로 뉴웍연구센터와 프린스턴 라디오 프로젝트는 컬럼비아 라디오연구실로 이름을 바꿨고, 뉴욕에 사무실을 차렸는데, 처음에는 유니언 스퀘어의 임대한 공간에 입주했다가 나중에 컬럼비아 의대의 빈 건물로 옮겼다.[82] 폴은 교수직에 임명되었고 두어 강좌를 무보수로 가르쳤다.[83] 록펠러재단은 수년간 계속해

82 프린스턴 라디오연구실은 1937년에 설립되어 1938년 컬럼비아대학교로 이전되었다. 라자스펠드의 회고록에 따르면, 이 이전은 부분적으로는 자신과 캔트릴 사이의 "내부적 어려움" 때문이었다고 한다. 록펠러재단은 상황을 어떻게 해결할지에 관해 스탠턴과 상의했고, 린드는 프린스턴대학교 총장을 설득해 라디오 연구 프로젝트를 놓아주었다(Lazarsfeld, 1969, p.329).

83 당시 라자스펠드는 강사로 임명되었다가, 1941년 사회학과의 영구적인 구성원이 되었다. "이 때문에 마침내 나는 분류상으로 심리학자에서 사회학자로 신분이 변동하게

서 라디오 연구 프로젝트의 연구비를 지원했고, 폴은 이제는 익숙해진 패턴으로 연구 기금을 조달하고 경탄할 정도로 서로 격의 없이 지내는 젊은 연구자 조직을 열심히 관리했다. 폴과 컬럼비아대는 함께 젊은 연구자를 유치했다. 텔레비전이 1950년 이후에 그랬던 것만큼이나 1930년대에 라디오는 잠재적으로 위협적이면서도 유망한 미디어였다. (1930년대 초 영화의 효과에 관한 페인 기금 연구*The Payne Fund Studies*들이[84] 예시해 주었듯이) 미디어의 효과에 대한 광범위한 우려와 더불어, 라디오 네트워크와 광고주는 수용자 규모와 반응에 관한 실용적인 관심이 높았는데, 이는 미디어 수용자 연구에 자금이 지원될 수 있다는 뜻이었다. 예리한 관찰자라면 이미 수준 높은 연구 조직의 재원을 조달하기 쉽지 않

되었다"(Lazarsfeld, 1969, p.329).

84 페인 기금 연구들로는 Blumer(1933); Blumer & Hauser(1933); Charters(1933); Dale(1935a, 1935b, 1937); Dysinger & Ruckmick(1935); Holaday & Stoddard(1933); Peterson & Thurstone(1933); Renshaw, Miller, & Marquis(1933); Shuttleworth & May(1933) 등이 있었다.

페인 기금 연구는 1920년대 말부터 1930년대 초까지 영화가 어린이의 행태에 미치는 효과를 파악하기 위해 수행된 일련의 연구를 지칭한다. 이 여러 연구는 민간 재단인 페인 기금의 지원으로 이루어졌기 때문에, 보통 페인 기금 연구로 불린다. 이 연구는 과학적 엄밀성이 부족하다는 비판을 많이 받았으나 처음으로 미디어를 엄밀하게 분석하려고 시도했다는 점에서 의의가 있다. 당시 할리우드 영화의 선정성(폭력, 섹스, 비도덕적 소재 등)에 대해 비판의 소리가 높아지고 있던 사회 분위기는 이 연구가 시작되는 배경으로 작용했다. 그래서 이 연구는 정치적으로 주목을 많이 받았고 결국 1930년에 할리우드 자체의 제작 내용 규제 가이드라인인 이른바 '헤이스 코드the Hays Code'가 도입되는 데 큰 영향을 미쳤다. 헤이스 코드의 정식 명칭은 영화 제작 코드The Motion Picture Production Code인데, 초대 검열관인 윌 H. 헤이스Will H. Hays의 이름을 따서 헤이스 코드라 불렸다. 이는 1968년 폐지될 때까지 미국 할리우드 자체적으로 영화 제작 내용에 대한 규제 지침 구실을 했다. — 옮긴이

음을 깨달았는데, 그런 사람이라면 이 상황의 실질적 중요성도 간파하지 못했을 리가 없다.

컬럼비아 연구소

응용사회조사연구실의 설립은 폴 라자스펠드의 커리어에서뿐만 아니라 미국 사회 조사의 역사에서도 두드러진 중요 사건이었다. 1930년대와 1940년대는 미국에서 사회 조사 연구소가 연이어 탄생하던 시절이었다. 그 연구소의 소장이자 설립자 자신으로 하여금 이 상황 전개에 관해 논의하도록 할 수 있으니 정말 다행이다. 1960년대에 콜로라도대학교는 대학 차원에서 보울더Boulder에 설립을 준비하고 있던 사회 조사 연구소에 관해 자문을 얻기 위해 라자스펠드를 초빙했다. 라자스펠드는 이때 맡은 자문 업무의 일환으로 일종의 배경 문서를 작성하는데, 대학교에서는 이를 나중에 출판하게 된다(Lazarsfeld, Klein, & Tyler, 1964).

"20세기는 고등 교육에서 사회과학의 시대인 것 같다. 16세기는 인본주의 연구가 대학교에 통합된 시기였고, 이때 가장 특징적인 제도적 사건은 아마 콜레주 드 프랑스College de France 창설일 것이다. 17세기에는 자연과학이 커리큘럼에 등장했고, 런던의 왕립협회Royal Society가 선도자이자 상징이었다. 19세기는 현대적인 종합 대학을 도입했고, 여기서는 독일의 대학교, 주로 베를린대학교가 전범을 수립했다."

이어서 라자스펠드는 다음과 같이 말했다. "20세기에는 사회과학에서 경험적 작업의 급속한 확장을 목격할 수 있는데, 이는 대단히 많은 센터와 연구소에 의해 수행되고 있다. 이 기관들은 다양한 방식으로 대학교와 연계되어 있으나 확고한 재정적 토대 없이, 계획은 물론이고 명쾌한 설명조차 어려운 온갖 연구와 자문에 종사하고 있다."

이 기관들은 다음과 같은 사항을 원하는 과학자가 많아졌기 때문에 생겨났다고 라자스펠드는 말했다.

> "대규모 경험적 연구를 수행하고자 하는데, 계획 수행에는 인력, 기술 설비, 재원이 필요해서."
>
> "경험적 사회과학의 새로운 도전에 자극을 받아 …… 새로운 도구를 시도해 보고 싶어서."
>
> "자신의 전문 분야의 편협함에 제약을 받는다고 생각해 학제적 접촉을 탐색하려고."
>
> "학문 세계와 행동 세계 간의 간극을 메우고 …… 학자로 있으면서도 공적 정책 결정에 참여하고 싶어서."
>
> ""자력으로 비즈니스에 뛰어들지 않고도 자문 활동을 통해 빈약한 대학 봉급을 다소 늘리고 싶어서."

부수적으로 대학 행정가들은 그러한 연구소가 대외 이미지를 구축하고 뛰어난 학생을 유치하는 데 진가를 발휘한다는 사실을 깨달았다. 또한 다양한 자선 기구나 정부 기관은 전통적인 사회적 부기 장부 같은 데에서 흔히 얻을 수 없는 부류의 데이터를 찾고 있었다.

미국에서 조직화된 사회 조사가 성장하는 과정에서는 네 가지 역사적 단계를 발견할 수 있다고 폴은 생각했다(Lazarsfeld, 1964). 이 단계는 1차 세계 대전 이전 사회 복지 종사자들이 커뮤니티의 문제점을 더 잘 파악하기 위해 수행한 커뮤니티 연구에서 처음 시작되었다. 1930년대 초에는 "문제점보다는 데이터에서" 유래한 두 번째 추세가 등장했다고 보았다. 상업적 소비자 연구, 여론 조사, 라디오 수용자 서베이는 모두 현장 연구자와 이용자 양자에게 동시에 유용하다고 간주되어 인기를 끌었다. 이 데이터는 "커뮤니케이션과 여론 연구라는 새로운 분야의 재료가 되었다"고 폴은 말했다. 그 무렵, 자체적으로 사회 조사를 시행하는 연구소가 몇 군데 창설되었는데 "바로 컬럼비아대학교의 응용사회조사연구실이 가장 전형적인 사례"라는 것이다. 1939~1945년 사이에 일어난 2차 세계 대전 이후, 제3의 물결에 해당하는 연구소가 창설되었다. 이 연구소는 주로 정부가 경험적 사회 조사를 활용하려는 목적에서 생겨났다. 이 새로운 조직의 예로는 커뮤니케이션과 태도 변화 연구를 위해 칼 I. 홉랜드가 예일대에 도입한 프로그램이나, 새무얼 A. 스토우퍼의 하버드대 사회관계실험실Harvard Laboratory of Social Relations이 있었는데, 이 둘은 모두 미 국방성이 수행한 전시 연구에서 싹텄다. 또 한 가지 예로는 미시건대 서베이조사센터Michigan Survey Research Center가 있는데, 이 기관은 미 농업성과 전시정보국(Office of War Information: OWI[85])에서 뿌리를 찾을 수 있다. 1940년대 말

85 전시정보국은 2차 세계 대전 중 미국 정부의 홍보와 대내외용 선전을 담당한 기구이다. OWI는 1942년 6월 시어도어 루즈벨트 대통령에 의해 설치되어 종전 직후인 1945년 9월에 폐지되었다. OWI는 이전에 존재하던 사실과숫자담당국(Office of Facts and Figures: OFF) 등 여러 기구의 기능을 계승, 통합하여 설립되었다. OWI는 라디오 방송, 신문, 포스터, 사진, 영화 등 다양한 미디어를 활용하여 전쟁 수행 중 전선과 민간을 잇는 가교 역할을 했다. '미국의 소리the Voice of America'도 이 무렵(1942) OWI에 의해 창설되어 지금까지 유지되고 있다. OWI는 대내적으로는 전쟁의 효율적인 수행을 위해 여론을

과 1950년대에는 또 다른 유형의 연구소 설립이 유행했는데, 이 무렵에는 몇몇 대학이 조직화된 사회 조사의 필요성은 느꼈지만 이를 완전히 새로 혹은 대학과 별도의 기관으로 설립하기보다는 기존의 학과 내부나 인접 기관으로 설립하려 하였다. 이 대학들은 전체 직원이 아니라 소장만 물색하려 했다고 폴은 판단했다. 이러한 움직임 때문에 일리노이대와 스탠포드대의 커뮤니케이션 연구소, 위스콘신과 MIT의 연구 프로그램 같은 조직이 우리 분야에서 생겨났다. 펜실베이니아대와 서던캘리포니아대의 애넌버그 커뮤니케이션학부는 다섯 번째 단계의 집단에 해당하며 네 번째 단계의 연속선상에 있다고 볼 수 있다. 어쨌든 이러한 커뮤니케이션 연구소는 폴이 콜로라도대의 역사적 논문에서 분류해 넣기에는 너무 늦게 등장한 셈이다.

그렇게 보면 폴 라자스펠드는 여러 조직이 사회 조사 연구소를 설립하려 하던 운이 좋은 시기에 미국으로 건너왔다. 하지만 이 각각의 새로운 창조물이 등장하는 데는 어느 정도의 상상력, 예지력, 강한 리더십, 그리고 적지 않은 비용이 드는 벤처 사업의 재정 조달에 필수적인 세일즈맨 자질이 반드시 필요했다. 폴은 이 모든 자질을 갖추었다.

대단한 시절이었다! 폴 라자스펠드가 1930년대 말 뉴욕으로 옮겼을 때에는 주로 후원을 받기 가장 쉬운 부류의 라디오 연구, 즉 수용자 연구에 관심을 두었다. 폴은 몇 명이 청취하는지에는 그다지 흥미가 없었고, 그보다는 오히려 누가 듣는지, 어떤 프로그램을 왜 듣는지, 들은 내용을 어떻게 활용하는지에 흥미를 느꼈다. 점차 라자스펠드와 연구

결집하고, 대외적으로는 적국과 효과적인 심리전을 수행하였다. 이를 위해 OWI는 해외에도 여러 지부를 두고 대규모 정보, 선전 캠페인을 펼쳤다. — 옮긴이

소의 관심사는 라디오의 효과를 이해하는 데로 옮아갔고, 이는 확장되어 영화, 텔레비전, 인쇄 미디어, 대인 커뮤니케이션의 이용과 효과도 포함하게 되었다.

폴은 항상 사람들이 어떤 것을 좋아하고 어떤 것을 싫어하는지 연구하는 데에 매료되었다고 프랭크 스탠턴은 말했다. 새 연구소의 첫 번째 작업 중 일부는 스탠턴과 라자스펠드를 위해 특별히 제작된 프로그램 분석기로 수행되었는데, 이 기기는 CBS 네트워크에서 "작은 애니 *Little Annie*"라는 애칭으로 불려졌다. 작은 애니는 스튜디오를 가득 채운 채 앉아서 라디오 프로그램을 듣거나 영화를 보는 수용자의 반응을 기록하고 집계할 수 있게 되어 있었다. 일정한 간격을 두고 신호등이 켜지면 청취자는 그때 방영되고 있던 프로그램을 좋아하는지 아니면 싫어하는지 표시하기 위해 두 단추(하나는 빨간 색이고 다른 하나는 초록색) 중 하나를 눌렀다. 이렇게 해서 그 기계는 어떤 메시지에 대해 변화하는 수용자의 반응을 프로파일로 만들어 제공하였다. 수용자들이 어떤 것을 좋아하고 왜 그렇게 하는지에 관한 일반적 원칙을 확인하기 위해서나, 새로운 프로그램이나 새것이든 지난 것이든 상관없이 어떤 프로그램에 대해서든 초기 연구를 실시하는 데에도 이 기계를 활용할 수 있었다.

하지만 폴의 동료들이 뉴욕에서 점유한 빈 (그래서 집세가 공짜이던) 건물에서 어떤 부류의 연구를 했는지는 작은 애니보다는 연구소에서 처음 펴낸 두 책이 오히려 더 잘 보여 준다. 라자스펠드와 스탠턴이 편집한 《라디오 연구, 1942~1943 *Radio Research, 1942~43*》은 연구소 직원들이 수행한 거의 600쪽에 달하는 여러 연구를 담았다.[86] 첫 30쪽은 허타 허조그가 "낮 시간 연속극 청취자에 관해 우리는 진짜 무엇을 알고 있나?" 하는 제목으로 쓴 인상적인 논문이었다. 허조그는 라자스펠드의 두 번째 부인이었다. 첫 번째 부인은 비엔나에서 폴과 함께 일한 마리 야호다였다. 세 번째는 연구소에서 학생이자 당시 직원이던 패트리시아 켄달이었다. 이 세 사람은 모두 숙련된 커뮤니케이션 연구자였으며, 모두 매스 미디어에 관해 중요한 작업을 했다. 허조그가 1942~1943년 사이에 수행한 연구는 아주 대규모 수용자 서베이와 함께 100명의 심층 인터뷰에 근거했다. 이처럼 대규모 서베이와 상대적으로 소규모 숫자의 심층 인터뷰를 결합하는 것은 연구소의 전형적인 방법론이었다. 허조그는 사람들이 라디오 연속극을 듣고 그에 따른 만족을 얻는 동기를 이해하려고 심층 인터뷰 자료를 분석했다. 이러한 동

86 이 책은 1944년에 출판되었다. 이 책에 장으로 등장하는 논문은 다음과 같다. Herta Herzog, "What Do We Really Know about Daytime Serial Listeners?"; Rodolf Arnheim, "The World of the Day-Time Serial"; Helen J. Kaufman, "The Appeal of Specific Day-Time Serials"; Charles A. Siepman, "American Radio in Wartime: An Interim Survey of the OWI's Radio Bureau"; Robert J. Silvey, "Radio Audience Research in Great Britain"; Ernst Kris & Howard White, "The German Radio Home News in Wartime"; Hans Speier & Margaret Otis, "German Radio Propaganda to France During the Battle of France"; Hans Herma, "Some Principles of German Propaganda and Their Application to Radio"; Tore Hollonquist & Edward A. Suchman, "Listening to the Listener: Experiences with the Lazarsfeld-Stanton Program Analyzer"; John G. Peatman, "Radio and Popular Music"; Disney Fishman & Sydney Roslow, "The Study of Adjacent Listening"; Boyd R. McCandless, "A Study of Non-Listeners"; Charles H. Smith, "The CBS Forecast Panels"; Alfred Udow & Rena Ross, "The Interviewer Bias"; Ernest Dichter, "On the Psychology of Radio Commercials"; Adolf Sturmthal & Alberta Curtis, "Program Analyzer Tests of Two Educational Films"; Leo Lowenthal, "Biographies in Popular Magazines."

기-만족식의 접근은 엘리후 카츠와 동료들이 그에 관한 책을 쓰기 25년 전에 연구소에서 이미 논의하고 실험하던 것이다. 허조그는 1940년에 여성들이 낮 시간 연속극을 듣게 되는 세 가지 주요 이유를 발견했는데, 바로 정서적 이완, 희망적 사고*wishful thinking*, 조언 구하기 등이었다. 이 라디오 연속극이 청취자 개인이나 가족의 문제를 위한 조언의 원천으로 실제 활용되었다는 사실은 대부분 예기치 못한 일이어서, 라디오 방송 사업자와 사회 비평가 사이에서 상당한 동요를 일으켰다.

허조그가 쓴 장 다음에는 루돌프 아른하임이 (청취) 여성 유형별로 낮 시간 연속극 내용을 자세하게 내용 분석한 글이 나온다. 연구소의 여러 유능한 구성원이 쓴 이 세 논문은 가장 인기 있는 라디오 형태를 세 가지 서로 관련된 관점(즉 내용, 수용자, 이용)에서 검토했다.

그다음엔 전시(이 책은 1944년에 출판되었다) 때 라디오 이용을 분석한 150쪽이 나와 있다. 특히 그중 미국의 라디오 이용은 찰스 시프먼이 분석했고, 영국의 라디오 수용자는 나중에 BBC 방송사의 수용자연구소 소장이 되는 로버트 실비가 맡았으며, 독일의 라디오 이용 부분은 한스 스파이어와 에른스트 크리스가 분담했다. 여기선 작은 애니로 실험한 내용을 연구 결과 요약과 함께 길게 서술했다. 존 그레이 피트먼은 라디오의 대중 음악 이용, 이 부류의 오락물을 이용하는 수용자, 대중음악을 대중적으로 만드는 미디어의 권력에 관해 썼다. 이 책에 게재된 다른 연구 중에는 라디오 **비청취자** — 이들이 누구이며 왜 듣지 않는지 — 에 관한 검토가 있었다. 또한 에른스트 디히터가 전형적인 디히터 스타일로, 라디오 광고를 효과적으로 만들려면 광고주가 어떻게 해야 하는지에 관해 쓴 글도 있었다. 책의 마지막 글은 라디오보다는 미디어에 관한 내용으로, 나중에 캘리포니아대학교 버클리 캠퍼스 교수가 되는 레오 로웬탈이 대중 잡지의 전기*biographies*를 분석했다. 이는 오늘까지도 로웬탈의 가장 유명한 출판물로 남아 있다.

라자스펠드와 스탠턴은 사회과학의 일부로서 미디어 수용자 연구의 새로운 기준을 설정했고, 한동안 내부자만 잘 알고 있던 사실을 더 넓은 수용자에게 전해 주었다. 그 연구소가 얼마나 흥미로운 곳이며, 얼마나 수준 높은 작업이 거기서 이루어졌는지를 말이다.

라자스펠드와 머튼

지금까지 소개한 여러 업적이 출판되던 무렵과 거의 같은 시기에 연구소와 컬럼비아대 사회학과에서 책이 한 권 더 나왔다. 바로 로버트 K. 머튼이 낸 《대중 설득: 전시 채권 운동의 사회심리학*Mass Persuasion: The Social Psychology of a War Bond Drive*》이었다. 머튼은 컬럼비아 사회학자 중에서도 저명한 이론가였지만 현장 조사를 하는 데 대해 거부감을 갖고 있지 않았다. 머튼이 어떻게 해서 연구소와 우연히 관계를 맺게 되었는지는 들려줄 만한 이야깃거리다. 1930년대 말까지 라자스펠드는 컬럼비아대 사회학과에서 무보수 강사였고, 수입은 연구소 연구비에서 나왔다. 그런데 통계학과 인구학을 가르치던 교수의 사망으로 컬럼비아대 교수진에 빈자리가 생겼다. 린드는 다른 경험주의자로 이 자리를 채우기를 바랐고, 라자스펠드를 후보자로 — 우리에게는 놀랄 만한 일도 아니지만 — 염두에 두었다. 반면에 컬럼비아대 사회학과 학과장이던 로버트 맥키버는 그 공석을 하버드대 박사로 당시 털레인대학에서 사회학과 학과장으로 있던 이론가 로버트 K. 머튼으로 채우고 싶어 했다. 대학 채용 과정의 정치에서 흔히 그렇듯이, 학과에서는 둘 다 채용할 방안을 찾기로 결정했다. 그래서 둘 중 나이가 더 많고 경험이 풍부한 라자스펠드는 부교수, 머튼은 조교수로 임용되었다. 학과 내에서 거북한 질투와 경쟁이 작동할 만한 무대가 마련되었다. 그러나 그런 일은 일어나지 않았다.

머튼과 라자스펠드는 서로 좋은 친구가 되었다. 머튼은 연구소와 거기서 하는 연구에 크게 흥미를 보였고, 곧 연구소 부소장을 맡았다. 특히 연구소가 학과 대학원생에게 주된 연구 훈련장으로 발전한 상황에서 머튼의 이론적 배경은 연구소의 다른 구성원에게도 귀중한 자산이 되었다. 반대로 연구소의 생생한 경험적 접근은 머튼에게도 유용했다. 따라서 《대중 설득》의 출판은 커뮤니케이션 연구의 문헌 목록에 하나 더 추가된 것 이상으로 대단히 중요한 사건이었다.

케이트 스미스의 장기 라디오 방송은 이 프로그램 청취자에게 수백만 달러에 달하는 정부 전시 채권을 판매하는 효과를 거두었는데, 머튼의 책은 바로 이 현상에 관한 연구였다. 이 판매액은 오늘날에는 그다지 커 보이지 않을지도 모르지만, 1939년 당시에는 엄청난 액수로 간주되었다. 머튼은 서베이 데이터와 심층 인터뷰를 활용하여 스미스의 연기가 왜 그렇게 엄청난 효과를 거두었는지에 관해 열심히 탐구하였다. 이에 관한 설명은 스미스의 퍼스낼리티, 소구 방법, 라디오 프로그램 청취 상황 등이 화학적으로 결합해 발생한 것으로 나왔다. 머튼의 분석에서 돋보이는 부분은 아주 능숙하게 개별 데이터 조각을 모아 인지, 가치, 감정, 행태 등이 서로 얽힌 광범위한 패턴으로 일반화하였다는 점이다. 그 책 덕분에 사회심리학적 이론과 현장 조사 간의 밀접한 관계에 눈뜨게 된 학자가 많아졌음에 틀림없다. 《대중 설득》에서 가장 놀랄 만한 특징 중 하나는 머튼 같은 이론가도 미디어 연구를 실제로 수행할 정도로 관심이 대단했다는 점이었다. 라자스펠드가 연구의 촉매로서 아주 효과적이었다는 점을 이 사실 자체가 증언해 주는지도 모른다.

연구소의 연구를 집대성한 두 번째 책은 연구 프로그램이 라디오 연구를 넘어서 얼마나 확대되었는지를 보여 주었다. 전쟁 때문에 텔레비전의 출현이 늦어졌기 때문에 아직 텔레비전은 다루어지지 않았지만, 라자스펠드와 동료들은 다양한 다른 미디어를 연구했다. 이 책은 《커뮤니케이션 연구, 1948~1949*Communication Research, 1948~1949*》로, 라자스펠드와 스탠턴(그동안 CBS의 회장이 되었다)이 다시 공동으로 편집했다.[87] 이전의 편집본은 가장 선호하는 프로그램에 대한 여성의 반응 분석으로 시작했다. 반면에 이 책은 캐서린 울프와 마조리 피스크가 어린이의 미디어 이용에 관해 쓴 논문으로 시작했다. 케네스 베이커는 상업적 라디오 프로그램 분석 논문을 기고했다. 라자스펠드는 헬렌 다이너먼의 도움을 받아 〈행동을 위한 연구Research for Action〉라는 긴 논문을 썼는데, 이는 상업적 미디어의 효과성을 개선하는 데 정교한 사

87 이 책은 다음과 같은 논문을 실었다. Katherine M. Wolf & Marjorie Fiske, "The Children Talk About Comics"; Kenneth Baker, "An Analysis of Radio's Programming"; Paul F. Lazarsfeld & Helen Dinerman, "Research for Action"; Bernard Berelson, "What 'Missing the Newspaper' Means"; Babette Kass, "Overlapping Magazine Reading"; Patricia L. Kendall & Katherine M. Wolf, "The Analysis of Deviant Cases in Communication Research"; Robert K. Merton, "Patterns of Influence: A Study of Interpersonal Influence of Communication Behavior in a Local Community"; Alex Inkeles, "Domestic Broadcasting in the U.S.S.R."

회 조사 방법을 활용하는 법에 관한 거의 교과서적인 사례였다. 라자스펠드와 다이너먼은 라디오의 잠재적 아침 수용자가 거의 균등하게 세 수용자 범주로 나눠진다는 증거를 제시하면서 시작했는데, 이 세 범주는 각기 낮 시간 연속극을 청취하는 층, 아침에 라디오를 전혀 듣지 않는 층, 듣기는 하지만 연속극은 청취하지 않는 층으로 구분된다. 마지막 두 범주에 속하는 청취자는 라디오가 서비스를 제대로 제공하지 않았다고 느낀다. 라자스펠드와 다이너먼은 기존 데이터를 근거로, 방송사가 이에 대해 어떤 조치를 취할 수 있는지를 최선을 다해 분석했다. 이들이 이론적으로 제안한 부분은 예리할 뿐 아니라 실제적이기도 했다.

이 책의 다음 논문은 버나드 베럴슨이 집필한 〈신문을 보지 못하는 일이 의미하는 바What Missing the Newspaper Means〉인데, 아마 여러분도 잘 아는 논문일 것이다. 머튼의 케이트 스미스 연구와 마찬가지로, 이 장은 행운의 표적과 같은 논문이었다. 이 연구는 재빨리 하든지 아니면 포기해야 하는 성격의 것이었다. 뉴욕에서 신문사 총파업이 발생했다. 폴은 가능성을 간파하고는 "신문에서 이들이 무엇을 놓치는지 찾아보면 어떨까?" 하고 물었다. 베럴슨이 이 아이디어를 포착했다. 연구소에서 상당수 연구는 이런 식으로 이루어졌다. 폴이 아이디어를 제안했다. 그리고는 누군가 그것을 채택했다. 그런데 현장 조사에 자금이 필요했다. 폴은 이 자금을 조달할 능력이 있었다. 신문사 파업이 끝나기 전에, 재빨리 연구 설계가 만들어져야 했다. 숙련된 인력이 거기 있었고, 기꺼이 설계 작업에 협력했다. 현장 인터뷰 인력은 이미 준비되어 있었다. 다른 사람이 어깨 너머로 들여다보는 동안 베럴슨은 결과를 분석했다. 머튼의 책과 허조그의 논문이 예시해 주듯이, 데이터 분석은 연구소의 강점 중 하나였다. 베럴슨은 사람들이 신문을 읽는 이유에 관해 발견한 내용으로 수많은 언론인과 저널리즘 학자를 놀라게 했다. 독자들은 신문이 자신의 가장 중요한 서비스라고 거의 여기지 않던 몇 가지 유형의 내용(가령 부고 기사, 영화 방영 시간표)을 보지 못해 매우 애석해 했을 뿐 아니라, 구체적으로 명시되지 않은 다양한 이유로도 아쉬워했다. 예컨대 독자들은 (어차피 창문을 내다보지도 않았을 것이면서도) 마치 커튼이 내려와 세상에서 일어나는 일을 볼 수 없게 된 것처럼 '배제된' 것 같은 느낌을 갖게 되었다. 사람들은 하루를 신문으로 시작하는데 익숙해져, 이 친숙한 패턴을 더 이상 유지할 수 없게 되자 막연한 불안감을 느꼈다.

라자스펠드-스탠턴의 책에 실린 또 다른 논문은 (폴 라자스펠드의 세 번째 부인인) 패트리시아 켄달과 캐서린 울프가 쓴 〈커뮤니케이션 연구에서 일탈적 사례 분석The Analysis of Deviant Cases in Communication Research〉이었다. 수용자 행태를 이해하기 위해 일탈적 사례를 연구하는 것은 라자스펠드와 동료들이 개발한 혁신적 접근 방식이었다. 이는 수많은 다른 연구자로 하여금, "나는 왜 그런 생각을 하지 못했지?" 하고 머리를 치게 만들었다. 켄달이 다룬 일탈적 사례는 반유대주의를 조롱하기 위해 만화를 활용한 캠페인 '비곳 씨Mr. Biggott' 연구에서 나왔다. 이 캠페인은 참혹할 정도로 실패작이었다. 라자스펠드는 (케이트 스미스 라디오 장기 방송처럼) 엄청난 성공이거나 비곳 씨처럼 엄청난 실패 사례를 보면 그 이유를 이해하지 않고는 지나치지 않으려 했다. 이 사례에서 켄달은 수용자 구성원의 표본을 심층 인터뷰하고 나서 일탈적 사례를 살펴보았다. 이전에는 일탈적 사례란 단지 연구자에게 당혹스런 존재에 불과하다고 여겼지만, 연구소 사람들은 이 사례가 현상의 실체를 어느 정도 조명해줄지도 모른다고 인식했다. 실제로도 그랬다. 이는 단지 기술하는 데 그치기보다는 이해에 연구의 목표를 둔다면 혁신적인 사회 조사 조직은 어떻게 운영되어야 하는지 보여 주는 탁월한 예였다.

그 책에는 '로비어Rovere' 연구에 관한 머튼의 첫 번째 보고서도 실렸다. 이 탐구는 뉴저지 교외 지역에서 '유력자*influentials*'를 확인하려고 시도했다. 어떤 뉴스 잡지가 광고 도달 목표층의 유형을 확인하는 조사를 원하는 덕분에 이 연구가 탄생했다. 그 잡지가 이 연구에서 바란 것은 바로 그 부분이었다. 머튼과 연구소는 이 연구가 다음과 같이 더 큰 일반성을 띠는 질문에 해답을 주기를 원했다. 사회에서 누가 누구에게 어떤 점에서 영향을 미치며, 그러한 영향력은 어떻게 행사되는가? 양자는 모두 원하는 답을 얻었는데, 이는 라자스펠드가 이끄는 연구 조직이 어떻게 운영되었는지를 전형적으로 보여 주는 예다. 이 조직은 재원 조달을 위해 실용적인 요구를 충족해 주었으나, 똑같은 인터뷰는 커뮤니케이션 이론에도 기여했다.

라자스펠드-스탠턴 책의 마지막 논문은 알렉스 인켈스가 소련의 국내 방송에 관해 쓴 긴 보고서였다. 이 장은 소련의 커뮤니케이션에 관한 저명한 연구의 일부인데 나중에 책으로 출판되었다.

미디어 최소 효과의 시대

대인 간의 영향력과 미디어 효과에 관한 연구는 연구소가 주목하는 작업에서 점점 더 큰 비중을 차지하기 시작했다. 미국 대통령 선거에 관한 두 연구가 주목할 만하다. 이 연구는 대통령 선거 캠페인 동안 사람들이 왜 의견(그리고 투표)을 바꾸는지, 이 변화는 미디어에서 듣거나 읽은 것과 어떤 관련이 있는지를 발견하려는 목적으로 대규모로 수행된 여론과 미디어 행태에 관한 패널 연구였다. 이 연구 중 첫 번째는 1940년 오하이오 이리 카운티Erie County에서의 대통령 선거를 대상으로 했고, 두 번째는 1948년 뉴욕 주 엘미라Elmira의 선거를 연구했다.

두 연구는 능숙하게 수행되었고 격찬을 받았다. 그러나 이 연구는 여러 해가 지나서야 출판되었다. 1940년 선거에 관한 책으로 라자스펠드, 베럴슨, 고뎃이 집필한 《국민의 선택*The People's Choice*》은 1944년에 나왔다. 두 번째 책, 즉 베럴슨, 라자스펠드, 맥피가 쓴 《투표*Voting*》는 10년 후인 1954년까지는 발간되지 못했다. 데이터 분석은 연구소에서 긴 소화 시간을 반드시 필요로 했다. 설계는 상대적으로 먼저 이루어졌고, 현장 작업은 경험에 수반되는 순조로움 덕분에 정해진 시간 안에 끝났다. 그러나 대규모 연구에서 나온 데이터는 오래 방치되고 짬짬이 감질나게 손을 댔다가, 이 사람 저 사람이 들여다보고 토론과 논쟁을 거치곤 하다가, 마침내 누군가 상당한 시간을 투자해 이론적 함의를 발전시키고 — 공동 작업자와 함께 — 책 원고를 만들어 내곤 했다.

《개인의 영향*Personal Influence*》이란 책에서도 이러한 숙의 과정은 발생했다. 이 책은 1955년에 출판되었는데, 제시된 데이터는 10년 이상 지난 오래된 것이었다(Katz & Lazarfeld, 1955).[88] 엘리후 카츠는 그 책을

88 인터뷰는 1945년 여름 크게 두 차례에 걸쳐 수행되었다. "이 연구를 위해 현장 작업을 조직하는 일은 모두 C. 라이트 밀스의 손에 맡겨졌다"(Katz & Lazarsfeld, 1955).

박사 학위 논문으로 만들었으며, 이 덕분에 명성을 얻었다. 카츠는 그처럼 오래된 데이터를 적절한 이론적 틀 안에서 잘 해석하여 높은 평가를 받았다는 이야기를 나는 몇몇 연구소 구성원에게서 들었다. 아마 이는 현장 데이터를 이론적으로 해석하기가 어렵기 때문일 것이다. 라자스펠드는 데이터를 2차 분석하는 것을 선호했고, 중요한 연구 결과를 저장해 나중에 다른 연구자가 작업할 수 있도록 데이터 뱅크를 세우는 일에도 관심이 있었다. 연구소에서 재능이나 정교함은 전혀 부족하지 않았다. 연구소의 책에는 전형적으로 최고 수준의 원로급 학자 한두 명이 저자로 참여하고 재능과 숙련된 기술을 갖춘 몇몇 소장 학자가 지원 작업을 했다. 연구소 구성원은 모두 바빴다. 한 연구에 이어 이내 다른 연구가 시작되었다. 홉랜드나 레윈이 수행한 것처럼 깔끔한 실험실 실험이 아니라 그보다는 대개 대규모의 복잡한 현장 조사가 이루어졌다. 베렐슨이 포드재단에서 자유 시간을 얻고 나서야, 혹은 카츠가 박사 논문 작업을 위해 1년간 휴직하고 난 후에야 중요한 책의 원고가 마무리되었다.

지금까지 논의한 연구에서 두 번째로 지적할 점이 있는데, 1940년대와 1950년대 초반 연구소의 일반적인 시각은 매스 미디어가 개인의 의견이나 행태를 변화시키는 데 과연 중요한지 의문을 제기한 것이었다. 이리 카운티의 연구(Lazarsfeld, et al., 1944)는 모든 투표자 중 대통령 선거 캠페인 동안 어떤 방식으로든 미디어 노출과 관련되어 의견을 바꾼 사람의 비율이 낮았음을 발견했다. 영향을 받은 사람조차도 오히려 친구, 가족, 이웃의 영향을 더 받았다. 공중 중에서 영향력 있는 인물이 매스 미디어에서 정치적 의견을 흡수하거나 아니면 매스 미디어에서 영향을 받고는 이 아이디어를 다른 사람에게 전승했을 가능성이 크다는 것이 이 책 저자들의 가설이다. 이 '2단계 흐름*two-step flow*' 가설은 미디어의 영향이 직접적이기보다는 2단계의 패턴으로 작동할 가능성이 있다고 주장한다. 즉 미디어는 소수의 개인에게 영향을 미치고 이들은 다시 더 대규모의 수용자와 접촉한다는 것이다. 이 발상은 라자스펠드, 베럴슨, 고뎃이 1944년 선거에 관한 책에서 제시했는데, 캇츠와 라자스펠드의 1955년도 책이 나올 때까지 연구소의 어떤 연구에 의해서도 부정되지 않았다. 2단계 흐름 가설은 지금은 수정되었고 대체로 현실을 묘사하기에는 너무 단순하다고 인식되지만, 1950년대와 1960년대까지는 널리 인용되고 활용되었다.

연구소의 미디어 효과 연구에서 상당한 시간 동안 토대가 된 일반적 개념은, 매스 미디어가 개인의 의견과 행태에 미치는 주된 효과는 사회적 보강*social reinforcement*, 즉 이미 존재하던 행태를 보강하는 일이라고 보았다는 것이다. 대다수의 사람은 자신의 믿음을 수정하기보다는 지지하기 위해 미디어를 이용한다고 연구소 연구자는 확신하게 되었다. 사람들은 자신이 이미 수용한 것을 보강할 가능성이 큰 미디어 메시지를 선택한다. 이 일반적 결론은 1960년에 출판된 클래퍼의 《매스 커뮤니케이션의 효과*The Effects of Mass Communication*》에서 제기되었다. 클래퍼의 책은 연구소가 첫 20년간 미디어 효과에 관해 판단한 내용을 잘 요약해 주는 역할을 한다. 클래퍼는 당시 CBS의 사회 조사 책임자였는데, 스탠턴이 1960년에 이 방송사 회장이었기 때문에 라자스펠드의 연구소와 다소 특별한 관계를 맺고 있었다. 클래퍼는 탁월하고 조심스러우며 사려 깊은 책을 쓴 인물이기에 이런 재주꾼이 상업적 조사 업무에 커리어를 지나치게 많이 소비했다는 점이 아쉽다는 생각이 든다. 매스 커뮤니케이션은 **통상적으로** 수용자 효과의 필요 충분한 원인이 되지는 못한다는 게 그 책에서 클래퍼가 내린 결론이었다. 그보다 미디어는 매개 요인과 영향의 '관계망'을 통해 작동한다. 이는 마치 일반적으로 매스 커뮤니케이션을 "기존의 조건을 보강하는 과정에서 기여하는 행위자이기는 하나 유일한 원인은 될 수 없게"(Klapper, 2960, p.8) 만드는 것과 같다. 미디어가 직접 변화를 초래할 수도 있는 일정한 조건도 있다고 클래퍼는 인정한다. 이 조건 중 몇몇을 우리는 파악하고 있고 몇몇은 그러지 못하고 있다. 이미 알려진 두 가지는 일정한 조건에서 매개 요인이 작동하지 않거나, 매개 요인 자체가 변화를 유도하려 하는 경우이다. 케이트 스미스의 라디오 장기 방송이 그처럼 강력한 영향을 미쳤을 때에는 후자의 사례가 작동하고 있었음에 틀림없다(Merton, et al., 1946을 보라). 오슨 웰스의 〈우주 전쟁*Man from Mars*〉이란 라디오 프로그램이 청취자에게 너무나 익숙하지 않은 경험을 제공해 그 경험을 매개할 적절한 인지 구조를 갖추지 못하게 되었던 사례는 아마 전자에 해당할 것이다(Cantril, Gaudet, & Herzog, 1940).

대체적인 추세는 이 최소 효과*minimal effects*론의 관점에서 점차 벗어나고 있었다. 미디어가 중요한 사회적 효과를 실제로 미치는 것으로 보이는 사례와 상황이 점점 더 많이 발견되었다. 그러나 1920년대와 1930년대에 흔히 그랬던 것처럼 매스 미디어의 선전을 비합리적일 정도로 두려워하던 데서 탈피하도록 했다는 점에서 라자스펠드의 결론은 아주 큰 가치가 있었다. 좀더 최근에 이루어진 진전은, 완전히 초기의 시각도 아니고 클래퍼와 연구소 투표 연구가 이후에 제시한 것도 아니라 양자 간의 균형을 유지하고 점차 새로운 종합을 이끌어 내는 데 기여했다.

커뮤니케이션 연구에 대한 기여

라자스펠드와 연구소가 커뮤니케이션 연구와 이론에 기여한 바는 아무리 높게 평가해도 지나침이 없을 것이다. 1956년 라자스펠드는 더 이상 커뮤니케이션 연구 박사(카츠가 마지막이었다)를 제자로 받지 않고 수리사회학을 공부할 것이라면서 커뮤니케이션 연구에서 은퇴했다. 이 바람에 이 분야에서 가장 영향력이 크고 혁신적인 유력 인물 중 한 명이 사라졌다. 1976년에 폴이 세상을 떠날 때까지 연구소는 계속 유지되었고 그 역시 그동안 깊이 흥미를 기울인 어떤 것에서도 완전히 손을 떼지는 않으려 했다. 그런데 폴은 왜 커뮤니케이션 연구 분야를 떠났는가? 연구소를 유지하는 부담은 과거에 그랬던 것처럼 폴에게 더 이상 매력적이지 못했다. 1936년에만 해도 폴의 연구센터가 수행한 모든 게 새로웠다. 그 연구소는 그러한 부류로서는 유일한 조직이었다. 그래서 미지의 영토를 관통해 새로운 길을 개척하고 있던 존재였다. 그러한 부류로서는 유일한 조직으로서, 폴의 연구소는 커뮤니케이션 연구의 학술적 발전뿐 아니라 미국의 매스 미디어에게도 필수적인 존재였다. 그러나 1956년에 이르면 응용사회조사연구실 외에도 다른 연구 조직이 대거 생겨나게 되는데, 이 중 다수는 오히려 재정적으로 더 안정된 상태에 있었다. 폴의 연구소는 더 이상 매스 미디어에 이전처럼 필수적 존재가 아니었다. 거기서 다루는 문제들은 더 이상 새롭지 않았다. 라자스펠드처럼 성공을 거두었을 경우, 이러한 상황이 학자의 커리어에서 발생한다. 피로를 느끼게 되고, 새로움이 주는 자극을 더 이상 느끼지 못한다. 자신이 똑같은 일을 거듭 재탕하고 있음을 발견하게 된다. 어떤 사람이 한 조직을 설립하고, 초창기의 어려움을 보살피며 키워 내고, 그것을 자신의 삶에서 중요한 일부로 받아들였을 때에는, 이러한 느낌이 특히 강렬해진다.

어떤 학자는 이 경우 행정 지도자직에서 은퇴하지만 연구와 이론적 리더십을 계속 유지해 나가기도 한다. 하지만 폴은 마지막 20년간은 커리어 중간기에 느끼던 희열의 수준에 필적하는 업적을 커뮤니케이션 연구에서 아무것도 생산하지 못했다. 컬럼비아대 사회학과의 행정을 맡았지만, 이는 커다란 즐거움도 대단한 재능도 아니었다. 원로 정치인으로서 계속해서 지혜로운 조언을 하고, 흥미로운 프로젝트와 좋은 사람을 격려했으며, 가끔씩 파급 효과가 큰 연설도 했고, 중요한 위원회에 참석했고, 자신의 가치를 인정해 주는 사람과 기관의 존경도 받았다. 폴은 컬럼비아대학교에서 은퇴한 후, 생애 마지막까지 피츠버그대학교에서 사회학을 가르쳤다. 다른 많은 학자처럼 조용히 은퇴할 사람은 아니었다.[89]

폴 라자스펠드가 커뮤니케이션 연구에 남긴 엄청난 기여를 어떻게 요약할 수 있을까? 이 장의 서두에서 인정했듯이, 폴은 위대한 이론적 유력자는 아니었다. 오히려 폴은 이론을 **지향하는** 유력자였다. 창조적 유력자였던 셈이다. 라자스펠드의 업적은 연구소가 함께 이룬 것이며, 최고의 제자들이 여기저기서 이룩한 것이다. 그 연구소를 거쳐간 사람 중 폴과 함께 공부한 사람으로 로버트 K. 머튼, 버나드 베럴슨, 제임스 S. 콜먼, 엘리후 카츠, 조셉 클래퍼, 데이비드 실즈, 찰스 글록, 레오 로

89 뉴러스(Neurath, 1983)는 다음과 같이 회상했다. "한번은 폴의 힘든 은퇴 유형에 관해 동료에게 언급한 적이 있는데, 그러자 모든 것을 포괄하는 대답이 돌아왔다. '폴에게는 학생이 필요해'"(p.24).

웬탈, 루돌프 아른하임, 허타 허조그 등 쟁쟁한 집단이 포함되어 있었다. 폴은 이들에게 다양한 방식으로 영향을 미쳤다. 카츠와 같은 일부는 선생이자 연구 지도 교수로서, 머튼과 같은 다른 이는 현장 조사에 필요한 재원과 인력을 제공하고, 자극을 제공하는 분위기 속에서 일할 수 있도록 해주는 식으로, 콜먼과 클래퍼, 허조그 같은 또 다른 이에게는 창조성을 발휘하며 일하고 자신처럼 창조적인 다른 사람과 상호작용할 수 있는 곳을 제공하는 방식으로, 이 모든 이에게 폴은 도전과 모범을 제공했다.

폴이 1976년에 암으로 세상을 떠난 후 머튼은 "폴은 수치를 인본주의적 방식으로 이용했다"고 말했다. "폴은 기술자가 아니었다. 오히려 아이디어에 도달하기 위해 숫자를 이용했다"(Merton, 1979, pp.19~20). "폴은 미국의 사회학자였다기보다는 미국의 사회학이 어떤 모습이어야 할지를 폴이 결정했다 …… 폴에게 독특한 점은 자신이 아이디어에 관여했거나 사람들과 관여한 게 아니라 양자를 함께 자극하는 능력에 있다"고 콜먼은 라자스펠드의 커리어를 요약해서 말했다. 우리가 언급한 학자와 많은 다른 사람을 위해, 폴은 — 다시 콜먼의 표현을 빌자면 — "자신이 심어 놓은 아이디어나 문제와 더불어 일하는 희열을" 조성하는 역할을 맡았다.[90]

90 이 인용문은 문서 기록으로 확인할 수가 없었다. 하지만 콜먼(Coleman, 1980)은 1978년 동부사회학회Eastern Sociological Society 모임에서 라자스펠드의 커리어에 관해 비슷한 시각을 표현했다. — 편집자

chapter 4

커트 레윈

장, 집단과 커뮤니케이션

1890	폴란드에서 출생
1914~1917	독일군으로 1차 세계 대전 참전
1916	베를린대학교 박사
1920	《테일러 체제의 사회화》 출판(독일어)
1921~1927	베를린대학교 심리학연구소 비정규직 교수
1927~1933	베를린대학교 비공무원-비테뉴어 부교수
1930	스탠포드대학교 방문 교수
1933	미국 이민
1933~1935	코넬대학교 가정경제학부 비정규직 교수
1935~1944	아이오와대학교 교수
1935	《퍼스낼리티의 동적 이론》 출판
1945	MIT 집단역학연센터 설립; 커뮤니티관계위원회 설립
1945~1947	MIT대학교 교수
1947	사망
1948	《사회 갈등의 해결》 출판
1951	《사회과학에서의 장 이론》 출판

* 이 장의 커트 레윈에 관한 일화의 대다수는 매로우(Marrow, 1969)가 쓴 전기에서 인용했다.

> 심리학자는 기이한 사건으로 가득 차 있는 비옥하고 광대한 땅 한복판에 서 있음을 깨닫게 된다. 자살하는 사람도 있고, 놀고 있는 어린이, 말을 하려 입술을 오므리는 어린이도 있고, 사랑에 빠졌으나 불행한 상황에 처해 빠져나갈 의지도 능력도 상실한 사람도 있고, 한 사람이 다른 사람의 의지를 지배하는 것처럼 보이는 최면이란 신비로운 상태도 있으며, 더 높고 어려운 목표에 도달하려 애쓰기도 하고, 집단에 대해 충성하거나, 꿈꾸고 계획하거나, 세상을 탐험하는 이도 있는데, 이런 예는 끝없이 열거할 수 있다. 이는 황홀함과 권력으로 가득하고, 아직 아무도 발을 디딘 적이 없는 넓은 땅으로 채워진 끝없는 대륙이다. 심리학은 이 대륙을 정복하고, 보물이 숨겨진 곳을 발견하며, 거기서 위험한 지점을 탐색하며, 막강한 세력을 정복하여, 그 에너지를 활용하려 애쓴다(Lewin; Marrow, 1969, p.3에서 재인용).[91]

커트 레윈은 자신의 직업 세계를 바로 이러한 방식으로, 즉 결코 식지 않는 흥분과 경의를 품은 채 바라보았다. 레윈은 주변에 있는 인간 행동의 모든 유형, 모든 부분에 흥미를 느꼈다. 말하자면 사회심리학의

91 여기서 텍스트의 일부는 매로우의 책에 나오는 내용과 다르다. 이 글의 원래 출처는 Lewin(1940)이다.

콜럼버스이자, 프란시스 드레이크, 쿡 선장 같은 사람이었다. 자신이 행하고 말하는 모든 것에서 탐색의 흥분된 즐거움을 드러내지 않는 순간을 이 학자에게서 본 적이 없다. 레윈은 늘 "끝없는 대륙을 정복"하는 과정에 있었다.

이것이 바로 내가 가장 뚜렷이 기억하는 레윈의 모습이다. 수척하고 총명한 얼굴이 흥분으로 홍조를 띠고, 안경 뒤의 눈은 빛나며, 팔을 연신 휘두르며, 칠판 앞에서 왔다 갔다 하면서, 끊임없이 우리에게 다음과 같이 도전적인 질문을 던지는 모습 말이다. "우리가 뭐 잊어 먹은 거 없나?*Vot haf ve vergotten?*" 때로는 "vergotten"이라고 하고 때로는 "vergassen"이라고 하기도 했다. 레윈의 언어는 완전히 영어도 아니고 독일어도 아니었다. 그런 것은 중요하지 않았다. 그 열정이 우리를 감동시켰다.

"우리가 뭐 잊어 먹은 거 없나?" 레윈이 이렇게 질문하는 것을 아마 백번은 들었을 것이다. 어떤 사람이 특정한 행동을 왜 하는지 이해하기 위해서는 인간 행동에 관여하는 삶의 공간, 지식과 동기의 장에 관해 알아야 한다며, 레윈은 늘 그 문제에 관해 숙고했다. 그리고 우리가 연구하는 어떤 개인의 삶의 공간을 어느 정도 완전하게 채워 넣었는지, 소홀히 해서 미처 포함하지 않았을지도 모르는 어떤 필수적인 요소는 없는지 질문했다.

전체 그림을 보고 싶어 하는 이러한 충동의 측면에서 레윈은 어느 정도 라스웰을 닮았지만, 다른 측면에서는 매우 달랐다. 라스웰처럼 특히 훌륭한 강사는 아니었지만, 뛰어난 달변이었다. 학생과 대화할 때에는 그 학생이 제시할지도 모르는 — 절반이나 3분의 1 정도만 정리된 것이라 해도 — 모든 아이디어에 주의를 기울이면서 시간에 개의치 않은 채 이야기하곤 했다. 그러고 나선 시계를 보더니 저녁 식사 시간이 3시간이나 지났다며 미안해하곤 했다. 혹은 멀리서 온 방문자와 계속 대화를 나누고 있는데 레윈 부인이 살며시 들어와 어째서 방금 기차에서 내린 사람을 새벽 2시까지 붙잡아 두고 있냐며 가볍게 질책하곤 했다. 그러나 라스웰과 달리 레윈은 대화할 때 자신이 무대에 있다고 느끼는 것처럼 보인 적은 없었다. 레윈의 대화는 결코 일방적이지 않았다. 라스웰은 대화를 넘겨받아 지시하고, 종종 독점했으며 거장처럼 연기하곤 했다. 레윈은 말을 할 때에는 자신이 심층 분석하려는 아이디어나 해결하려는 문제에 사로잡혀 완전히 남의 이목을 의식하지 않는 상태에 빠졌다. 스탠포드에서는 늦은 오후 세미나에서 레윈이 강의실 정면 탁자에 벌렁 드러누워 강의를 진행했다는 이야기가 전해진다.[92] 매우 비독일적이고 비스탠포드적인 행위를 한 셈인데, 레윈을 잘 아는 사람들은 그런 일이 전혀 없었다고 말한다. 그러나 이 행위가 레윈에게 완전히 어울리지 않는 일은 아니었다. 아마 피곤했기 때문일 것이다. 레윈은 남의 이목을 의식하지 않았다. 강의와 토론은 레윈에게 중요한 일이었기에 아마 그냥 진행했을 것이다.

라스웰이 수줍음을 탔다면, 레윈은 겸손했다. 분명히 전 세계에서 가장 뛰어난 심리학자 중 한 사람이었지만, 그럼에도 불구하고 자신이 아는 것에 대해 매우 겸손했다. 심지어 우리처럼 젊은 친구에게도 생각을 끝까지 표현하고 아이디어를 완성하도록 격려했다. 레윈의 강의와 연구실 면담은 아이디어와 계획을 멋지게 교환하는 장소였다. 교환말

92 이 일화는 Marrow(1969, p.66)에 나오는 로저 바커와 인터뷰한 내용에서 인용했다.

이다. 독백이 아니었다. 비록 레윈이 말하는 부분은 엉성한 영어이거나 조각난 독일어였을지도 모르지만, 그도 우리도 신경 쓰지 않았다. 칠판은 대부분 우리들이 자신의 흐릿한 아이디어를 스케치하는 곳이었지만, 레윈은 늘 칠판 한 귀퉁이를 차지해서 적절한 시점에 우리 아이디어를 개조하고, 완전히 뒤집어서 예리하게 다듬고 발전시켜 우리가 전혀 생각하지 못한 부분을 보여 주곤 했다. 라스웰은 학생 몇몇을 압도해 때로는 순전한 탁월함으로 낙담시켰다. 대체로 레윈은 학생을 (지적으로) 자극했다. 레윈의 세션에 참여하고 나오면 당장 연구실로 달려가 실험을 해보고 싶지 않은 적이 없었다!

그의 장 이론*field theory*을 넘어서 (이에 관해서는 조금 더 있다 다룰 것이다) 커트 레윈과 만나거나 강의를 들었을 때 가장 뚜렷이 기억나는 부분은 관심사가 폭이 넓고 추진력이 강하다는 점인데, 이는 이 장의 서두에서 레윈을 인용하면서 아마 뚜렷이 드러났을 자질이다. 심리학자는 인간 행동과 동기에 관한 모든 것을 이해할 과업을 안고 있으며, 세상에서 이보다 더 재미있는 일은 없다고 레윈은 느꼈다.

레윈의 커리어

어떻게 해서 커트 레윈은 그 길을 가게 되었나? 이 책에서 다루는 몇몇 다른 선구자만큼 경력 후반기의 (혹은 유럽에서의 초기 시절의) 레윈과 나는 그다지 친하지 않았다. 전시 봉사의 부름을 받고 떠나기 전 수년간 레윈이 재직한 캠퍼스에 함께 있기는 했으나, 전후 특히 MIT에서의 마지막 시절 동안 이 학자를 만난 적은 전혀 없다. 레윈이 삶을 영위한 기간을 보라. 1890년에 출생해, 1947년에 사망했다. 라스웰보다 11년 먼저 태어났고, 라자스펠드보다 12년 먼저이며, 홉랜드보다는 22년이나 일찍 태어났다. 레윈은 현대 심리학이 태동하던 흐름 속에 있었고, 그의 커리어는 커뮤니케이션 연구의 역사에서 비교적 초기에 끝났다.

레윈은 당시 프러시아의 작은 마을이었고 지금은 폴란드의 일부인 포젠Posen에서 태어났다. 아버지는 잡화상을 운영했다. 레윈의 가족은 유대인이었는데, 독일에서는 당시에도 젊은이의 커리어에는 결점으로 작용했다. 그러나 이 젊은이는 다소 일찍 학자나 전문직 커리어를 추구하기로 마음을 먹는다. 프라이부르크대학교와 뮌헨대학교를 다니다가 베를린대학교로 진학했는데, 거기서 진정으로 몸담고 싶은 곳을 발견했고 바로 박사까지 쭉 공부했다.

당시 독일의 대학은 여전히 중세식으로 신학, 법학, 의학, 철학 등 네 개의 학부로 조직되어 있었다. 앞의 세 전공 중 어디에도 속하지 않는 분야는 모두 철학으로 배당되었는데, 여기에는 자연과학, 사회과학, 인문학이 포함되었다. 레윈은 철학을 공부했지만 과학 이론에 가장 흥미를 느꼈으며, 이후에는 자연과학의 정신에 따라 사회 연구와 실험 연구를 수행하는 새로운 분야, 즉 심리학을 공부했다.

다른 어떤 곳과 마찬가지로 베를린에서도 교수는 대부분 강의를 하고 학생은 들은 내용을 나름대로 정리해 노트를 채우는 방식으로 공부했다. 그러나 학과와 분리된 연구 실험실과 연구소가 등장하면서 이 방식은 다소 바뀌어가고 있었다. 독일 라이프치히에 있는 저명한 심리학 실험실은 유명한 빌헬름 분트가 관장하고 있었다. 분트의 심리학은 말하자면 정신물리학이었다. 레윈은 베를린에서 빌헬름 스툼프의 책임하에 있던 새로운 실험실에 매력을 느꼈는데, 거기서는 게슈탈트심리학*Gestalt psychology*이라 불리는 인간 행동에 대한 새로운 접근이 등장하기 시작하고 있었다. 쿠르트 코프카, 볼프강 쾰러, 막스 베르트하이머가 거기 있었고, 이 연구자들은 대담하게도 스스로 "영혼의 문제*questions of the soul*"라 이름 붙인 주제를 연구하고 있었다(Marrow, 1969, p.8). 이것이 바로 레윈이 지금까지 찾고 있던 지적인 본고장이었다. 코프카나 쾰러보다는 한술 더 떠, 레윈은 인간 행동에 대한 전통적 접근 방식을 비판했는데, 바로 심리학 실험실 덕분에 이처럼 자유롭게 발언할 수 있었다. 레윈은 스툼프를 "논문 지도 사부*thesis-father*"(Marrow, 1969, p.7을 보라)로 선택했고, 지금이라면 사회심리학이라 부를 영역에서 연구를 수행했다. 즉 이전에는 '엄밀한' 과학자 수준에는 미치지 못한다고 간주되었고 철학자에게는 너무 경험적인 것으로만 간주되던 인간 행동과 인간관계 문제를 연구하고 싶어 했다는 뜻이다.

1914년 레윈은 박사 학위에 필수적인 요건을 완수했으며, 그러고 나서 곧 독일군에 입대해 1918년 용맹한 업적으로 철십자 훈장을 받고 제대했다. 1930년대에 레윈을 알던 사람에게는 전혀 군인 같지 않아 보이던 사람이었는데 말이다(Marrow, 1969, p.10). 레윈은 교직으로 돌아와 베를린대학교 심리학연구소에서 근무했다. 그 무렵에는 게슈탈트심리학이 번성하고 있었고, 레윈은 전체론*holism*의 시각, 즉 지각은 그 부분의 합과 다른 조직화된 전체로 생각할 수 있다는 아이디어가 자신의 성격에 맞는다고 보았다(Marrow, 1969, p.10). 레윈은 한 해는 철학을 강의하고 심리학 세미나를 가르쳤으며, 다음 해에는 이 조합을 거꾸로 했다(Marrow, 1969, p.13). 하지만 그를 알고 지내던 호레이스 캘런은 1923년에 쾰러, 코프카와 베르트하이머는 우선 철학자이고 두 번째로 심리학자였던 반면에, 레윈은 "먼저 심리학자이면서 동시에 정신의 철학자이기도 했다"(Marrow, 1969, p.17)고 말했다. 레윈은 지각보다는 동기에 주로 관심을 기울였는데, 심리학 이론을 행동에 적용할 만한 실험에 흥미가 있었다는 뜻이다. 주변의 대다수 게슈탈트주의자와 달리 레윈은 기본적으로 실제적인 응용에 관심이 있었다.

레윈의 생애에서 이 시기에 관해 알려지지 않은 이야기는, 유대계 배경에도 불구하고 학자로서의 커리어를 추구하고, 심리학이 최고 수준이던 독일에서 그 커리어를 쌓으려 고군분투했다는 것이다. 하지만 독일에서 유대인 심리학자의 삶은 점점 더 참기 어려울 정도로 변해갔다. 그래서 1933년 사실상 거기서 도피하기 위해 독일을 떠나야 했다. 레윈은 똑똑했지만, 학계의 사다리에서 비공무원 부교수 이상 더 높이 올라가지 못했다.[93] 레윈의 자리는 종신 고용이 아니었지만, 유대인이 희망할 수 있는 가장 높은 수준이었다. 하지만 레윈은 자신의 개인적 문제를 단순한 편견으로 승화시키고 학술적 성장에만 집중했다.

몇몇 학생들은 레윈이 당시 선생으로서 어땠는지 회고했는데, 이들의 경험은 나중에 그의 미국 학생들과 너무 비슷했기 때문에, 이들의 회상 중 일부를 인용하려 한다. 레윈은 "뺨이 홍조를 띤 젊은이"였다고 이 학생들은 말했다(Marrow, 1969, p.23). 처음에는 이 학생들도 레윈의 강의에 그다지 큰 감동을 받지는 않았는데, 쾰러와 다른 이들의

93 레윈은 1927년에 비공무원 특별 교수Ausserordentlicher nicht beamteter Professor라는 호칭을 부여받았다(Marrow, 1969, p.54).

독일에서는 (대학교를 포함해) 연방이나 주 기관 종사자는 대부분 공무원 신분인데, 이들은 직종의 성격이나 신분의 안전성에 따라 미숙련 노동자*Arbeiter*, 기술-사무직*Angestellte*, 전문직*Beamte* 등의 직종으로 나뉜다. 레윈의 직책 명칭에 "전문직 공무원에 해당하지 않는다*nicht beamteter*"는 표현이 들어간 것은 바로 이 때문이다. — 옮긴이

탁월하고 세련된 화법과 비교하면서 그의 강의를 그다지 우호적으로 평가하지 않았다. 그러나 이들은 레윈의 탁월한 아이디어 때문에 언어 기술에 관해서는 곧 잊어버렸다. "레윈이 사고의 연쇄를 전개하기 시작하면, 우리는 거기에 완전히 빨려든 채…… 앉아 있곤 했다"고 베라 말러는 말했다. "레윈은 강의를 했다고 말할 수는 없다. 그는 정말 강의를 전통적이고 잘 조직된 방식으로는 하지 않았다. 레윈은 말을 하는 동안 창조해 내고 있었다. 때때로 문장 한복판에서 잠시 멈추고는 청중의 존재를 잊어버린 듯 보이곤 했다. 그리고는 머리에 떠오르는 새로운 아이디어를 쏟아 내곤 했다"(Marrow, 1969, p.23에 인용).

잡담 모임

레윈은 곧 학생들과 매주 토요일 정기적인 모임을 했다. 이들은 아침에 모임을 시작해 때로는 저녁 늦게까지 계속했다. 나중에 아이오와와 MIT에 가르치러 갔을 때 똑같은 습관은 거기서도 등장했다. 나중에 미시건에서 재직하게 되는 노먼 마이어는 이때의 모임을 이렇게 회고했다. "레윈과 이 학생 집단 간의 상호작용은 너무 자유롭고, 의견 대립은 너무 치열했기 때문에, 그 모임이야말로 일찍이 경험해본 가장 자극적인 순간의 하나였다고 기억한다"고 했다.

> 심리학적 질문에 대해 역사학적 접근은 일단 배제해 버렸다. 마치 모든 질문을 백지 상태에서 접근하는 것처럼 보였다. …… 여기서는 아이디어와 이론을 만들어 내고, 탐색하고 논박하는 창조적 토론이 이루어졌다.

레윈 자신도 최종적인 이론을 만들어 내기까지의 중간 과정에서 학생들에게 많은 빚을 지고 있다고 확신한다(Marrow, 1969, p.24에서 재인용).

시간을 15년 더 거슬러 올라가 커트가 아이오와대학교 교수진으로 있던 미국 중서부로 장소를 바꿔 보자. 이때에도 레윈은 여전히 강의하면서 창조해 내고 있었다. 레윈에게 가장 중요한 만남은 여전히 강의실 바깥의 비공식 모임에서 이루어졌다. 베를린에서 이 집단은 "잡담 모임*Quasselstrippe*"이라 불렸다. 독일어의 "Quassel"은 떠들다는 뜻이고, "strippe"는 무리/모임에 해당한다(Marrow, 1969, p.26). 완벽한 번역 없이도 아이디어는 전달된다. 아이오와 시티에서 이는 "핫 에어 클럽*Hot Air Club*"[94]이라 불렸으며 어느 식당 꼭대기 층의 방에서 모였다. 당시는 대공황 시절이었는데, 친절한 건물 주인이 학생들에게 호의를 베풀어 커피나 차만 주문하면 각자 점심을 싸올 수 있도록 허락해 주었다. 대화는 베를린에서처럼 시간에 구애받지 않고 끝없이 계속되었다. 보통 8시간 정도 지나 레윈이 시계를 들여다보면서 짐짓 모든 사람을 그리 늦게까지 붙들어 두어 미안하다는 시늉을 하고 나서야 모임은 끝났다. 제자들은 핫 에어 클럽에 관해, 모두 바닥에 앉아 네 가지 색 연필을 들고 위상학적 도형을 스케치하는 모습으로 기억하고 있었다. 어떤 선 긋기에도 이의가 제기될 가능성이 컸고 모든 해석은 나름대로 방어를 해야 했다.

"커트가 창의성을 집단의 책임으로 돌린 것은 잘 한 일이다"라고

94 이 모임 이름은 아이오와 학생들이 Quasselstrippe를 번역한 것이다(Marrow, 1969, p.88).

도널드 애덤스는 말했다. “[그러나 모든 사람이 생각하기에] 레윈이 필수불가결한 구성원이었다는 데는 의심의 여지가 없었다. 레윈은 지배하려 하지도 (남을) 압도하려 하지도 않았다. 그러나 가장 대담한 상상에 대해서조차 열심히 경청하려는 의사를 보였기 때문에, 참여자마다 평소 능력을 넘어서는 소용돌이가 조성될 수 있었다”(Marrow, 1969, pp.26~27에서 재인용). 레윈 주변의 집단은 프로이트 주변의 집단과 마찬가지로 스승을 따랐지만, 중요한 차이점이 있었다고 도널드 맥키넌은 말했다. 프로이트는 자신의 의견에 대해 충성심과 복종을 요구했다.

> 그 결과 프로이트에 대해 어쩔 수 없이 생겨나는 변절 행위는 매우 추악했다. 반면에 레윈의 학생들은 직계 동료 집단에서 빠져온 뒤에도 …… 레윈이나 그 동료 집단과 유대를 여전히 유지할 수도 있었다. 만일 어쩌다 딴 곳으로 떠나 버린다고 해도 죄의식을 느끼지 않아도 되고 변절로 비판받지도 않았다(Marrow, 1969, p.89에서 재인용).

베를린 연구

잡담 모임, 그리고 이후에는 아이오와에서의 핫 에어 클럽은 레윈이 학문적 틀의 중요 부분으로 개발하고 있던 장 이론에 집중하였다. 레윈의 숭배자인 앨프리드 매로우는 돈 맥키넌의 말을 빌려, 자이가닉 효과*Zeigarnik effect*에 관한 유명한 실험 설계가 어떻게 이루어졌는지 설명한다. 당시 레윈은 아직 베를린에 있었다.

유럽의 카페 풍습이 그렇듯이, 사람들은 커피 한 잔을 마시며 대화하고 수다를 떨다가 케이크 한 조각을 주문하고, 시간이 더 지나가면 케이크를 더 시키고, 커피도 한 잔 더 주문하곤 하는데, 이는 두세 시간 동안 계속될 수도 있는 과정이다. 그런 식으로 하다 한번은 누군가 계산서를 요구했고 웨이터는 모든 사람이 주문한 내역을 정확히 파악하고 있었다. 비록 웨이터는 일일이 기록하지는 않았지만, 계산서 요구가 들어오면 모든 사람에게 정확한 액수를 제시했다. 그런데 약 반 시간이 지난 후 레윈은 웨이터를 불러 계산서를 새로 써달라고 말했다. 웨이터는 화를 냈다. "당신네들이 뭘 주문했는지 저는 더 이상 몰라요" 하고 말했다. "당신은 이미 계산했잖아요"(MacKinnon, Marrow, 1969, p.27에서 재인용).

레윈은 즉시 이 행동을 목적 지향적 활동에 의해 조직된 긴장 체계가 기억 과정에 미치는 효과라고 보았다. 레윈의 동료 집단은 자신들이 관찰한 내용의 중요성을 놓고, 또 실험을 통해 이를 어떻게 연구할 수 있을지 토론하기 시작했다. 그 결과는 레윈의 지도하에 블루마 자이가닉이 '자이가닉 효과'로 불리게 된 현상에 관해 작성한 박사 학위 논문으로 나왔다. 이 효과는 완수된 임무보다는 미완성의 임무를 기억해 낼 가능성이 더 크다는 것이다(Zeigarnik, 1927). 이는 잡담 모임에 의해 연구된 수많은 주제 중 하나에 불과했다. 예컨대 또 다른 유명한 연구는 분노를 유발하는 조건을 다루었다(Dembo, 1931). 이 실험들은 레윈이 유럽에서 커리어를 쌓는 데 도움이 되었으며, 레윈식의 연구 집단이 어떤 식으로 운영되었는지 예시해 준다.

레윈의 동료 집단에서 나온 대다수의 다른 연구와 마찬가지로 자이가닉의 실험은 '장 이론'이라 불리게 된 이론을 배경으로 설계되었다. 레윈은 자신의 이론적 접근에 관해 사려 깊은 책을 썼는데(Lewin, 1951), 여기는 레윈에게 왜 (무언가를) 설명할 책이 필요했는지 간략하게나마 소개할 자리는 아닌 듯하다.

미국으로 이주하다

장 이론에 관한 논문을 한 편도 발표하지 못한 상태에서 독일에서 레윈의 커리어는 끝날 위험에 처했다. 레윈은 연구자로서나 교육자로서 유럽에서 유명해지고 있었고, 똑똑한 학생을 유치해 흥미로운 연구를 장려하고 잘 훈련된 박사 과정 학생을 배출할 수도 있었다. 하지만 레윈은 비록 독일 바깥에서는 유명해졌지만, 독일 내부에서는 그다지 환영받지 못했다. 이는 그리 아름다운 이야기는 못된다. 레윈은 1929년 예일대에서 개최된 국제심리학대회에서 논문을 발표하도록 초청을 받았다(Lewin, 1929). 레윈은 독일어로 논문을 발표했는데도, 미국 심리학자들에게 여전히 강한 인상을 남겼다. 그래서 영어 저널에서도 레윈에 관한 논문이 등장하기 시작했다(가령 Brown, 1929). 1932년에 레윈은 한 학기 동안 초청을 받아 스탠포드대학교에서 강의하게 되었다. 직함은 방문 교수였는데, 레윈은 이것이 그가 처음으로 얻을 수 있게 된 진짜 학술적 직책이었음을 역설적으로 깨달았다. 나중에 아이오와에서와 마찬가지로 스탠포드에서도 레윈의 조각난 영어는 학생들에게 몇몇 희열의 순간을 제공했다. 레윈이 제시한 아이디어에 대해 새로운 학생이 문제를 제기했을 때, 그는 조심스럽게 경청하고는 조용히 답변했다. "그럴 수도. 그러나 나는 절대 달리 생각허네*But I sink absolute ozzer*"

(Marrow, 1969, p.66). 학생들은 그 구절을 포착해 따라 했고, 그 후 학술 단체 모임의 토론이나 주장에 "그럴 수도. 그러나 나는 절대 달리 생각허네" 하는 말이 끼어 있을 때에는 그 집단 속에 레윈주의자가 한 명 이상 참여하고 있다는 뜻이었다. 레윈의 학생들은 다소 불공정하게 그의 허점을 이용해 자신들이 설명하는 게 "더 좋은 영어"라며 가르쳐 주었다. 이들이 일러준 표현 하나는, 누군가 "말을 많이 했다"고 영어로 말해 주는 더 좋은 방법은 "턱받이 가득 침을 튀겼다*slobbered a bibful*"고 한다는 것이다. 얼마 지나지 않아 한 교환 교수가 학교를 방문했는데, 강연이 끝난 뒤 연사에게 사의를 표하기 위해 레윈이 청중석에서 일어섰다. "아무개 교수는 턱받이 가득 침을 튀겼다"며 감사의 말을 했다. 모임은 바로 끝이 났다.[95]

독일에서 사태가 더 악화되어 레윈은 귀국하기 점점 더 어렵게 되었다.[96] "유대인은 꺼져라!" 하는 구호가 거리마다 울려 퍼졌다. 베를린 대학교는 폭동 때문에 세 차례나 폐쇄되었다. 그러나 레윈은 부인이 곧 출산을 앞두고 있었기 때문에 반드시 돌아가야만 했다. 부인을 돌볼 의사를 구하는 데 애를 먹었지만 — 비유대인 의사는 유대인 환자를 볼 수 없게 되어 있었다 — 가까스로 해결했고, 그 후 최대한 빨리 가족을 미국으로 데려왔다. 그 후 수년간 어머니를 독일에서 빼내려 모든 노력을 기울였다. 이 노력은 성과가 없었고, 마침내 1940년대 초 어머

95 이 일화는 로널드 리핏이 회고한 것이다(Marrow, 1969, p.88에서 인용). 리핏에 따르면, 레윈에게 이 표현을 알려준 두 대학원생은 알렉스 베이브러스와 해럴드 쉴즈였다고 한다.

96 독일에서의 가혹한 상황에 관해서는 매로우(Marrow, 1969)의 책 7장에서 서술하고 있다.

니가 어느 수용소 인근에서 사망한 것 같다는 소식이 전해졌다.

1930년대 초반은 이민을 가기에 그다지 좋은 시기가 아니었다. 대공황으로 미국에서는 일자리가 동결되었다. 어느 재단의 재정 지원으로 레윈은 2년간 코넬대에서 머물렀는데, 여기서도 이전처럼 조용히 흥미로운 연구를 새로 설계하고 학생에게 강한 인상을 남겼다.[97] 50년이 지난 후에도 레윈을 기억하는 학생 중 한 명이 바로 〈즉석 카메라*Candid Camera*〉라는 텔레비전 쇼의 창안자인 앨런 펀트였다. 펀트는 1930년대 초 코넬에서 매월 15달러를 받는 연구 조교였는데, 독일 출신의 새 방문 연구자와 그의 유일한 접촉은 고아들에게 다양한 종류의 음식을 먹이는 몇몇 기법을 일방 투시 유리를 통해 관찰한 일이었다. 펀트는 그 방문 교수를 위해 자신이 관찰한 것을 기록했다. 50년이 지난 후 펀트가 〈오늘의 심리학*Psychology Today*〉을 위해 스탠포드대학교의 필립 짐바도와 인터뷰했을 때, 짐바도는 그 경험을 기억해 내고는 그 독일 교수의 (친한 사이에서 부르는) 이름까지도 기억해 냈다. "커트 레윈은 아마 사회심리학 전체에서 가장 큰 영향을 미친 인물일 것이야"(Zimbardo, 1985, p.44) 하고 짐바도는 어리둥절해 하는 펀트에게 일러주었다.

1935년 레윈은 아이오와대학교의 아이오와 아동복지연구소Iowa Child Welfare Research Station에 채용되었다. 이는 언뜻 보이는 것처럼 레윈에게 어울리지 않는 일자리는 아니었다. 그 연구소에서는 좋은 연구가 진행되고 있었고, 나중에 세 군데 다른 대학교 총장이 된 유능한 심리학자인 조지 스토다드가 그 기관의 장이었다. 레윈은 아동심리학에

97 그 재단은 록펠러재단의 재원 지원으로 운영되는 실직 학자를 위한 비상위원회 Emergency Committee on Displaced Scholars였다.

깊이 흥미를 느꼈다. 그래서 10년간 아이오와에 정착했고, 늘 그랬듯이 놀랄 정도로 유능한 학생을 유치하고 흥미로운 연구 프로그램을 주도하면서, 미국에서 빠르게 전국적인 인물로 부상했다. 하지만 이 저명함 때문에 점차 아이오와에서 멀어졌다. 레윈은 두 연구소를 출범시켰다. 하나는 (비록 그것을 발전시키는 데 삶이 2년밖에 남지 않았지만) 집단역학연구센터the Research Center on Group Dynamics로 MIT에 설립했지만 레윈이 세상을 떠난 뒤 미시건대학교로 이전되었다. 다른 하나는 미국유대인평의회the American Jewish Conference와 협력 기관인 커뮤니티관계위원회the Commission on Community Relationships였다. 폴 라자스펠드는 히틀러 치하의 독일에서 탈출해 미국에서 완전히 새로운 커리어를 쌓았는데 비해, 레윈은 베를린에서 해오던 일을 계속했다.[98] 물론 레윈은 미국에 왔을 때 라자스펠드보다 나이가 10살은 더 많았지만, 학생들과도 유럽에서와 똑같은 유형의 관계를 유지했고, 연구에서도 똑같은 태도와 관심사를 지속했으며, 똑같이 겸손했다. MIT로 옮긴 후에도 예전의 베를린-아이오와식 토요일 토론 모임은 재개되었고 미국에서 가장 총명한 젊은 심리학자 일부가 몰려와 동참했다. 하지만 새 연구소가 그 잠재력을 완전히 실현할 수 있게 되기도 전에, 1947년 레윈은 세상을 떠났다.

98 베를린에서 레윈의 연구는 개인심리학에 중점을 두었는데 비해 미국에서 레윈이 수행한 연구는 더 사회심리학적이었다(Rogers, 1994). — 편집자

삶의 공간과 장 이론

레윈의 커리어에서 그의 사상으로 화제를 돌려 보자. 하지만 그의 사상과 그것을 흡수한 학생이 곧 레윈의 커리어였기 때문에, 이 둘은 서로 그리 멀리 떨어진 게 아니다. 그리고 레윈이 커뮤니케이션 연구에 미친 상당한 영향도 따지고 보면 커뮤니케이션 활동에 직접 참여하거나 커뮤니케이션 지도자들과 교류하는 방식보다는 그의 사상과 학생을 통해서 이루어졌기 때문이다.

전시의 변화하는 음식 습관에 관한 레윈의 여러 실험(Lewin, 1942; 또한 Marrow, 1969도 볼 것)이 지닌 실용적 경향을 기억하는 사람이라면, 레윈이 자신을 주로 이론가로 생각했으며, 그의 실험은 새로운 가설에서 생겨나서 다시 새로운 이론과 응용으로 되돌아갔다는 점을 환기해야 할 것이다. 레윈은 바로 새로운 이론, 새로운 통찰을 끊임없이 강조했다. 레윈과 공부해 본 적이 있는 학생이라면 아마 모두 그가 한때 이론에는 두 가지 기능이 있다고 말하는 것을 들었을 터인데, 이는 우리가 아는 것을 설명하는 기능과 새로운 지식으로 인도해 주는 기능이다(Marrow, 1969, p.30). "과학의 기본적 성격은 어떤 특정한 시점에 과학적으로 접근 가능하다고 간주되는 것을 넘어서려는 영원한 시도"라는 레윈의 말을 대다수 학생들은 기억한다(Marrow, 1969, p.30).[99]

레윈은 장 이론을 갖고 유럽에서 건너왔다. 물리학자들은 힘이 하나의 매트릭스로 작동하는 에너지의 장이라는 관점에서 사고하기 시

99 레윈은 "과학에 대한 이러한 태도를 어니스트 카시러의 공으로 돌렸다"고 매로우(Marrow, 1969, p.30)는 썼다.

작했다. 게슈탈트 심리학자들은 이 물리학적 접근에 감명을 받았지만, 레윈은 이보다 훨씬 멀리 나아갔다. 레윈은 자극-반응(S-R) 심리학에 결코 편하게 느끼지 못했다. 이 학자는 표현형*phenotypes*보다는 유전자형*genotypes*에 더 관심이 있었다(Lewin ,1931). 레윈은 대규모 표본을 거의 사용하지 않았고, "적은 표본을 더 열심히 관찰"하는 방식을 선호했다. 그래서 실험실 장비도 아주 적게 사용했으며, 그 대신 사람들과 대화하면서 상호작용을 관찰하는 방법을 선호했다. 레윈은 이러한 일에 아주 능숙했다. 친구들 말에 따르면, 레윈은 "대다수 정신분석학자보다 비판적인 통찰력과 깊이를 더 갖추고 있었다. 어떤 심리학적 문제를 토론할 때에도 레윈은 즉시 그것을 새롭게 조명해서 살펴볼 수 있었다"(Marrow, 1969, pp.40~41).

장 이론을 인간화하기 위해 레윈이 사용한 개념이 "삶의 공간*lifespace*"이었다. 레윈에게 이것은 총체적인 심리적 환경, 즉 "어떤 주어진 시간에 그 사람에게 존재성을 띠는 모든 사실, 관계, 세력"을 뜻했다(Marrow, 1969, p.35). 여기에는 "욕구, 목표, 무의식적 영향, 기억, 신념, 정치적, 경제적, 사회적 성격의 사건, 그리고 행동에 직접 효과를 미칠지도 모르는 그 밖의 모든 것"(p.35)이 포함된다고 매로우는 말했다. 이보다 더 간단한 어떤 설명에 대해서도 레윈은 의심을 품었다. 그래서 조그만 행동을 설명하려 하는 행위에서도 늘 다음과 같이 질문하고 있었다. "우리가 뭐 잊어 먹은 거 없나?"

레윈에게 삶의 공간은 행위라는 드라마를 실연하는 무대였다. 레윈은 아인슈타인이 제시한 장의 정의를 이용해, 서로 의존한다고 인식되는 "기존 사실의 총체"로 장을 정의했다(Marrow, 1969, p.34). 그러므로 삶의 공간 내 관계는 하나의 체제를 구성한다. 이 체제에서 일어나는 현상을 설명하기 위해, 에너지, 긴장, 수요, 원자가*valence*, 벡터*vector* 처럼 물리학과 수학에서 빌려온 용어를 사용했다.

욕구는 장에서 힘 간의 평형 상태가 깨지면 발생한다. 욕구는 긴장을 유발한다. 이것들은 에너지를 분출하고 행동을 초래하기 때문에, 레윈의 언어에서 피할 수 없을 뿐 아니라 오히려 필요하기도 하다. 상이한 행동은 마이너스의, 혹은 플러스의 원자가를 갖는다. 즉 그 행동은 우리에게 매력적이거나 비매력적이다. 원자가가 높은 행동의 경로에서는 흔히 장애를 만날 수도 있다. 우리는 대략 강도가 비슷한 플러스 원자가와 마이너스 원자가 사이에 나눠져 있거나, 대략 강도는 같으나 똑같은 기호를 지닌 두 원자가(말하자면 두 개의 선이나 두 개의 악) 중에서 선택해야 한다. 그러한 갈등이 해결되고 나서야, 목표를 향한 운동이 이루어지고 균형 상태는 다시 확립된다.

레윈은 마치 물리학자가 자연과학에 접근할 수 있던 것만큼이나 적절하게 사회과학에 접근하는 방법을 발견하려고 결심했기 때문에, 어떤 개인의 행동 방식을 이해하려면 수많은 변인을 고려해야 한다고 주장했다. 레윈은 사례와 예시를 활용해 이 상대적으로 복잡한 접근 방식을 좀더 구미에 맞게 개조했다. 비록 전문적 화가나 사진가는 아니었지만, 레윈은 그림 자료에 관해서는 일종의 천재였다. 레윈은 특히 무비 카메라를 들고 어린이를 따라다니며 이들의 행태에 관한 통찰력을 예시해 줄 만한 사소한 행동을 기록하는 데 능숙했다. 1929년 예일대에서 열린 국제심리학대회에서 강연하기 위해 미국에 처음 왔을 때, 레윈은 아직 뒤뚱거리며 걸어서 큰 돌 위에 앉으려 하는 한나라는 18개월짜리 여자 아이를 촬영한 짧은 필름을 가져왔다. (레윈이 보기에) 이는 플러스의 원자가였다. 반면에 보이지 않는 어떤 것 위에 앉으면 위험하다는 점을 이 아이는 경험을 통해 학습했다. 이는 마이너스의 원자가였다. 그래서 한나는 그 돌을 우회해서 자신의 삶의 공간에서 일시적 갈등을 축소하려고 시도했다. 마침내 한나는 문제를 해결했다. 이 아이는 몸을 숙이고 두 다리 사이로 돌을 쳐다본 후 그쪽으로 조심스럽게 후진하고는 안전하게 주저앉았다.

이처럼 그림에 대한 관심을 감안컨대, 레윈이 삶의 공간을 설명하기 위해 위상학*topology*에 주목하게 된 것은 그리 놀랄 일도 아니다. 레윈은 수학 분야에서 훈련을 받았고, 동료들에 따르면 수학적 방식으로 사고했다. 그러나 사실 레윈은 숫자나, 숫자를 이용해 데이터를 통계적으로 분석하는 일에는 그다지 흥미가 없었다. 레윈의 수제자인 레온 페스팅어는 레윈이 어떤 통계든 사용하는 것을 본 적이 없다고 말했다.[100] 하지만 위상학에서 레윈은 그에게 원자가가 높은 비계량적 기하학을 발견했고, 수많은 이차원적 "계란 모양"에 삶의 공간을 구분하는 칸막이와 선으로 채우기 위해 위상학의 도형을 활용했다. 한번은 레윈이 하버드대에서 강연을 했을 때, 작은 계란 그림 내부에서 그가 재현하는 힘 간의 **질적**(즉 인지적, 감정적, 물리적, 사회적 등등의) 차이를 어떻게 재현하는가 하고 헨리 머레이가 질문했다. "그 경우 우리는 그냥 색깔이 다른 분필을 씁니다"라고 레윈은 특유의 매력적인 투로 말했다(Marrow, 1969, pp.137~138).[101] 바로 이 때문에 레윈의 아이오와 학생들이

100 "레온 페스팅어에 따르면 레윈은 통계를 거의 이용하지 않았는데, 페스팅어는 '레윈이 수학을 하는 것을 본 적이 없으며' '대단한 수학자'인지도 몰랐다. 페스팅어가 말하길, '그러나 우리는 통계에 관해 아주 일찍 논쟁하기 시작했다'"고 매로우(Marrow, 1969)는 썼다.

101 레윈은 1936년에 하버드를 방문했다. 이 일화는 가드너 머피가 기술한 것으로

색칠 크레용 박스를 갖고 바닥에 앉아 위상학적 도형을 그리고 있었던 것이다.

그래서 레윈은 장 이론이 삶의 공간 개념에 좋은 토대가 될 것으로 보았고, 위상학은 자신의 심리 논리*psycho-logic*를 표현하는 좋은 방안이라고 보았다. 여전히 레윈은 자신이 이론적 체계를 갖추었다고 누구에게도 주장하지 않으려 했다. 레윈은 이론적 관계를 개념화하고 나서 그 개념을 확인할 데이터를 찾은 적이 없다. 독일에서 레윈의 학생이었고 나중에 미국에서는 동료였던 타마라 뎀보는 이렇게 말했다. 만일 레윈에게 "어떻게 이것을 위상학적으로 풀 수 있나요?"라고 질문하면, 늘 변함없이 이렇게 대답했다. "문제가 무엇인가? 먼저 문제를 보고 이 중 가능한 게 있는지 살펴보자"(Marrow, 1969, p.40에서 재인용).

레윈은 이론보다는 심리학자들이 아직 연구 방안을 찾지 못한 부류의 문제의 해결 방법을 발견해 내는 도전적 과제를 학생들에게 제시해 주었다. 여기에는 성공과 실패의 의미, 분노의 속성, 다양한 동기 형태의 성격, 열망 수준의 의미, 그리고 대체 목표와 대체 행동의 성격 같은 복잡한 문제가 포함되어 있었다.

아이오와 연구

레윈은 학생들과 친밀한 관계를 유지했기 때문에, 함께 이러한 문제를

Marrow(1969)에 실려 있다.

붙잡고 씨름했다. 1920년대와 1930년대 초 베를린대학교에서 레윈의 학생들이 생산한 학위 논문은 심리학 역사에서 가장 주목할 만한 몇몇 학생 저작물이었다. 10년 후 아이오와에서 생산된 연구도 강조하는 주제는 다소 달랐지만 이에 못지않게 뛰어났다. 베를린 학생들은 주로 삶의 공간 개념에 의해 제안된 문제에 관해 연구했고, 아이오와 학생들은 주로 집단 관계 중심으로 구축된 주제로 작업했다.[102] 레윈의 MIT 경험은 너무 짧아 여기서 어떤 업적이 나왔을지는 그저 감질나는 상상에 맡길 뿐이다.

레윈이 아이오와에서 주도한 첫 번째 중요한 연구는 좌절이 아동 성장에 미치는 효과를 다룰 것이다(레윈이 아이오와의 아동복지연구소에서 근무했다는 점을 기억하라). 로저 바커, 타마라 뎀보와 레윈은 좌절 상태와 비좌절 상태의 조건하에서 2~6세 사이의 다양한 연령대의 아동을 관찰했다(Barker, Dembo, & Lewin, 1941; Lewin, Barker, & Dembo, 1937). 좌절은 보통 어린이가 갖고 놀고 싶어 하는 장난감 앞에 철조망 울타리를 세워서 조성했다. 레윈이 그렇게 오랫동안 옹호해 온 대로, 그 순간 아동의 총체적인 심리적 환경의 관점에서 이들의 행태를 이해하기 위해 모든 노력을 기울였다. 이 연구의 결과는 아동 연구에서 역사적인 진전을 이루어 냈다. 좌절은 "평균적으로 지적 기능의 수준에서 퇴행, 불행, 불안과 파괴성의 증가, 초집단적 단결의 증가, 집단 외부적 공격성의 증가"를 초래하는데," "모두 좌절의 강도와 관련이 있는" 것으로 밝혀졌다(p.15).

102　베를린과 아이오와의 박사 학위 논문 목록은 Marrow(1969)의 레윈 전기 부록 B와 D에 나온다.

만일 이 결론이 심리학 보고서에서 봐서 친숙해 보인다면, 다음 두 번째의 중요한 아이오와 연구는 더 낯이 익을 것이다. 바로 어린이 집단에서 독재적 리더십과 민주적 리더십에 관한 리핏-화이트의 연구다(Lippitt & White, 1940; 또한 Lippitt, 1940; Lewin, Lippitt, & White, 1939도 보라). 방과 후 두 학생 집단이 론 리핏을 지도자로 삼아 11번에 걸쳐서 모였다. 한 집단에서 리핏은 독재적이고 권위주의적인 지도자 역할을 하고, 다른 집단에서는 집단 내에서 개방적 분위기를 허용하는 민주적 지도자처럼 행동했다. 그 차이는 놀라웠다. 그래서 더 많은 집단으로 더 엄격한 통제를 거쳐 실험을 반복했다. 그리고는 다음과 같은 결론이 확증되었다. 즉 독재적 양식은 아이들을 덜 주도적이고, 불만이 더 많으며, 더 공격적이고 집단 단결심은 떨어지게 만든다는 결과가 나왔다. 독재적 상황에서 민주적 상황으로 아동들을 옮겨 놓자, 새 집단을 훨씬 선호했다. 그러나 일부는 중앙 집중적 지시가 없어 아쉽고 주어진 과제가 덜 구체적이라며, 미약하게나마 불편해 했다. 하지만 아동들을 민주적 집단에서 독재적 집단으로 옮겼을 경우에 관해 레윈은 다음과 같이 말했다.

> 이전에는 친절하고 개방적이고 협조적이며 생기로 차있던 집단은 짧은 반 시간 안에 적극성을 잃고 다소 무감각해 보이는 집단으로 변했다. 독재에서 민주주의로 변화하는 데는 민주주의에서 독재로 바뀌는 것보다 다소 시간이 더 걸리는 것처럼 보였다. 독재는 개인에게 부과된다. 민주주의는 학습해야 한다!(Marrow, 1969, p.127).

집단 역학

이 실험들의 결과로서 아이오와 연구에서 새로 강조하게 된 요소는 집단이었다. 삶의 공간과 힘의 장이라는 기본 개념은 바뀌지 않았다. 그러나 이제 집단은 레윈이 수행한 여러 중요한 연구에서 핵심이 되었다. 이 집단의 중요성 때문에 레윈은 커뮤니케이션 연구와 실천의 발전에 영향을 미쳤다.

사실 레윈의 실험이 집단 활동에 더 초점을 맞추게 될수록, 커뮤니케이션에 관해 더 많이 생각할 수밖에 없었다. 특히 2차 세계 대전 초반 시절 일련의 식량 관련 연구를 하게 되었을 때, 커뮤니케이션을 집단 구조와 기능의 일부로서 이해할 필요성과 바로 부닥쳐야 했다.

식량 관련 실험은 이론적일 뿐 아니라 실용적이기도 했다(Lewin, 1942, 1943). 전시의 식량 부족 시기에 이는 절약에 필수불가결의 것이었다. 인류학자인 마가렛 미드는 레윈이 이런 부류의 연구에 주목하게 하는 데 큰 역할을 했다. 미드는 전국연구평의회National Research Council의 음식습관위원회the Committee on Food Habits 사무국장이었다. 이 위원회는 연방 정부를 도와 사람들에게 음식을 효율적으로 활용하도록, 특히 미국인이 보통 선뜻 손을 대려 하지 않는 생소한 육류 부위를 먹도록 가르치는 일을 하려고 했다. 마가렛은 레윈의 작업에 관해 알고 있었다. 미드는 C-47기를 타고 워싱턴에서 아이오와 시티로 날아가 해가 대평원에 떨어질 무렵 도착했다. 미드는 핫 에어 클럽의 분위기를 사랑했고, 종종 아이오와에 수일간 머물면서 자신이 보기에 중요할 뿐 아니라 연구의 성사 가능성이 높은 가설을 놓고 레윈과 학생들과 함께 작업을 하곤 했다. 이 계획 수립의 결과가 바로 여러 고전적인 실험이었다. 이 식량 관련 연구의 핵심적인 발견은 개별적 사회 변동의 수단으로서 집단 결정이 중요하다는 점이었는데, 전 세계에서 다양한 실제 프로그램에 반영되었다. 나중에 레윈은 "동기 부여만으로는 변화를 유도하는 데 충분하지 않다"는 말로 그 결과를 요약했다.

> 이 연계는 의사 결정에 의해 제공된다. 의사 결정 같은 과정은 불과 몇 분밖에 걸리지 않지만, 이후 수개월 동안 행위에 영향을 미칠 수 있다. 이 결정은 부분적으로는 "자신의 결정을 고수"하려는 개인의 경향 때문에, 또 부분적으로는 "집단에 대한 약속*commitment*" 때문에 "동결*freezing*" 효과를 발휘하는 것처럼 보인다.[103]

달리 말하자면, 집단 토론은 집단 의사 결정보다 변화를 유도하는 효과가 적고, 집단 내부에서 변화에 대한 공개적 약속이 가장 효과적이었음을 아이오와 실험은 보여 주었다!

지난 20년 동안 캐나다와 인도, 가나에서 농업 현대화에 기여하도록 마련된 라디오 농업 포럼에 대한 지침으로 이 연구 결과가 무수히 언급되는 것을 들었다.[104] "레윈이라는 이름의 사람이 이것을 발견해

103 레윈의 이 언급은 식량 관련 연구에 관한 것이라기보다는 알렉스 베이브러스와 동료들이 하우드사Harwood Manufacturing Company에서 행한 일련의 실험에 관해 나온 것으로 보인다(Marrow, 1969, p.144). — 편집자

104 음식 습관의 변화에 관한 레윈의 아이오와 연구를 인도의 라디오 농업 포럼으로 연결시켜 준 이는 라자스펠드의 비엔나 시절과 뉴욕 시절 동료이던 폴 뉴러스 박사였다. 뉴러스는 유네스코의 후원을 받아 푸나의 라디오 농업 포럼에 관한 연구를 주도했다. — 편집자

냈다"고 인도 푸나에서 P. V. 크리쉬나무르티는 말해 주었다.

2차 세계 대전이 계속되면서, 아이오와 집단의 연구는 새로운 전환을 맞았다. 즉 인기는 없지만 더 물량이 풍부한 육류 부위를 사람들이 먹도록 유도하는 방법에 관한 연구에서 산업의 인간적 측면을 개선하는 방안에 관한 연구로 옮겨간 것이다. 알렉스 베이브러스는 집단을 이끄는 재주가 뛰어나 음식 연구를 주도한 인물 중 하나였는데, 조직 연구에서도 혁신가 중 한 명이었다. 베이브러스와 존 프렌치, 그리고 다른 동료들은 곧 집단 의사 결정 가설을 공장에서 확증할 수 있게 되었다(French, 1950; French & Coch, 1948; French & Marrow, 1945). 일정한 생산 할당량을 채운 노동자에게는 "스스로 페이스를 조절"하도록 허용해 주면 행복감과 생산성이 향상된다는 사실을 이들은 발견했다. 여기서 유사한 노동자 관리 혁신에서 제기되는 문제점 중 하나는 감독관이 갖고 있는 스테레오타입을 어떻게 바꾸는가 하는 문제였다. 즉 의사 결정 권력을 노동자에게 더 이전할 경우, 감독관은 자신의 일자리 개념을 수정해야만 했다. 하지만 연구자들은 감독관에게 이 점을 이야기해줘 봐야 아무 소용이 없다는 사실을 깨달았다. 이 감독관들은 무엇이 필요한지 스스로 깨닫게 되는 상황에 처해 봐야 했다. 그래서 감독관 스스로 자신의 '연구 프로젝트'를 수행해 보도록 장려했다. 이 프로젝트는 인상적일 정도로 큰 행태 변화를 가져왔다. 대다수의 감독관은 스스로 새로운 관리자 역할을 채택했다.

이와 관련된 한 가지 문제는 리더십 훈련이었다(가령 Lewin & Bavelas, 1942). 레윈과 동료들은 강연과 수사학이 변화를 유도하는 데 그다지 효과적이지 못할 것이라고 예견했다. 역할 놀이, 문제 해결, 집단 의사 결정이 아마 훨씬 더 유용할 것이다. 이들은 바로 그것을 발견했다. 자기 점검, 피드백, 자신감 구축, 집단적 문제 해결이 변화를 달성하는 데 훨씬 탁월한 기술이었다. 바로 1947년 메인 주 베델에서 열린 전국훈련랩(National Training Laboratories: NTL) 초반에 프렌치가 소개한 내용이다. NTL의 기초적 원칙은 변화에 대한 저항을 극복하는 문제를 이해하려고 레윈과 동료들이 오랫동안 기울인 노력의 산물이었다. 만약 어떤 사람을 의사 결정 과정에 참여할 수 있게 허용해 주면, 그 사람의 사기가 높아지고, 공격성의 수준은 낮아지며, 변화가 일어날 가능성이 더 커질 것이다(French & Coch, 1948).

이러한 부류의 연구와 훈련 활동은 '집단 역학'으로 불리게 되었다. 레윈이 1945년 MIT에 집단역학연구센터라는 연구소의 재원을 마련하는 데 성공한 후, 이 명칭은 거기로 이월되었다. 레윈은 MIT의 새 자리로 옮기면서 특히 베이브러스, 페스팅어, 리핏 등 가장 뛰어난 조교 일부를 데려갔다. 늘 그랬듯이 레윈은 재능 있는 박사 과정 학생을 새로 유치했다. 몇몇만 열거하자면 해럴드 H. 켈리, 모턴 도이치, 존 티봇 등이 있다. 충분히 예측할 수 있는 대로, 집단 의사 결정에 따라 레윈과 동료들은 집단역학연구센터에서 탐구할 여섯 가지 문제 영역을 결정했다.[105] 이 중 한 가지 영역이 커뮤니케이션이었는데, 레온 페스팅어, 스탠리 샥터, 커트 백이 주로 이 분야를 책임졌다(Festinger, Schachter, & Back, 1950).

MIT에서의 사업 시도는 전망이 밝았는데, 레윈에게 실현할 시간

105 매로우(Marrow, 1969)에 따르면 이 영역은 (a) 집단 생산성, (b) 커뮤니케이션, (c) 사회적 지각, (d) 집단 간 관계, (e) 집단 소속과 개인의 적응, (f) 지도자의 훈련과 집단 운영의 개선 등이었다.

이 그렇게 적었다는 점은 유감이다. 그러나 레윈은 너무나 무거운 책임을 지고 있었다. MIT의 사업과 성격이 비슷하지만 커뮤니티와 인종적 편견과 관련된 새로운 활동을 조직하느라 너무 바빴다. 동부 해안 지역에서, 레윈은 유대인과 비유대인 젊은이가 개입한 '사고'의 빈도가 늘어나는 것을 목격했다. 늘 그랬듯이 레윈은 커뮤니티상호관계위원회the Commission on Community Interrelations를 출범시키는 데에도 정력적으로 헌신했는데, 이 기구는 패거리 행태, 집단에 대한 충성, 고집불통을 다루는 법, 커뮤니티 자체 조사 도구 개발을 위한 연구를 수행하고, 궁극적으로는 편견 극복을 위한 감수성 훈련을 개발하고 적용하는 데 목적을 두었다.

그러나 레윈은 과중한 부담과 책임에 시달렸다. 아이오와에서의 마지막 시절 동안 레윈은 행동 프로그램 자문 관련 문제와 함께 두 군데 연구소를 새로 조직하고 재원을 마련하려는 의욕에 사로잡혀, 24시간이나 걸리는 워싱턴 D.C.나 뉴욕까지 기차 여행을 반복했다. 물론 아이오와 캠퍼스를 비우는 행동에 대해 동료 교수들도 그리 달가워하지 않았고, 레윈의 에너지만 고갈되었다. MIT에서 친구들은 레윈에게 점차 긴장과 피로가 가중되는 징후를 목격했다. 1947년 2월 11일, 레윈은 두 팔에 얼굴을 묻은 채 쉬고 있었다. 연구실에 들른 친구들은 레윈이 쓰러졌을지도 모른다고 생각했다. 하지만 레윈은 괜찮다면서 퇴근했다. 그러고 나서 그날 저녁 사망했다.

레윈이 없는 상태에서 집단역학연구센터는 미시건으로 이전했다. 레윈이 떠나고 나자, 사람들은 무엇을 잃어버렸는지 곧 깨달았다. 추모식에서[106] 학습 이론가인 에드워드 톨먼은 "다양한 리더십, 전시 사기, 음식 섭취 습관, 노동자 생산성, 집단 간 갈등과 커뮤니티 갈등의 효과와 같은 문제에 관해 엄격히 통제된 조건하에서 실험을 수행하는 데 있어 레윈이 보여 준 독창성과 용기"에 엄청난 흥분을 느꼈다고 말했다. 태도심리학자인 고든 앨포트는 레윈에게서 심리학자들이 광범위하게 채택한 개념을 열거했는데, 여기에는 미완성 임무의 역동적 힘(자이가닉 효과), 장에서의 도피, 열망 수준, 구별, 우회, 시간적 관점, 인지 구조, 현실성의 수준, 장애, 엄정성, 포만, 삶의 공간, 주변적 귀속*marginal affiliation*, 집단 의사 결정, 변화 실험 등이 망라되었다.[107] 마가렛 미드는 이후에 "레윈과 그의 집단은 나라 전체를 위해 아주 생생하고 의미 있는 무엇인가를 대표했다"고 말했다(Marrow, 1969, p.223에서 재인용).

그렇지만 만일 연구 프로그램의 경이로움이 레윈의 아이디어에서 나왔다면, 그 아이디어를 영광으로 실현한 것은 거기에 뛰어들어 레윈이 방향을 일러준 대로 사회심리학의 점차 확장되는 주변 영역에서 작업을 계속한 젊은 학자들의 자질에 있었다. 이 사람들은 어떤 교사든 제자에게서 듣고 싶어 할 방식으로 레윈에 관해 이야기했다. 레윈은 늘 제자들과 함께 일했지만 원로 교수들이 때때로 그리 하듯이 논문에는 자신의 이름을 거의 올리지 않았다고 제자들은 회고했다. 그리고 레윈은 보통 제자들보다 한발 앞서 있었지만, 제자 중 한 명이 자신에게 새로운 통찰을 던져 주었을 때 늘 진정으로 기뻐했다고 이들은 회상했다. "오늘날 사회심리학의 95퍼센트는 커트 레윈의 것이며, 집단 역

106 1947년 미국심리학회 학술 대회 기간 동안 사회적 쟁점의 심리학적 연구회the Society for the Psychological Study of Social Issues는 레윈을 위해 이 행사를 개최하였다.
107 톨먼과 앨포트의 연설은 Marrow(1969, pp.228~230)에 인용되고 있다. 여기서 세 번째 연사가 매로우였다.

학에서 레윈이 불러일으킨 관심사였다"고 페스팅어는 말했다(Marrow, 1969, p.232에서 인용). "어떻게 해서인지 레윈은 자신의 엄청난 창조성을 다른 사람에게 조금씩은 전승해 줄 수 있는 것처럼 보였다"고 프렌치는 썼다(Marrow, 1969, p.235에서 인용).

커뮤니케이션 연구에 대한 기여

커뮤니케이션에 대한 레윈의 관계를 어떻게 요약할 수 있을까? 라스웰은 늘 그 분야에 몸담고 있었지만, 레윈은 결코 그 속에 있었던 적이 없다. 그렇지만 두 문장 다 정확하지 않다. 레윈과 추종자들이 커뮤니케이션을 MIT 집단역학연구소의 여섯 가지 연구 주제 중 하나로 정하기 전까지 레윈은 커뮤니케이션에 관해 이야기한 게 많지 않고 공식적으로 사고의 일부로 설정한 적도 없다. 그보다는 오히려 레윈은 커뮤니케이션을 **가정했다**고 하는 게 적합하다. 커뮤니케이션은 레윈이 다룬 모든 인간관계의 일부였다. 아이오와에서 사회 변화에 관한 실험을 할 때, 레윈은 커뮤니케이션을 직접 다루어야 했다. 즉 정보와 설득, 강연 대 토론, 토론 대 약속 등이 이에 해당한다. 레윈은 이를 보통 거시적인 방식으로 다루었다. 시간이 충분히 주어졌더라면, 집단 조우나 결정 상황처럼 집단 내에서 발생하는 부류의 커뮤니케이션도 분석할 필요가 있다고 느꼈을지 모른다. 분명 레윈의 제자 중 다수가 그 방향으로 갔다. 예컨대, 베이브러스는 소규모 집단 내에서의 커뮤니케이션 네트워크를 검토했고, 집단 내에서 다양한 커뮤니케이션 패턴이 집단의 사기와 임무 수행 능력에 미치는 효과에 관해 아주 흥미로운 데이터를 수집했다(Bavelas, 1949). 페스팅어는 커뮤니티 내부에서 루머의 흐름을 연구하면서, 특정 날짜에 세상이 종말을 맞을 거라는 광신도 집단의 예측을 매스 미디어가 확증해 주지 못했을 때 "진정한 신자들"이 보여 준 반응을 분석했다(Festinger et al., 1948; Festinger, Reicken, & Schchter, 1956). 페스팅어의 《인지 부조화 이론A *Theory of Cognitive Dissonance*》(1957)은 레윈에 의존하고 있으며 하이더의 균형 이론*balance theory*, 뉴컴의 A–B–X 모델, 오스굿과 태넌봄의 일치 이론*congruity theory*, 맥과이어 등의 일관성 이론*consistency theory*, 그리고 심지어 설득에 관한 홉랜드의 1960년도 책(Rosenberg & Hovland, 1969; Zajonc, 1960) 등으로 대표되는 사상의 흐름 속에 속한다. 한때 레윈의 학생이나 동료였던 사람은 인간 커뮤니케이션을 더 깊이 이해하는 데 기여한 현대 사회과학자 중 가장 생산적이고 존경받는 인물에 속한다.

레윈이 커뮤니케이션 연구에 기여한 바를 간단히 정의하자면, 집단을 커뮤니케이션 이론과 연구에 그 누구보다도 더 깊숙이 끌어들였고, 원하는 사회 변화를 달성하기 위해 커뮤니케이션을 어떻게 연구하고 활용해야 할지를 누구보다도 더 잘 보여 주었다고 말할 수 있다고 본다. 그 밖에도 레윈에게서 빌려와 커뮤니케이션 이론과 연구의 일부로 수용하게 된 수많은 개념에 대해서도 감사할 이유가 충분히 있다. 예를 들면 이 중 하나는 커뮤니케이션 게이트키퍼*gatekeepers*라는 아이디어다(예컨대 White, 1950을 보라).[108]

레윈에 관해 기억되는 이야기 중 높은 비율이 커뮤니케이션 이야

108 Donohue, Tichenor, & Olien(1972)의 연구에서도 레윈을 게이트키핑*gatekeeping* 개념의 출처로 인용했다. 여기서 언급한 문헌은 Lewin(1951)이다.

기라는 점은 그냥 우연일 수도 있고, 이 사람에 관해 무엇인가 말해 줄 수도 있다. 이전에 나는 "턱받이 가득 침을 튀기다"와 "나는 달리 생각 허네" 이야기를 여러분에게 소개했다. 결론적으로 그런 이야기를 하나 더 들려주고자 한다. 레윈은 몇 차례 강연을 위해 하버드를 방문 중이었는데 병이 났다. 고든 앨포트는 레윈이 학교 진료소에서 치료를 받도록 데리러 왔다. 두 사람은 엘리베이터를 타러 나갔다. 레윈은 따뜻하게 몸을 감싸고는 뒤뚱거리며 걷고 있었다. 엘리베이터가 도착하자, 머리가 난발이 된 한 사람이 거기서 미친 듯이 뛰쳐나왔다. "이 망할 구멍에서 어떻게 나오는 거야?" 하고 그 사람은 힐난하듯이 물었다. "계속 오르락내리락하기만 했지 제대로 작동이 안 돼!" 앨포트는 그 사람이 그 주의 또 다른 하버드 방문자인 버트런드 러셀인 것을 알아차렸다. 앨포트는 이 상황에 관해 고심했다. 여기 분명 서로 인사를 시켜 주어야 마땅한 두 사람이 있다. 반면, 이들은 세상에서 가장 달변에다 말이 많은 축에 속하는 두 사람이기도 했다. 만일 두 사람을 서로 소개해 준다면 레윈은 과연 의사에게 갈 것이며 러셀은 원하는 층을 찾아갈 수나 있을까? 두 사람은 심지어 엘리베이터를 타기나 할까? 앨포트는 이 두 사람을 서로 소개해 주지 않은 채 엘리베이터에 태웠다(Marrow, 1969, p.137).

이렇게 해서 레윈은 케임브리지의 추운 날 밤 인플루엔자 치료를 받았다. 레윈이 그 후 버트런드 러셀과 한번이라도 대화를 나누었는지는 모르겠다.

chapter 5

칼 홉랜드

실험, 태도와 커뮤니케이션

Karl Hovland

1912	시카고에서 출생
1932	노스웨스턴대학교 학사
1936	예일대학교 박사; 예일대학교 심리학과 교수 부임
1939	《좌절과 공격성》 공동 출간
1940	《수리적-연역적 역할 학습 이론》 공동 출판
1942~1945	전시 커뮤니케이션 연구
1945~1951	예일대학교 심리학과 학과장
1947	예일대학교 스털링 심리학 석좌 교수
1949	《매스 커뮤니케니션에 관한 실험》 출판
1953	《커뮤니케이션과 설득》 출판
1957	《설득에서 제시의 순서》 출판
1961	사망

스탠포드대학교에서 내가 가르치는 한 강좌에 칼 홉랜드의 오랜 동료이던 네이선 매코비를 초빙했는데, 칼에 관해 가장 기억나는 일이 무엇인가 하는 질문이 나왔다. 매코비는 이에 대해 망설임 없이 다음과 같이 대답했다. “홉랜드는 의심할 여지없이 세계에서 가장 비권위주의적인 지도자였다.” 학생들은 다소 실망한 듯한 표정을 했다. 아마 학생들은 로스텐이 라스웰에 관해 재미있게 재현한 그런 식의 회상이나 어떤 기억나는 사건이라든지, 앞의 장에서 레윈과 핫 에어 클럽에 관해 소개한 부류의 생생한 묘사를 기대한 것 같다. 그러나 학생들이 들은 것은 아마 칼에게서 이끌어 낼 수 있는 가장 공정하고도 정확한 그림이었을 것이다. 왜냐하면 칼 홉랜드에게는 정말 특이하거나 눈에 확 띄는, 포복절도할 정도로 재미있는 점이 전혀 없었기 때문이다. 홉랜드는 지도자였고 현란하지 않았다. 그리고 “개성이 강한 인물”도 아니었다. 홉랜드는 레윈이 때때로 그런 것처럼 언어적 실수로 학생들을 포복절도하게 하지도 않았다. 로스텐이 라스웰에 관해 알려준 것처럼 6시간 동안 쉬지 않고 말하지도 않았다. 실제로 홉랜드의 화법은 경제적이었고 단어를 거의 낭비하지 않고 요점만 전달했다. 위대한 (그리고 정신 나간) 학자에게 기대하는 것처럼, 시간(약속)이나 저녁 시간을 잊어버리지도 않았다. 나는 뉴 헤이븐New Haven에서 유명한 음주·대화 장소인 모리즈Morey's에 아마 대여섯 번은 간 것 같다. (루디 밸리Rudy Vallee가 *The Whiffenpoof Song*에서 "저 아래 우리가 그렇게 사랑하는 모리의 테이블에서"라고 노래한 것을 기억하기에는 여러분이 너무 젊은가?) 이 모든 방문에서 칼 홉랜드에 관해 재미있는 이야기를 들은 적이 단 한 번도 없다. 칼과 함께 보낸 모든 시간 동안, 소개할 만한 재미있는 일화는 하나도 기억나지 않는다. 홉랜드는 한마디로 가장 친절하고 총명한 사람 중 한 명이자, 내가 지금까지 기억하는 한 가장 훌륭한 연구자 중 한 명이었다. 홉랜드는 실험실에 가장 최근에 들어온 신참을 제외하면 모든 사람이 "칼"이라 불렀지만 항상 최대한 존경심을 담아서 대한 그런 부류의 지도자였다.

만일 여러분이 찰스 오스굿의 의미 분별 척도*semantic differential scales*를 제시하고는 홉랜드를 가장 잘 묘사하는 속성을 기입하라고 한다면, 아마 '침착하다' 항목과 마찬가지로 — 홉랜드의 치열함은 모두 내면에 있었다 — '조용하다'의 항목이 최고 점수를 얻을 것이라고 본다. '우호적이다,' '친절하다,' '도움이 된다,' '변덕스럽다'는 모두 홉랜드의 행태를 잘 묘사하는 단어였다. '예리하다,' '총명하다,' '체계적이다,' '조심스럽다' 같은 형용사에도 좋은 점수를 매길 것이다. 반면에, 다른 형용사 목록은 — '눈에 띄다,' '재미있다,' '달변이다,' '열정적이다,' '신념이 확고하다,' '활기차다,' '극적이다,' '감동적이다' — 낮은 점수를 받을 것이다. '흥분하다'나 '흥분시키다' 같은 단어는 점수를 매기기가 어려울 것이다. 흥분한 홉랜드는 분명 어떤 실험을 설계하거나 해석할 때이겠지만, 그래도 흥분을 드러내지 않고 절제했다. 칼과 함께 작업하는 일은 커뮤니케이션 연구에서 흥분되는 경험 중 하나였다. 하지만 홉랜드는 레윈처럼 제시할 만한 거창한 틀도 없었고, 라자스펠드가 수행한 것처럼 사업적 성격의 연구도 거의 하지 않았다. 사업? 세일즈맨? 추측건대 홉랜드는 아마 이러한 차원에서 낮은 점수를 얻을 터이지만, 예일대에서 대규모 커뮤니케이션 연구 프로그램 운영을 충당할 재원이 필요할 때에는 기금을 마련하는 데 어려움이 없었다.[109]

칼의 오랜 친구인 네이선 매코비가 스탠포드 학생들과 만나 칼에 관한 질문을 받았을 때 선택한 첫 번째 기술적 용어가 지도자였다는 점에 아마 주목해야 할 것이다. 칼은 분명히 그리고 의심의 여지없이 지도자였다. 15년간 예일대에서 재직하는 동안, 칼은 세계에서 가장 뛰어난 커뮤니케이션 연구 집단 중 하나를 이끌었다. 칼은 아주 총명한 학생을 경이적인 숫자만큼 커뮤니케이션 연구에 입문시켰다. 이 분야에서 최고의 커뮤니케이션 연구서도 여러 권 공저로 펴냈다. 그리고 이 모든 일을 조용히 수행했다. 즉 조용히 말하고, 조용히 움직이며, 조용히 설득하고, 행정적 명령이나 주어진 권위에 의하기보다는 모범과 지적 도전으로 지도한 사람이었다.

홉랜드의 초기 커리어

홉랜드는 라자스펠드와 많은 점에서 달랐는데, 상당한 차이 중 하나는 커뮤니케이션 연구 분야로 옮겨왔을 때, 라자스펠드가 계속해서 서베이 사회학자처럼 느끼고 행동한 데 반해, 홉랜드는 계속해서 실험심리

109 홉랜드가 소장으로 있던 예일 커뮤니케이션·태도 변화 프로그램Communication and Attitude Change Program은 원래 록펠러재단의 지원을 받았다.

학자처럼 생각하고 작업했다는 점이다. 홉랜드와 라자스펠드는 커리어 중반에 상당한 변화를 겪었다는 점에서 둘 다 비슷했다.

라자스펠드는 1933년 32세의 나이로 미국에 와서 커뮤니케이션 연구에 뛰어들었을 때, 수학 박사 학위를 갖고 있었고 비엔나에서 최고인 몇몇 심리학자와 친밀한 관계를 유지했다. 1942년 30세가 되던 해 워싱턴 D.C.로 가서 커뮤니케이션 연구에 뛰어들었을 무렵, 홉랜드는 미국에서 주도적인 젊은 학습 실험 심리학자 중 한 명이었다. 더구나 다른 일도 그랬던 것처럼 요란 떨지 않고 조용히 그 정상에 도달했다. 홉랜드는 (1912년에) 시카고에서 태어났고 노스웨스턴대학교에 진학해 학사와 석사 학위를 마친 후 예일대에서 박사 과정을 거쳤다. 비록 라자스펠드처럼 수학 박사 학위를 받거나 레윈처럼 철학에 깊이 정통하지는 못했지만, 라자스펠드나 레윈처럼 수학, 물리학, 생물학에 강한 배경을 지니고 있었다. 물론 이 책에서 다룬 네 명의 선구자 중에서, 홉랜드는 프로이트의 영향을 그다지 받지 않은 유일한 사람이었다.[110]

오히려 홉랜드는 예일대에서 클라크 헐이 운영하던 엄격한 연구 프로그램에서 주로 학술적 영향을 받았다. 헐은 당시 학습과 동기 분야 미국 학자 프로그램의 학장이었다. 홉랜드는 헐의 연구 조교였고 1936년 박사 학위를 취득하자마자(Hovland, 1936), 인간 학습에 관해 여러 주목할 만한 연구의 공동 연구자가 되었으며, 이 연구들은 이후 《수리적-연역적 역할 학습 이론*Mathematico-Deductive Theory of Role*

110 프로이트의 이론은 예일대 인간관계연구소Institute of Human Relations 소속 여러 동료를 통해 특히 좌절과 공격성 문제에 관해 홉랜드에게 어느 정도 영향을 미쳤다 (Rogers, 1994). — 편집자

Learning》이란 책으로 출판되었다(Hull, Hovland, Hall, Donald, & Fitch, 1940). 홉랜드의 이름은 이 책의 공동 저자 중 첫 번째로 등장하는데, 이름이 알파벳순으로 나열되지 않은 한, 이 순서는 의미심장한 것이다. 어빙 제니스의 말에 따르면, 홉랜드는 레윈이나 헐 자신처럼 종합적인 이론적 통찰을 제안하는 방식이 아니라 다른 경로로 그 작업에 기여했다고 한다. 즉 홉랜드는 "가용한 발견으로 세심하게 작업함으로써 새로운 기능적 관계를 발견하고, 다른 사람이라면 간과하기 쉬울 일관성 결여와 전도됨에 주목하며, 그러고 나서는 새로운 데이터 세트로 일련의 대안적 설명을 정교하게 검증해서 퍼즐을 풀어 나가는 단계로 진입하는" 역할을 맡았다.

이는 홉랜드가 10년 후 인간 커뮤니케이션에 관한 데이터로 작업할 때 하던 부류의 작업과 아주 흡사하게 들린다. 1942년에 홉랜드의 커리어에서 일어난 전환점은 연구를 **수행하던** 방식의 변화라기보다는 연구 **대상으로 삼는 주제**에서 일어난 변화라고 할 수 있었다.

홉랜드가 1930년대에 예일대에서 실험심리학자가 되기 위해 공부하던 시절에는 헐처럼 원로 학자의 전범만 있었던 게 아니라, 같은 시기 뉴 헤이븐 캠퍼스에서 학습 이론에 중요한 기여를 하던 도널드 마퀴스, 케네스 스펜스, 어니스트 힐거드, 존 달러드, 니일 E. 밀러, O. H. 모우러 같은 젊은 학자의 본보기도 있었다. 레너드 두브, 조지 머독, 로버트 시어스, 존 화이팅은 홉랜드가 예일대에 다니던 시절의 다른 동년배였다. 지적 영향의 또 다른 원천은 예일대 인간관계연구소에서 1년이나 그 이상을 보낸 수많은 저명한 방문자였는데, 바로 인간관계 영역 파일*Human Relations Area Files*을 만들어 낸 사람들이다(Ember, 1988; Levinson, 1988). 이 연구소의 목적 중 하나는 학제적 개발을 장려하는 것이었고, 그 때문에 홉랜드는 다음과 같이 다양한 학자의 아이디어에 친숙해질 기회를 얻었다. 여기에는 시카고 출신의 인류학자이자 언어학자인 에드워드 사피어(1장을 보라), 플로리다 영장류 연구에서 (한동안) 떠나 있던 로버트 여크스, 월터 마일스, 프랑스에서 온 뒤세르 드 바렌느 등이 있었다. 인간관계연구소에서 접촉한 인물은 홉랜드에게는 라스웰이나 라자스펠드, 레윈에 비해 미약한 학제적 경험이었을지 모른다. 그렇지만 이 경험은 모든 교육을 미국에서 마친 시카고 소년에게는 상당한 영향을 주었다.

홉랜드가 1942년 예일대를 떠나 전시 커뮤니케이션 연구에 착수했을 때, 주된 학술지 출판물은 커뮤니케이션이나 태도에 관한 것이 아니라 그보다는 조건 반사의 일반화에 관한 여러 논문이었다. 1940년에 학습에 관한 중요한 책에서 수행한 역할 외에도 홉랜드는 존 달러드가 주 저자로 들어가고 1939년 출판된 《좌절과 공격성*Frustration and Aggression*》이란 책에도 공동 저자로 참여했다(Dollard, Miller, Doob, Mowrer, & Sears, 1939).[111] 홉랜드는 예일대에서 여러 젊은 심리학자를 가르쳤고 수많은 실험 연구에 적극적으로 참여했다. 2차 세계 대전으로 중대한 커리어 변화가 일어난 것은 바로 이러한 배경 덕분이다.

111 홉랜드는 이 연구에서 클레런 S. 포드, R. S. 리처드와 함께 공저자로 작업했다.

전시 연구

홉랜드가 1942년 워싱턴 D.C.에 갔을 때에는 나이가 30세에 불과했다. 라자스펠드는 히틀러로부터 도피해 미국에 건너왔을 때 33세였고 록펠러재단이 후원하는 라디오연구소의 소장이 되었다. 뉴욕의 미디어 한복판에서 새로운 연구소의 장으로 있으면서, 라자스펠드는 똑같이 경이로운 연구 여건하에서 커뮤니케이션과 태도 변화라는 새로운 분야의 체계화에 착수할 기회를 발견했다.

서른 살짜리 실험심리학자에게 육군에서 설득 커뮤니케이션의 효과를 연구하는 직책을 제안했다는 사실은 홉랜드의 명성에 관해 시사할 뿐 아니라, 하버드 사회학자인 새무얼 스토우퍼가 단순히 실험실 쥐의 학습 수준을 넘어서 대규모 인간 태도 연구에 필수적인 자질을 간파하는 능력을 갖추었음을 시사하기도 한다. 어쨌든 조국이 필요로 한다는데 전시에 그러한 초빙을 거절할 학자가 있겠는가? 그래서 홉랜드는 예일대를 휴직하고 워싱턴으로 이주하여, 대다수가 꿈에서나 그려볼 만한 좋은 연구 환경에서 일하게 되었다.

칼 홉랜드는 이전에 체계적으로 검토된 적이 없는 분야의 연구에 배당되었다. 물론 미 육군이 체계적인 인간 커뮤니케이션 이론을 구축하고 싶어 했다는 뜻이 아니라 설득적인 교육 메시지에 관해 실용적인 지침이 필요했기 때문이었다. 하지만 홉랜드 같은 연구자라면 이론적 함의를 간파할 수 있었다. 미 국방성 정보교육국Information and Education Division 연구 분과의 실험연구소 소장이자 수석 심리학자로서(다행히 이 직함을 그다지 자주 이용할 필요는 없었다), 홉랜드는 (합리적인 범위 안에서는) 필요한 만큼 마음껏 연구비를 지원받을 수 있는 연구 프로그램을 책임지고 있었다. 더구나 필요하다면 실험실에서 벗어나 현장에 나가 있으면서도 여전히 실험 조건에 대해 높은 정도의 통제를 유지할 수도 있었다. 다량의 데이터가 이미 준비된 대규모 인간 피실험자 표본을 활용하면서도 참여시키는 데 비용을 지불하거나 설득할 필요조차 없었다. 명령을 내리기만 하면 이들은 그렇게 하도록 준비되어 있었다.

홉랜드는 유능한 젊은 학자를 선발해 군사 실험실에서 일하도록 했다. 어빙 제니스, 아서 럼스데인, 네이선 매코비, 프레드 D. 셰필드, M. 브류스터 스미스 등이 이들이다. 이는 대단한 집단이었다. 제니스는 이후에 예일대에서 연구 프로그램의 장을 맡았고, 셰필드는 그와 함께 했다. 럼스데인은 워싱턴 D.C.의 심리학 책임자로 근무했다. 매코비는 스탠포드에서 한동안 내 후임으로 근무했다. 스미스는 캘리포니아대학교 산타크루즈 캠퍼스에 재직하고 있으며 미국심리학회 회장으로 봉사했다.[112] 이 학자 중 대다수는 예일대 출신이었다. 매코비는 징집되어 작대기 세 개짜리 계급장을 달았고 요청에 따라 홉랜드 휘하의 육군 연구 분과에 배속되었다. 매코비는 자신을 "미 육군에서 가장 운이 좋은 병장"으로 여겼다고 말했다.

연구 지부의 기본적인 임무는 군 사기의 속성을 연구하는 일이었다. 그러므로 홉랜드는 새무얼 스토우퍼와 레너드 코트렐을 도와 수많은 대규모 연구 계획을 세웠는데, 이 연구는 전후에 책으로 출간된 《미국 병사*The American Soldier*》뿐 아니라 이 연구 자료의 논의를 위한 데이터도 제공했다(Hovland, Lumsdaine, & Sheffield, 1949; Merton &

112 1994년 이 책을 집필하던 무렵에 제니스, 럼스데인, 매코비는 사망했고, 셰필드와 스미스는 은퇴했다. — 편집자

Lazarsfeld, 1950; Stouffer et al., 1950; Stouffer, Lumsdaine, DeVinney, Star, & Williams, 1949). 홉랜드의 구체적인 임무는 "우리는 왜 싸우는가*Why We Fight*" 하는 제목으로 된 여러 군 훈련 영화의 효과 여부를 연구하는 일이었다. 홉랜드는 예일대 심리학 실험실에서와 똑같은 엄밀성과 꼼꼼함으로 임무를 열심히 수행했다. 전쟁 시기는 이론적 결과를 출판할 시점은 아니었지만, 군사용 연구는 — 다시 분석하고 재해석하고 보충해서 — 1949년 출판된 저명한 저서 《매스 커뮤니케이션에 관한 실험*Experiments on Mass Communication*》의 원자료가 되었다. 실로 이는 예일대의 커뮤니케이션과 태도 변화 프로그램의 출발점이 되었다.

홉랜드는 어떻게 연구를 했나

커뮤니케이션 연구자로서 홉랜드는 어떻게 작업했는가? 홉랜드는 배우는 연구자였을 때와 거의 똑같이 일했다. 가령, '수면자 효과*sleeper effect*'의 예를 들어 보자(Hovland, et al., p.61 & chap.7). 군 훈련 영화 연구 초기에 홉랜드와 동료들은 영화가 효과를 발휘하며, 수용자는 영화에서 태도와 신념을 학습한다는 점을 보여 주었다.[113] 커뮤니케이터가 믿을 만하고 신뢰성이 높다고 수용자가 인식했을 때 학습은 더 잘 이루어졌다.

이 효과는 얼마나 오랫동안 지속했나? 장기적이었는가 단기적이었

113 그 기술적 분석의 요약은 Hovland et al.(1949)의 1장과 2장에 나와 있다.

나? 신뢰성이 있는 커뮤니케이터의 효과는 신뢰성이 낮은 출처보다 오래 지속할 것인가? 커뮤니케이터에 대한 신뢰는 초기 학습뿐 아니라 학습된 태도의 지속성에도 기여할 것이라고 생각할 만한 이유가 어느 정도 있었다. 신뢰성이 높다고 추정되는 커뮤니케이터와 낮은 사람으로 실험을 실시했다(물론 실험에서 오래되고 명예로운 전통에 따라, 모든 커뮤니케이터는 똑같은 메시지를 제시했다). 실험 직전과 직후에, 그리고 메시지에 노출된 후 몇 주 후에 수용자의 학습 정도를 측정했다.

그 결과는 예상과 달랐다. 신뢰성이 높다고 추정되는 커뮤니케이터에게서 학습한 사람은 다른 응답자보다 실로 현저하게 학습 효과가 높았다. 이는 훈련 영화를 관람한 직후였다. 우리에게 친숙한 '망각의 곡선*curve of forgetting*'에서 기대할 수 있듯이, 응답자에게 미친 효과는 다음 몇 주가 지나는 동안 감소했다. 하지만 '신뢰성이 낮은' 것으로 제시된 커뮤니케이터에게 노출된 개인은 시간 경과와 더불어 그러한 효과 감소를 보여 주지 않았다. 사실, 노출 후 몇 주 후에는 이 개인의 학습 효과가 오히려 더 늘어난 것으로 보였다.

충분히 상상할 수 있듯이, 이 결과는 홉랜드의 실험실에 지적인 폭탄을 터뜨렸다. 이 현상을 설명해 주는 좋은 이론은 없었다. 몇몇 관찰자는 데이터를 의심했다. 장기적 커뮤니케이션 효과에서 나타난 불일치를 설명하기 위해 모든 사람이 새로운 이론을 탐색했다. 더 나은 용어가 없어서 연구 결과는 **수면자 효과**로 불렸고 전후 예일대 실험실에서 간행된 첫 번째 책에 실렸다(Hovland, Janis, & Kelley, 1953; Weiss, 1951).

이전에 예일대 학습 실험실에서 사용되던 전술이자 제니스가 묘사한 방식 정확히 그대로 홉랜드는 이 문제와 씨름했다. 즉 홉랜드는 가용한 발견으로 세심하게 작업하고, 다른 사람이 간과하기 쉬울 만한 게 있는지 검토하며, 새로운 데이터 세트로 교묘하게 대안적 가설을 검증하는 방식으로 퍼즐을 푸는 단계로 나아갔다. 홉랜드는 실험에서 피험자가 메시지뿐 아니라 커뮤니케이터까지도 잊어버린 것은 아닌지 의문을 갖기 시작했다. 그러한 망각은 의도된 태도의 파지*retention*에 어떤 효과를 미칠 것인가? 그래서 대규모 표본과 엄격한 통제를 확보하고, 절차에서 한 가지 중요한 사항을 바꾼 상태에서 실험을 새로 설계했다. 나중에 측정 시 '신뢰성이 낮은' 커뮤니케이터를 다시 도입한 것이다. 즉 피험자에게 이들이 들은 내용을 누가 이야기해 주었는지를 그 시점에 환기해 주었다. 이 조치를 시행하자 결과는 뚜렷해졌다. '신뢰성 있는' 커뮤니케이터와 '신뢰성이 없는' 사람의 효과 사이에 이전의 차이가 다시 확인되었다. 이제 '수면자 효과'는 단순하게 설명할 수 있게 되었다. 수용자는 메시지뿐 아니라 누구에게서 그 메시지를 들었는지도 망각하는 경향이 있었다. 신뢰성이 낮은 커뮤니케이터를 잊어버림에 따라, 이들이 태도 변화를 거부할 가능성이 낮아진 셈이다(Kelman & Hovland, 1953; 또한 Hovland et al., 1953, pp.256~259를 보라).

이론을 간과하지 않으면서도, 홉랜드는 훈련 영화가 효과적인지, 영화를 효과적으로 만드는 요인은 무엇인지, 어떤 종류의 군인에게 어떤 상황에서 영화가 가장 효과적이었는지에 관해 신뢰할 만하고 자세한 증거를 군에 제공했다. 예를 들면, 미 국방성에 전달한 영향력 있는 발견 중 하나는 일방적 대 쌍방적 제시의 효과에 관한 것이었다(Hovland et al., 1949, chap.8). 지금까지 나치 선전의 기본 원칙은, 가장 큰 성공을 거두기 위해서는, 설득적 커뮤니케이션은 어떤 반대 주장도 언급하지 않고 단지 자신의 주장을 계속 반복해서 말해야 하며, 이 주장을 정서적 소구로 뒷받침해야 한다는 것이었다. 그러나 이 결론은 나치의 이 원칙과 정확히 상반된 내용이었다. 어떤 사람, 가령 처음에는 의도된 관점에 적대적이고, 따라서 자신이 학습한 주장이 무시될 경우 커뮤니케이션 메시지를 의심하게 될 사람에게는 쌍방적 제시가 더 설득력이 있음을 홉랜드는 보여 주었다. 또한 주장의 다른 측면에 노출될 가능성이 있는 사람, 양측을 미리 접해 반대 주장에 어느 정도 면역이 되어 있을 사람, 평균보다 교육 수준이 높고 따라서 주장의 한 측면만 제시하는 설득은 모두 의심하는 경향이 있는 사람도 있는데, 이 경우에도 "판매"하고 싶은 설득적 주장과 함께 반대 주장도 소개하는 방식이 합리적이다(Hovland et al., 1949, pp.212~225). 이러한 발견은 이론적으로도 흥미롭지만, 2차 세계 대전 동안에는 실질적 유용성도 엄청나게 갖고 있었다.

1945년에 전쟁이 끝나자, 스토우퍼와 홉랜드는 하버드대와 예일대로 돌아갔다. 스토우퍼는 하버드대의 사회관계실험실Laboratory for Social Relations 소장이 되었고, 홉랜드는 예일대에서 심리학과 학과장을 맡았다. 몇 년 후 홉랜드는 권위 있는 스털링 석좌 교수직을 받고 예일대 커뮤니케이션·태도 변화 연구 프로그램을 설립했다. 스토우퍼는 삶이 몇 주 남지 않은 시점에 뉴욕에서 나와 긴 점심을 하는 동안 껄껄 웃으면서 이런 이야기를 들려주었다. 스토우퍼와 칼은 군 경력 마지막 날 모든 연구 데이터를 대형 트럭에 싣고 케임브리지와 뉴 헤이븐으로 실어 날랐는데, (데이터가 담긴) IBM 펀치 카드가 모두 정부 창고에 들어가 버리지 않도록 하기 위해서였다고 했다. "보기엔 멋대가리 없는 카드였지만, 아름다운 연구서가 거기서 불사조처럼 탄생했지" 하고 스토우퍼는 말했다.

예일 프로그램 설립

홉랜드는 제니스, 럼스데인, 셰필드 등을 포함해 군 연구 조교 몇 명을 예일대로 데리고 갔다. 레윈과 라자스펠드가 그랬듯이, 이 사람들을 중심으로 주위에 총명한 박사 과정 학생과 젊은 직원을 끌어들여 주목할 만한 집단을 형성했는데, 이 집단 구성원의 이름은 나중에 중요한 커뮤니케이션 연구에서도 등장한다. 이 중에는 허버트 켈먼, 해럴드 M. 켈리, 윌리엄 맥과이어, 모리스 로젠버그, 로버트 에이벨슨, 월러스 만델, 브루스터 스미스, 월터 와이스, 아서 R. 코엔, 제럴드 레서,[114] 로이드 모리셋[115] 등이 있었다. 이 젊은 학자들은 거의 예외 없이 저명한 대학 심리학과에서 교수가 되었고 이들의 논문과 책은 인간 커뮤니케이션을 공부하는 강의에서 읽히고 있다.

홉랜드 같은 연구자는 연구 설계를 서로 관련된 여러 변인의 다차원적 매트릭스로 생각한다. 이 변인들은 다양한 방식으로 조합되어 서로 검증될 수 있으며, 이론적으로는 전체 매트릭스를 이해하려면 그렇게 검증해야만 한다. 그러나 그러한 작업을 할 시간과 인력, 재원을 갖춘 사람은 아무도 없다. 어쨌든 개념적 변인 간의 어떤 조합은 다른 것보다 훨씬 더 전망이 밝기 때문에 그리하는 것은 오히려 낭비일 수도 있다. 더구나 한 가지 세트의 상호작용을 선택하면 그다음엔 다른 조

114 제럴드 레서는 어린이 텔레비전 시리즈물인 〈세서미 스트리트*Sesame Street*〉의 수석 연구 자문가가 되었다.

115 로이드 모리셋은 매스 커뮤니케이션 연구의 주된 자금 지원 기관인 존 앤드 메리 R. 마클재단John and Mary R. Markle Foundation의 이사장이 되었다.

합도 검증하고 다른 변인도 추가해야 하기 때문에, '모든 것을 검증'하는 일은 결국 거의 규모가 무한한 과제가 되어버린다. 여기서 실험 연구가 서베이 연구와 본질적으로 다른 점 하나를 발견하게 된다. 실험을 하려면 감당할 만한 규모의 가능한 매트릭스 내에서 일정한 관계에 관한 이론화가 필수적이다. 한번은 저명한 사회학자가 표본 서베이 연구 조교에게 "모든 변인을 서로 돌려봐" 하고 지시하는 것을 보았는데, 실험 연구에만 익숙해져 있던 나는 그 첫 경험에서 느낀 충격을 잊지 못할 것 같다.

칼이 군의 커뮤니케이션 연구 프로그램(이는 나중에 예일대 커뮤니케이션 연구 프로그램으로 통합되었다)을 설계하기 시작했을 때에는, 의심의 여지없이 이런 아주 구체적인 질문을 받았을 것이다. 군의 오리엔테이션 영화는 조금이라도 효과가 있는가? 어떤 영화가 다른 영화보다 효과가 더 큰가? 어떻게 그런 효과를 극대화할 수 있는가? 그러한 질문에 대한 해답을 열심히 찾는 방법 한 가지는 태도 변화와 같은 독립 변인을 놓고 영화끼리 서로 비교해 검증하는 방안일 테지만, 그래 봐야 아마 똑같은 끈에다 매듭만 추가하는 꼴이 될 것이다. 이 방식은 다음과 같이 국방성이 진짜 파악하려는 질문을 이해하는 토대를 제공하는 데 한계가 있을 것이다. 정말 훈련 영화에서 어떤 질적 요소가 효과를 낳는가? 그래서 영화가 태도에 미치는 효과를 이해하려면 이론적 틀을 기반으로 설계를 결정할 필요가 있었다. 어떤 변인이 가장 검증할 가치가 있으며, 어떤 순서와 조합으로 해야 하는가?

군 훈련 영화 연구는 군에게 일차적 관심사인 질문을 검토하는 데에서 시작했다. 영화는 조금이라도 효과를 미쳤는가? 그랬다. 군인들은 거기서 의도된 태도를 학습하고 있었다. 더구나 내용을 분석해 학습과 대조해 보면 가장 큰 변화는 직접적이고 구체적으로 다루어진 주제에서 발생했다는 점을 쉽게 파악할 수 있었다. 시청자들은 암시에서 도출할 수 있는 내용이 아니라 듣고 본 데에서 더 많이 학습할 가능성이 컸다. 따라서 군은 몇 가지 실용적인 지침을 얻었다. 즉 만일 영화 제작자가 태도 변화를 원한다면, 간접적 우회나 암시에 의존하지 말고 학습되기 원하는 내용을 직접 또 구체적으로 다루는 게 낫다는 것이다(Hovland et al., 1949, pp.20 & 114~117).

홉랜드가 이 직접적 제시 대 간접적 제시의 효과에 관한 결과를 보았을 때, 아마 다음과 같은 사항에 관해 머릿속에 기록해 두었을 것이라는 확신이 든다. 이 관계가 모든 종류의 수용자, 특히 교육 수준이 높은 병사 대 낮은 병사 간에도 성립하는지, 모든 종류의 주제에 대해서도 작동하는지가 대표적인 예다. 그러나 홉랜드는 이러한 질문을 당분간 유보했다. 홉랜드에게 가장 유망한 독립 변인은 커뮤니케이터였다. 대다수의 영화는 내레이터를 이용했으며, 몇몇 영화는 논평자를 여러 명 썼다. 이 커뮤니케이터의 자질이 차이를 유발했음에 틀림없는데, 특히 수용자가 커뮤니케이터를 신뢰하고 존경하는 정도가 그랬을 것이다. 그러므로 한 영화를 몇 가지 실험적 버전으로 제작하여 똑같은 내레이터가 같은 내용을 말하지만, 한 버전에서는 내레이터를 "신뢰할 만하다"고 하고 다른 버전에서는 "신뢰할 만하지 않다"고 묘사해 실험을 해보면 유망한 결과가 나올 것이라 보았다. 예측한 대로 수용자가 커뮤니케이터를 신뢰하지 않았을 때보다는 신뢰했을 때 태도 변화가 더 많이 발생했다. 더구나 '신뢰성'의 정의를 풍부하게 만들기 위해, 분석에서 어떤 다른 요소까지도 뽑아낼 수도 있었다. 군인들은 경험이 있는, 즉 '현장에 가본' 내레이터를 선호했다. 더 중요한 발견도 있는데, 액션 배후의 주제에 관해 단순히 이야기만 하는 내레이터의 사진("토킹 헤드")보다는 리얼한 액션 장면에서 태도가 영향을 받을 가능성이 더 큰 것으로 나타났다. 화자 자신이 특히 권위가 있거나 흥미롭지 않은 한, 내레이터가 설명하거나 설득하는 모습을 클로즈업하는 것은 실제로 효과가 거의 없었다. 시청자는 대체로 이렇게 말하는 듯했다. "이야기하지 말고 보여 다오"(Hovland et al., 1949, chap. 5).

이렇게 해서 미 육군은 실용적 지침을 도출할 만한 출발점을 풍부하게 얻었고, 연구자는 앞으로 다듬어야 할 질문을 풍부하게 확보했다. 시청자가 과연 특정한 커뮤니케이터를 신뢰할 만하다고 간주하는지는 판단하기 쉬웠다. 하지만 "신뢰할 만하다"가 정확히 무슨 뜻인가? 전문성인가, 경험인가, 사람이 좋다는 뜻인가, 아니면 저명성인가? 홉랜드는 행동의 효과성 대 암시의 비효과성에 관한 발견을 더 명쾌하게 밝혀야겠다는 다짐을 머릿속에 했음에 틀림없다. 즉 행동의 그림과 의견 변화 사이에는 상당한 양의 암시가 개입해야 하는 거 아닌가?(Hovland et al., 1953, chap. 1 & 8을 보라).

그다음에는 파지 문제가 있었다. 군 영화에서 배웠다고 해서 반드시 영구적인 학습이 이루어지지는 않았다. 커뮤니케이터의 신뢰성 실험에 파지가 추가될 때에만 당혹스런 '수면자 효과'가 나타났다. 신뢰하는 커뮤니케이터의 말을 들은 사람에게 미치는 장기적 효과는 신뢰하지 않는 커뮤니케이터의 말을 들은 사람에 미치는 효과와 외관상 달랐다. 이 결과는 보류하고 나중에 기회가 생길 때 정리해야 했다(Hovalnd et al., 1949, chap. 7).

앞에서 이미 일방적 대 쌍방적 주장의 설득 효과에 관한 초기 연구를 소개했다. 예컨대 쟁점이 되는 질문에서 수용자의 원래 입장, 교육 수준, 반대 주장에 노출될 가능성 등 수용자의 몇 가지 특성은 개입 변인으로 도입되었다. 일방적 혹은 쌍방적 주장에서 어느 쪽이 더 효과적인가 하는 질문에서 이 변인에 따라 차이가 나타났다(Hovland et al., 1949, chap. 8).

또 다른 수용자 변인인 지능은 설득 메시지의 타당한 해석 능력에 비추어 검증했다. 영화에서 학습한 양은 개인의 지적 능력과 무관하게 예상보다 적었다. 하지만 지능이 더 높은 시청자는 타당하지 않은 해석에 비해 **타당한** 해석을 보고 학습할 가능성이 더 컸다. 지능이 낮은 시청자는 아마 설득적 주장을 완전히 이해하지 못하기 때문인지 **타당하지 못한** 해석을 더 수용할 가능성이 있었다(Hovalnd et al., 1949, chap. 6).

한 가지 다른 수용자 변인, 즉 수용자 참여도 홉랜드의 첫 번째 군 실험에서 검증되었다(Hovalnd et al., 1949, chap. 9). 물론 집단 헌신, 그리고 집단 내에서 개인이 공개적으로 한 약속은 집단 토론보다도 커뮤니케이션 효과에서 더 많은 차이를 유도했음을 레윈은 발견했다. 이 모든 집단 변인은 메시지의 개인적 해독이나 시청보다 더 효과적이었다. 홉랜드는 집단 참여를 학습 현상으로 접근했다. 한 아이디어의 실제적 실천은 어느 정도 차이를 만들어 내는가? 영화 상영 중 수용자가 반응을 적극적으로 실천할 때 학습 효과가 더 높다는 점이 군 실험에서 밝혀졌다. 만일 상영 중 반응을 실제로 실천할 수 없다면(가령, 영화가 상영되는 동안 강의실에서 자동차 운전이나 서핑을 실천하기는 어려울 것이다), 상징적 반응을 정신적으로 연습하면 도움이 된다. 영화를 전문 가이드로 삼아 개인의 상상 속에서 그 과정을 연습해 보면 운전이나 비행기 조종, 농구 슈팅 법에 관해 적어도 어느 정도는 배울 수 있다.[116] 그러고 나면 그 개인이 새로 학습한 기술을 실제로 시도할 때, 훨씬 수월해질 것이다.

이 연구들은 《매스 커뮤니케이션에 관한 실험》에 실렸다. 이 책이 출판될 무렵 홉랜드의 연구 프로그램은 어느 정도 진척을 보였을까? 홉랜드는 네 가지 독립 변인의 변형을 갖고 작업했다. 일방적 대 쌍방적 메시지, 커뮤니케이터의 신뢰성, 구체적 대 비구체적 표현, 그리고 "보여 주기 대 말하기" 제시법 등이 그것이다. 태도 학습, 파지, 해석의 타당성 등 세 가지 독립 변인도 검토했다. 홉랜드의 군 연구 집단은 매개변인(다섯 가지 수용자 특성)의 탐구를 시작했는데, 지능, 학력 수준, 원래 태도, 반대 주장을 들을 가능성, 참여가 이러한 변인이다.

이 변인이 모든 가능한 조합으로 검증된 것도 아니고, 심지어 특히 유의미해 보이는 조합조차도 모두 검증 작업을 거치지는 못했다. 사실, 수많은 추가 실험에 대한 요청이 이미 있었고 일부는 설계 단계에 있었다. 이러한 상황은 서베이 작업과 실험 작업 사이의 차이점 중 하나를 다시 예시해 준다. 서베이는 대규모이고 비용이 많이 들며 시간이 많이 걸린다. 로퍼나 갤럽, 아니면 미시건 연구센터 정도가 아니라면, 연구자는 소수의 서베이만 계획하며 각 조사에서 가능하면 많은 질문에 대한 해답을 구하려 애쓴다. 실험은 한번에 소수의 질문을 다루며, 다른 실험과 잘 맞물려 그림의 초점이 더 완전히 잡히도록 프로그램을 짤 수 있을 뿐이다. 물론 서베이와 실험은 각자 특별한 이점이 있지만, 이 문제에 관해서는 나중에 더 다룰 것이다.

홉랜드와 동료들은 처음 시행한 여러 실험에 의해 제안된 방향을 따라 움직이며 점차 새로운 질문과 변형을 추가해 나갔다. 예일 집단이

116 이 정신적 연습은 보통 "시각화*visualization*"라고 불린다. — 편집자

그다음 수행했고 그 결과가 《커뮤니케이션과 설득*Communication and Persuasion*》에 실린 일련의 실험은 예컨대 '수면자 효과'를 더 명쾌하게 다듬는 장을 포함하고 있었다. 즉 "신뢰할 수 없는" 커뮤니케이터에게서 들은 사람은 커뮤니케이터를 잊어버리고 이 때문에 메시지를 우호적으로 기억하는 경향이 있었다(Hovland et al., 1953). 이와 관련된 한 가지 발견은 사람들은 처음에는 커뮤니케이터를 신뢰할 수 없다고 인식해 어떤 주장을 거부하더라도 그 주장을 늘 어느 정도는 학습하게 된다는 것이다. 어떤 주장이 수용자에게 도달하고 나면, 그 흔적이 남아 미래에는 태도 변화가 가능해지는 토대가 된다는 뜻이다.

예일대 연구자들은 자신들의 연구에서 나온 두 번째 책에서, 신뢰성의 효과를 이해하는 데에도 기여했다(Hovland, 1957). 커뮤니케이터에게서 지각된 어떤 자질이 출처의 신뢰도를 높이거나 낮추는가? 상대적으로 신뢰할 수 없다고 간주되거나 이야기하는 주제에서 전문가가 아니라는 믿음을 주게 되는 출처는 어떤 것인가? 여기서 홉랜드와 그의 집단은 완전한 해답을 얻지 못했다. 그래서 이들은 차후 연구에서 변인을 추가해 연구하기 위해 그 문제를 미루어 두었다(Hovland et al., 1953, chap. 2).

예일대 학자들은 설득적 메시지에서 구체적인 결론 도출 방법에 따른 효과성 문제로 돌아갔다. 이들은 몇 가지 수용자 특성을 놓고 구체적 대 비구체적인 결론에 따른 차이를 검증했다. 지능이 더 낮고 경계심이 더 약한 수용자에게는 메시지 제시에서 구체적인 결론을 도출하는 것이 가장 큰 차이를 유도했다. 지능이 더 높은 시청자나 청취자는 의도된 결론을 스스로 도출할 것으로 기대할 수 있다(Hovland et al., 1953, chap. 4).

예일대 연구자들은 또한 일방적 대 쌍방적 연구로 되돌아가서 광범위한 변인군을 놓고 이 표현 방식의 차이를 검증했다. 연구자들은 자신들이 연구한 것이 일반적 효과로 나타나고 있지 않음을 발견했다. 어떤 수용자에게는 사례의 한 측면만 제시하는 게 더 낫다는 사실을 발견했다. 다른 수용자에게는 아마 미래에 접하게 될 반대 주장에 대한 "예방 접종"만을 위해서라도 화자가 사안의 양측을 고려하고 있다는 점을 알려 주는 게 더 낫다(Hovland et al., 1953, chap. 4).

홉랜드와 예일대 연구자들은 새로운 문제에도 주의를 돌렸다. 그중 하나는 선전가가 가장 좋아하는 도구인데, 바로 공포 소구*fear appeals*였다(Hovland et al., 1953, chap. 3). 하지만 홉랜드가 내놓은 결과는 정확히 대다수의 선전가가 예측했을 내용은 아니었다. 즉 대체로 공포 소구는 수용자의 흥미를 잃게 할 가능성이 있다(Janis & Feshbach, 1953). 치약 광고는 한때 잇몸 질환과 구취의 흉측한 결과를 생생하게 보여 주고 묘사하는 방식에 의존했는데, 여기에 이 원칙이 적용되었다. 하지만 번쩍이는 하얀 치아와 사랑스런 모델의 얼굴로 치약을 광고하는 게 더 낫다고 판매업자는 판단했다. 만일 어떤 설득 메시지가 공포를 유발한다면, 수용자에게 그다음 해야 할 일을 제안해 공포를 누그러뜨리는 게 중요하다고 예일 연구자들은 결론지었다. 그렇지 않으면 수용자는 위협을 무시하고 아무것도 하지 않을 가능성이 있다. 더구나 어떤 강력한 정서적 소구는 지속적인 태도 변화 행태보다는 어떤 구체적인 단일 반응을 유발하는 데 더 유용하다. 그러므로 공포 소구는 일반적 수준 보다는 구체적인 사례에 이용하는 게 더 낫다.

홉랜드 집단은 그다음에는 이전에 수용자 특성에 관해 배운 것을 추가적으로 약간 변형시켰다(Hovland et al., 1953, chap.6). 이 연구들은 전시 음식 습관에 관한 레윈의 연구와 관련성이 있는데, 홉랜드와 레윈의 연구 수행 방식의 차이를 예시해 준다. 홉랜드는 늘 학습 이론가처럼 연구 문제를 생각했다. 레윈은 어떤 상황을 발견하면 총체적으로 이해하려 했다. 홉랜드는 그 상황을 변인의 관점에서 생각하려 노력했고, 한 실험 디자인에서 효율적으로 다룰 수 있는 한 최대한 많은 변인을 검토했다. 이 둘은 같은 변인을 선택할지도 모른다. 레윈은 집단 내에서 공적 약속의 행동 효과에 깊이 관심을 기울였고, 홉랜드는 실천의 효과에 관해 생각하고 있었다. 만일 개별 수용자 구성원이 그럴듯한 주장을 언어로 표현했다면, 그 사람은 태도를 그 방향으로 바꿀 가능성이 높다는 가설을 세웠다. 이와 비슷하게 보이 스카우트를 대상으로 한 해럴드 켈리의 실험은 집단 소속의 효과, 집단 충성도의 효과를 다루었다(Kelley, 1952; Kelley & Volkart, 1952). 한 개인이 집단 소속을 더 중시할수록, 집단의 합의된 입장을 따르고 집단의 신념에 상반되는 주장을 거부하기 위해 의견과 행동을 바꿀 가능성이 더 높다고 켈리는 결론지었는데, 레윈의 발견은 켈리의 결과와 잘 부합한다. 그러므로 만일 커뮤니케이터가 집단의 합의된 의견과 상반되는 주장을 전개하려면 다른 충성도와 관심사도 있다는 점을 제시하고 집단 소속에 대해서는 오히려 침묵하는 게 좋다. 이 문제에 관해 레윈과 홉랜드의 연구는 서로 본질적으로 모순되지는 않지만, 두 사람이 똑같은 결론에 도달하기 위해 거친 경로의 차이를 살펴보면 도움이 될 것이다.

이 실험들은 다른 여러 설득 실험과 함께 예일대의 두 번째 책인 《커뮤니케이션과 설득》(1953)에 실렸다. 칼은 이 1953년판 책을 한 부 증정하면서 "이 책을 우리의 대표작으로 삼게 되어 기분이 좋다"고 말했다. 아마 홉랜드라면 당연히 그렇게 느낄 것 같다. 첫 번째 책에서 허술했던 많은 부분을 선택해 두 번째 책에서는 탄탄하게 보완했기 때문이다. 홉랜드는 자신의 매트릭스에서 더 많은 칸을 채웠으며, 중요한 새 변인도 몇 가지 더 추가했다.

종속 변인으로서의 태도

논리적으로 잘 조직되고 지능적으로 서로 잘 맞물려 있는 홉랜드의 연구 프로그램 같은 곳을 보면 배후 인물에 대해 경탄하지 않을 수가 없다. 하지만 왜 홉랜드는 태도와 의견을 종속 변인으로 연구하는 데 만족했는가 하는 의문이 든다. 홉랜드는 기본적으로 인간 행동에 관심을 두었다. 그런데 왜 가시적 행동을 종속 변인으로 고집하지 않았는가? 홉랜드가 가끔씩 한 말에 몇 가지 힌트가 나와 있다. 의견 변화는 실험실에서 더 쉽고 정교하게 측정할 수 있고, 더 자신 있게 이론이나 실천과 연계할 수 있었다. 이 문제에 관해 추정컨대 홉랜드의 가장 잘 알려진 언급은 실험과 서베이를 비교한 논문에 나와 있다(Hovland, 1959). (라자스펠드가 수행한 것 같은) 서베이 연구는 전형적으로 아주 소수의 사람만이 매스 미디어 커뮤니케이션에 영향을 받는다는 인상을 1950년대에 주었다. 반면에 의견 변화에 관한 실험 연구는, 심지어 설득 메시지에 단 한 번 노출되더라도 수용자의 3분의 1이나 절반이 상당한 영향을 받는다는 점을 보여 주었다. 이처럼 언뜻 모순되어 보이는 이 차이는 흔히 간과되는 수많은 요인에 의해 설명할 수 있다고 홉랜드는 말했다. 실험실의 실험은 포착된 수용자를 대상으로 하고, 표현된 메시지에서 요원하거나 친숙하지 않은 이슈를 활용하며, 검증할 일차적 변인 외에는 다른 영향을 배제하거나 통제한다. 반면에 현장 서베이에서는 가용한 메시지 중에서 수용자가 메시지를 스스로 선택하고, 적어도 몇몇 메시지에서는 자아 관여도가 매우 높게 되어 있다. 현장의 수용자는 수많은 상반되거나 갈등하는 영향력과 억압에 노출된다. 앨버트 밴두라는 실험실에서 텔레비전 폭력의 충격적인 효과를 발견할 수 있었지만(Bandura, 1977), 미국 공중위생국장Surgeon General의 연구가 사회에서 그 현상을 발견하는 데 어려움을 겪었던 것(National Institute of Mental Health, 1972)은 바로 이 때문이다.[117] 홉랜드의 결론은 레윈이 가장 좋아한 다음 질문을 우리에게 환기해 준다. "우리가 뭐 잊어 먹은 거 없나?" 이 두 연구 접근 방식은 함께 이 분야를 관할하는 데 활용할 필요가 있으며, 그리 되면 "양자의 장점을 결합해, 상관관계적인 과정 연구가 제공하는 개념적 넓이, 그리고 엄밀하지만 더 제한된 실험 방법론을 함께 갖춘 커뮤니케이션의 사회심리학을 발전시킬 수 있을 것이다" (p.17).

이전 동료 중 한 사람의 말에서 인용한 대로, 홉랜드는 "세상에서 가장 비권위주의적인 지도자"였다. 홉랜드는 학생과 젊은 동료에게 스스로 가장 흥미로워하는 학술적 질문을 연구하라고 격려했고, 이론적 의미와 엄밀성을 고집했으며, 설계와 디자인에 몸소 넘치는 통찰력으로 기여를 했다. 이 접근 방식의 결과로 두 번째 책을 낸 후에 예일대

117 서베이 증거를 검토한 후, 위원회는 "텔레비전 폭력 노출과 공격적 행태나 성향 사이에는 미약한 관계가 있다. …… [그러나] 공격성이 폭력 시청을 유도한다"는 반대 가설을 지지하는 증거는 없었다고 결론지었다. 그러나 아직 확인되지 않은 "제3의 조건이나 일련의 조건"에 의해 이 관계를 설명할 개연성도 있을지도 모른다고 위원회는 제안했다 (NIMH, 1972, pp.8~9).

설득 연구 집단은 처음 두 권처럼 일반적인 책을 출판하기보다는 몇몇 구성원이 특히 흥미를 느낀 영역을 채워 넣기 시작했다. 수많은 구성원은 학습과 의견 변화에 미치는 효과 측면에서 처음*primacy*과 최근*recency*의 관계를 밝히는 데 관심을 갖게 되었다. 1950년 이전에 수행된 실험은 비록 통제가 잘 유지되지 않았고 대부분 통계적 유의미성을 검증하지 않은 상태이긴 하지만, 대부분 '처음' 쪽에 유리한 결과를 내놓았다. 첫 번째 단어에 들어가는 게 낫다는 것이다. 이후의 연구는 다른 쪽을 지지하는 것처럼 보였다. 예일대 심리학자들은 (《설득에서 제시의 순서*The Order of Presentation in Persuasion*》; Hovland, 1957에 나와 있듯이) 설득에서는 처음과 최근에 관해 일반화 가능한 법칙을 발견하지 못했다고 판단했다. 때로는 한 전략이 더 잘 통하고, 때로는 다른 쪽이 그렇다. 한 커뮤니케이터가 모순된 정보를 제시할 때에는 처음 제시된 항목이 수용자의 학습을 지배하는 경향이 있다. 이와 비슷하게 권위 있는 커뮤니케이터가 찬반 주장을 모두 제시할 때에는, 처음 제시된 항목이 효과를 발휘할 확률이 더 크다. 수용자가 받아들이기 어려운 주장이 처음 제시될 때보다는 수용하기 쉬운 주장이 처음 제시될 경우 의견 변화가 더 잘 일어난다. 집단 환경도 '처음'의 역할에 상당한 효과를 미치는 경향이 있다. 예컨대, 만일 집단의 한 구성원이 주장의 한쪽 측면만 들은 후 자신의 입장을 공개적으로 표현한다면, 나중에 나온 다른 쪽 주장의 효과는 줄어든다. 만일 어떤 발표가 수용자의 욕구를 먼저 자극하고 그다음 이를 충족시킬 방안을 보여 주면, 이 전략은 제안을 먼저하고 그다음에 욕구를 자극하는 것보다 더 잘 먹힌다. 이는 처음과 최근의 역할에 관한 발견의 일반적인 요지를 말해 준다. 그러나 이는 아마 언뜻 보이는 것처럼 그리 쉽게 얻을 수 있는 결과는 아니었을 것이다. 이는 오랜 시간에 걸친 사고와 토론, 그리고 수십 회에 걸쳐 조심스럽게 설계하여 수행한 실험에서 나온 결과이다.

설득 가능성*persuasibility*의 속성에 관해서는 예일대 집단에서 많은 토론이 이루어졌다. 설득 가능성은 별도로 추출해 낼 수 있는 개별적 특성인가? 어떤 사람이 다른 이보다 설득하기 더 쉬운가? 이 경로를 따라 수많은 실험이 실시되었다(Hovland et al., 1953, chap. 6; Hovland & Janis, 1962). 홉랜드와 그의 연구 집단은 일반적인 설득 가능성이라는 요인이 존재한다고 결론을 내렸다. 즉 어떤 사람은 다른 이보다 설득하기 더 쉽다. 설득 가능성과 일반적 지능 사이에는 어떤 관계도 발견되지 않았다. 두세 연구들은 남성과 여성의 설득 가능성 사이에 유의미한 차이가 있음을 입증했는데, 여성이 더 쉽게 설득되는 것으로 보인다는 것이다(이는 남성이고 기혼인 이 책 독자에게는 다소 충격적인 사실로 다가올지 모른다).[118] 예일대 태도 연구에서는 적대적이고 공격적인 사람을 설득하기가 더 어렵다는 증거는 나오지 않았다. 하지만 이 동일한 개인 중 일부의 행동을 관찰한 결과, 예상한 대로 더 공격적인 사람일수록 설득 가능성이 더 낮다는 결과가 발견되었다. 아마도 가장 뚜렷하다고 할 수 있는 상관관계는 자아 존중감과 설득 가능성 사이에 나왔다. 자아 존중감이 높은 사람은 설득하기 더 어렵다. 만일 이런 사람이 무력감이나 "사회적 억압*social inhibition*"(이는 입장 밝히기를 꺼리고 "이리저리 밀어붙이

118 여기서 서술한 실험에서 피험자는 고등학생과 대학교 신입생이었다. 그 후 더 폭넓은 연령대를 대상으로 한 약 50회의 실험 결과를 리뷰한 논문은 이렇게 결론을 내렸다. "설득적 커뮤니케이션이 관여하게 되는 상대적으로 익명적*impersonal* 상황에서는, 어떤 성별 집단도 다른 쪽보다 영향을 더 쉽게 받지는 않는다"(Maccoby & Jacklin, 1974). — 편집자

기" 쉬운 사람이라는 뜻이다)의 징후를 보인다면, 더 쉽게 설득할 수 있다.

1950년대 말이 가까워올 무렵, 수많은 예일대 학자들은 (윌리엄 맥과이어는 그중 한 명이다) 태도 변화와 함께 일어나는 인지적 재조직화를 탐구하고 있었다(McGuire, 1985). 이 연구는 레윈의 저작에서 영향을 받은 것인데, 프리츠 하이더뿐 아니라 그 주제에 관해 《인지 부조화 이론》(1957)이라는 책을 쓴 레온 페스팅어도 크게 흥미를 느끼던 주제였다. 그 연구는 또한 오스굿과 태넌봄(Osgood & Tannenbaum, 1957)에게도 흥미로웠는데, 두 사람은 태넌봄(Tannenbaum, 1953)이 의미 분별 척도를 사용해 박사 논문을 쓰고 있을 때 인지적 재조직화가 구현되는 한 가지 방안을 발견했다. 예일대의 여러 실험은 "인지적 일관성*cognitive consistency*"이라 불리게 되는 주제를 다루었다. 한 개인의 태도에서 정서적 구성 요소를 변화시킬 수 있다면, 그다음엔 그 정서의 대상을 향해 그에 상승하고 일관된 인지적 재조직화가 발생할 것이다. 설득 시도의 결과로 인지적 불일치를 경험하게 되면, 이 사람은 (a) 균형과 일관성을 극대화하는 해결책과 (b) 잠재적인 일관성 상실을 최소화할 해결책을 추구하는 경향이 있다. 한 개인이 신념의 딜레마 상태에 처하면, 보통 노력을 가장 적게 들여 빠져나가는 방식을 선택하게 된다. 따라서 사람들은 일관성을 감소시키는 메시지보다는 증가시키는 메시지에 더 쉽게 설득당한다. 그러나 만일 사람들이 상당히 일관성 없는 행동에 빠지게 되면, 그러한 행동을 반대하는 커뮤니케이션 메시지는 자신들의 내적 일관성을 위협하기 때문에 거부하는 경향이 있다.

이처럼 인상적인 여러 발견을 보면, 설득 연구 프로그램은 2차 세계 대전 동안 훈련 영화가 군 징집자에게 미치는 영향에 관한 초기 연구에서 시작해 일반적인 커뮤니케이션 이론의 방향으로 얼마나 멀리 진전했는지 알 수 있다.

컴퓨터 시뮬레이션

1950년대에 홉랜드가 컴퓨터 시뮬레이션에서 중요한 작업을 했다는 사실은 그리 잘 알려지지 않았다. 홉랜드는 이 주제에 관해 스스로 〈개념 학습의 '커뮤니케이션 분석'A 'Communication Analysis' of Concept Learning〉이라고 부른 영향력 있는 논문을 썼는데, 여기서 새로운 개념을 학습하는 방법에 관한 컴퓨터 시뮬레이션에 수학적 이론을 어떻게 적용할 수 있는지를 보여 주었다(Hovland, 1952). 또 다른 논문인 〈사고의 컴퓨터 시뮬레이션Computer Simulation of Thinking〉 역시 성장하고 있던 변방 분야의 여러 학자에게 널리 영향을 미쳤다(Hovland, 1960). 1950년대에 컴퓨터가 널리 보급되고 사용하기 쉬워지면서 칼은 복잡한 학습의 측면, 특히 개념 습득을 이해하는 데 도움을 얻으려고 여러 차례에 걸쳐 컴퓨터 시뮬레이션 실험을 설계했다. 만일 이 작업이 그의 커리어 거의 끝자락에서 이루어지지 않았다면, 홉랜드는 아마 이전에 커뮤니케이션과 태도 변화에서 보여 준 것과 똑같은 정력과 통찰력으로 10년 후에도 컴퓨터 커뮤니케이션 연구에 기여했을지도 모른다.

1950년대 말 칼은 암의 초기 징후가 나타났을 때도 근무 습관을 바꾸지 않았다. 셰리프와 함께 집필한 책(Sherif & Hovland, 1960. 이는 공저자로서 그의 이름이 들어간 마지막 책이다)에서는 비록 이전의 예일 시리즈 책에서보다 분명히 영향력이 줄기는 했지만 말이다. 칼은 질병에도 불구하고 체력이 허락하는 한 끝까지, 제자나 동료와 함께 조용히 일을 계속했다. 물리적으로 더 이상 일을 할 수 없다고 판단했을 때, 칼은 귀가해 욕조에 앉아 물을 채운 후 늘 그랬듯이 조용히 스스로 익사를 선택했다.

홉랜드가 세상을 떠난 이듬해, 학생과 이전의 제자 중 다수가 고인을 추모하기 위해 뉴잉글랜드심리학회New England Psychological Association에 모였다. 홉랜드는 "상냥하고 남들을 북돋아 주는 방식으로" 지도자 역할을 수행하면서도 "지식을 통합하고 초점을 맞추며, 문제의 핵심적 측면을 분별해 내는 경이로운 능력"을 지녔다고 제자들은 이야기했다. 홉랜드가 실험실에서 견지했던 조용한 지도, 탈권위주의, 자유로운 탐구 분위기를 후학들은 감사한 마음으로 추억했다. 미국심리학회는 탁월한 과학적 기여 부문의 상을 홉랜드에게 수여하면서 이렇게 말했다(American Psychological Association, 1958). "태도 연구를 단지 변화 유도의 가능성을 보여 주는 초기 단계에서 이 변화가 일어나는 시점과 장소를 예측하는 지점에까지 진전시키는 데에서 홉랜드의 저작은 핵심적인 중요성을 지녔다. 홉랜드의 작업은 지속적이고 통합된 연구 프로그램의 가치를 설득력 있게 보여 주었다"(p.158).

홉랜드는 다른 서훈과 상도 많이 받았다. 1962년 미국의 소리에서 커뮤니케이션 연구 과정을 소개하는 프로그램이 방영되었는데, 홉랜드가 예일대에 1945년과 1961년 사이에 운영한 실험 프로그램은 "이 분야에서 어떤 단일한 사람이 한 것으로는 가장 큰 기여"일 것이라고 나는 말했다.

나는 여전히 그렇게 믿고 있다.

chapter 6

시조들이 남긴 유산

* 슈람은 이 글을 이 책의 마지막 장으로 썼다. 원래 8장으로 된 글 뒤에 실리도록 되어 있었는데, 슈람은 8장의 개요를 구상하긴 했으나 세상을 떠나기 전까지 집필을 완성하지는 못했다. — 편집자

이 책 내내 우리는 커뮤니케이션 연구의 형성기를 다루었고 따라서 20세기의 초기 부분에 집중했다. 이제는 역사의 관점에서 벗어나, 이전의 장에서 서술한 형성기에서 어떤 종류의 커뮤니케이션 분야가 등장했는지에 관해 간략한 에필로그를 추가한다.

커뮤니케이션 연구의 등장

그렇게 짧은 시간 안에 커뮤니케이션 연구에 얼마나 많은 일이 일어났는지 깨닫게 되니 다소 경이로운 느낌이 들 뿐이다. 이 책에서 서술한 모든 진전은 한 세기도 채 안 되는 시간 안에 발생했다. 심지어 '시조의 시조'로 언급한 학자 세대 역시 1930년대 이전에는 이름조차 잘 알려지지 않았다. 존 듀이가 그랬던 것처럼 찰스 호턴 쿨리도 세기 전환기 말에 이미 강의를 하고 있었던 게 사실이다. 하지만 이들은 젊은 강사에 불과했고 아직 거대한 지적 파장을 일으키지는 못하고 있었다. 로버트 E. 파크는 1914년 시카고대학교에서 가르치기 시작했고, 에드워드 사피어는 해럴드 D. 라스웰이 거기서 강사로 임명된 해인 1925년에 강단에 서기 시작했다. 월터 리프먼의 선구적인 책인 《여론》은 1922년에 출판되었다. 커트 레윈은 1920년대에 이미 대단한 명성을 쌓았지만, 독일에서였지 미국에서는 아니었다. 아시다시피 최초의 저널리즘학부는 1908년 미주리대학교에서 설립되었다. 따라서 1930년 이전까지 물결은 형성되고 있었지만, 이 시기 이전에 커뮤니케이션에서의 '운동 *movement*'이라 부를 만한 어떤 것도 찾기는 어려웠다.

1930년대에서조차 커뮤니케이션 연구에서 진전은 그다지 가속이 붙지 않았다. 그러나 점진적으로 그 분야는 속도를 내기 시작했다. 1930년대에 이르면 네 명의 위대한 선구자가 모두 미국에서 커리어를 시작했다. 라자스펠드와 레윈은 1933년 "유대인은 꺼져라!" 하는 외침을 뒤로 하고 대공황의 황량한 전망을 마주한 채 미국에 건너왔다. 레윈은 1933년 아이오와에서 일자리를 시작했고 컬럼비아대 응용사회연구실은 9년 후에 뒤따라 등장하기로 되어 있었다. 칼 I. 홉랜드는 1936년에 박사 학위를 마치자마자 즉시 예일대에서 클라크 헐의 연구 프로그램에 채용되었으며, 1939년에 첫 저서를 출판했다. 라스웰은 1930년대 말에 시카고에서 강의 경력을 마감하고 동부로 이주했다. 커뮤니케이션 연구 분야는 이 여러 지도자를 중심으로 성장하고 있었다. 20세기 첫 10년간은 저널리즘학부가 하나밖에 없었지만, 1935년이 되면 400군데로 늘어났다. 그리고 1920년대 이전에는 커뮤니케이션 연구 저널이 하나도 없었으나, 1930년대까지는 두 종이 생겼고 다른 저널도 창간을 준비하고 있었다.

1940년대 동안 라자스펠드의 응용사회조사연구실은 활발하게 활동하였다. 1940년대 초 홉랜드는 미 국방성의 실험연구소 소장이자 수석 심리학자가 되어, 설득 커뮤니케이션 연구에 몰두하고 있었다. 라스웰은 미 의회도서관에서 연합국과 주축국의 선전을 분석하는 주요 내용 분석 프로젝트를 책임지고 있었다. 레윈은 아이오와에서 그 특유의 조용하면서도 흥미로운 방식으로 진전을 거두고 있었는데, 여기서 스타급 학생을 끌어들여 집단 커뮤니케이션과 집단 효과에 관한 선구적인 연구를 수행하였다.

그다음으로 1940년대 이전은 주로 준비기였다. 이 여러 선구자에게 생산적인 시기는 주로 1940년대와 1950년대였다. 이 시기는 또한 이 중 몇몇에게는 마지막 시기이기도 했다. 1960년대 초까지 레윈과 홉랜드는 세상을 떠났고, 라자스펠드는 커뮤니케이션 연구를 떠났다. 라스웰은 여전히 출판물을 내고 있었지만, 커뮤니케이션 연구와 교육의 중심부를 떠나 있었다. 이는 네 사람의 수많은 추종자와 숭배자에게는 실망스런 시기였다. 레윈은 자신이 새로 설립한 집단역학연구센터를 MIT로 옮겨갔지만, 지도자를 잃은 후 이 연구소는 MIT에서 진정으로 새 출발하지는 못했다. 홉랜드는 예일대 커뮤니케이션·태도 변화 프로그램에 20년 치의 계획을 남겨놓았다. 라자스펠드는 아주 생산적이고 지적 자극을 유발하는 사람이었기에 이제 다른 연구에 몰두하고 있었다. 그리고 그의 동료 중 버나드 베럴슨은 포드재단의 커뮤니케이션 연구 프로그램의 장이었는데, 결과적으로 커뮤니케이션 연구의 장송곡을 부르게 된 큰 화젯거리의 논문을 썼다(Berelson, 1959). 커뮤니케이션 연구의 시대는 끝났다고 베럴슨은 말했다.

커뮤니케이션 연구의 위대한 30년이 끝나고 선구자 네 명 중 세 사람이 가고난 후에도 이 연구에 대한 도전은 계속되었기 때문에, 물론 베럴슨의 진단은 틀렸다. 아마 이 분야의 지속적인 성장은 1930년대, 1940년대, 1950년대의 중요한 사건에 우리가 바칠 수 있는 최고의 찬사일 것이다.[119] 지금 커뮤니케이션에 종사하는 학자 수는 이전보다 훨씬 많다. 이 분야의 강의와 연구는 이전보다는 지금 훨씬 더 확고하게 대학교와 다른 여러 기관에서 자리 잡았다. 20세기 중반에 설정된 기준에 비추어 커뮤니케이션 분야의 아이디어와 오늘날의 출판물이 얼마나 잘 하고 있는지 말하기는 매우 어렵지만, 이 분야에는 여전히 중요한 여러 아이디어가 존재하고 있고 이를 둘러싸고 뜨거운 논쟁이 전개되고 있다. (비록 이러한 비교를 하기는 망설여지기는 하지만) 현재의 커뮤니케이션 연구에서 출판물은 분명 숫자에서 더 적지도 않고 아마도 질적으로도 더 떨어지지는 않을 것이다. 어쨌든 커뮤니케이션 연구는 관심 분야와 유용성을 크게 확대하였다.

변화의 크기

우리는 1950년대 중반의 여러 학자에게서 어떤 종류의 커뮤니케이션 연구 분야를 물려받았는가? 오늘날 분야의 규모와 강점만으로도 1930년대, 1940년대, 1950년대에 이 분야의 패턴을 설정하고 있던 여러 학자는 아마도 깜짝 놀라게 될 것이다. 라스웰은 시카고대학교에서 종신 고용직을 얻지 못했다. 레윈은 성인 사회심리학의 정교한 연구를

119 슈람은 베럴슨의 논문이 실린 〈계간 여론〉의 같은 호에 반박문을 썼다(Schramm, 1959a). 그로부터 25년 후 〈커뮤니케이션 저널〉은 한 호 전체를 베럴슨의 1959년 논문에 대한 회고적 반응에 할애했다. *Journal of Communication* (1983), volume 3, "Ferment in the Field: Communication Scholars Address Critical Issues and Research Tasks of the Discipline"을 보라. 이 장에서 슈람이 묘사한 새로운 관점 중 다수는 그 저널 특별호에서 따온 것이다. — 편집자

아동 복지 연구 기관에서 시작했다. 라자스펠드는 연구소 역사 초기에 미 의회, 연방통신위원회the Federal Communication Commission와 방송사 간의 관계에 관한 연구를 준비해 달라는 요청을 하버드의 동료에게서 받았으나 불가피하게 거절해야만 했다고 1969년의 회고록에서 고백했다. 왜냐하면 "신생 연구소는 미디어에 의존하고 있고, 미디어의 지원을 잃게 되는 일을 피해야 하기" 때문이었다(Noelle-Neumann, 1983, p.160에서 인용). 라자스펠드가 커뮤니케이션 연구를 떠나 수리사회학으로 전환한 진짜 이유는 미디어가 커뮤니케이션 연구자에게 행사하는 압력을 더 이상 견딜 수 없어서라고 말했다고 엘리자베스 노엘레-노이만은 알려주었다.

만일 폴이 현재에 와 본다면, 오늘날 커뮤니케이션 연구 프로그램은 일찍이 라자스펠드의 연구소 시절보다 대학교 내에서 훨씬 더 확고한 위상을 차지하고 있으며, 연구소 역시 컬럼비아대학교보다 대학교의 지원을 훨씬 더 많이 받고 있음을 발견하게 될 것이다. 올해만 해도 100명 이상의 박사 학위가 커뮤니케이션 연구에서 배출되고 있고,[120] 약 수천 명의 대학원생이 커뮤니케이션 관련 고급 강좌를 수강하고 있다는 사실을 알게 되면, 이 모든 것을 시작한 네 명의 학자가 즐거워하는 것도 무리는 아닐 것이다. 지금 저널리즘과 스피치 커뮤니케이션은 학부 수준에서뿐 아니라 대학원에서도 견실한 학과다.[121] 라스웰, 라자

120 이 책을 집필하는 동안, 미국에서는 모든 커뮤니케이션 분야에서 매년 약 250명의 박사 학위를 수여하고 있다. — 편집자

121 미국에서는 오늘날 약 2000군데의 대학 학과가 다양한 커뮤니케이션 분야의 학위를 수여한다(Rogers, 1994). — 편집자

스펠드, 레윈, 홉랜드가 다른 사회과학에서 개척한 길에는 아직도 다니는 사람이 있다. 정치학, 사회학, 심리학, 경제학, 인류학, 역사학에도 커뮤니케이션을 연구하는 학자가 있고, 커뮤니케이션에 관한 출판물이 상당수 있으며, 어떤 경우에는 각자의 학술 단체 내부에 커뮤니케이션에 관한 모임도 있다. 커뮤니케이션 연구는 학과 안에도 나름대로 집중 영역을 갖추고 있는데, 몇 가지만 열거하자면 여론, 정치 캠페인, 뉴스 흐름, 국제 커뮤니케이션, 소집단, 원격 강의, 국가 발전, 정보 이론 등을 들 수 있다. 생물학적, 물리학적 모델에서도 사회적 커뮤니케이션과의 유사성을 유용하다고 보고 있다.

그 밖에도 커뮤니케이션 연구는 현대 세계의 수십 가지 일상적 활동에서, 즉 정치 캠페인, 세일즈, 광고, 교육과 학습, 뉴스 전달, 산업과 비즈니스 관리 등 수많은 곳에서 중요한 요소가 되었다는 점은 말할 필요조차 없다. 이 중 많은 활동을 위한 훈련 기능은 대학에 넘어갔고 (광고와 교육이 그 예다) 그러한 훈련에는 연구와 출판의 책임도 따른다.

100년 전에는 이 중 거의 아무것도 존재하지 않았기 때문에, 이 재고 목록은 놀랄 만하다. 물론 당시에도 교육은 중요한 주제였지만, 커뮤니케이션 연구와 연계는 아주 미약했다. 신문 저널리즘은 분명히 광범위한 활동이었고 1922년 월터 리프먼의 《여론》의 등장은 일부 저널리스트가 이미 학자처럼 사고하고 있었음을 보여 주었다. 그러나 이 책의 앞에서 소개한 저널리즘의 간략한 역사는 1941년 미국저널리즘학부–학과협회the American Association of Schools and Departments of Journalism가 제시한 다음과 같이 가련한 지침으로 대변된다. "교육자가 연구 작업을 수행하고 저널리즘 문헌에 기여하도록 장려해야 한다."

만일 20세기 중반의 네 커뮤니케이션 학자 중 한 사람이 현재의 커뮤니케이션 연구를 본다면 아마 이 분야에서 상당한 역할 전도가 일어났음을 깨닫게 될 것이다. 1930년대, 1940년대, 1950년대에는 사회과학에서 선구적인 여러 학자가 주변의 커뮤니케이션 활동을 검토하고는 이 활동을 자기 학문 분야의 관점에서 해석하였다. 그런데 지난 수십 년간 선구적인 여러 커뮤니케이션 학자는 전통적으로 다른 사회과학의 배타적 담당 구역이던 주변의 활동을 검토하고는 커뮤니케이션에 관해 배운 지식으로 이 담당 구역을 이해하는 데 기여했다. 이러한 역할 전도와 함께, 점차 지적 자원의 융합도 일어났다. 실험심리학자인 홉랜드, 사회심리학자인 레윈, 사회학자 라자스펠드, 정치학자인 라스웰이 커뮤니케이션에 관해 작업하기 위해 커뮤니케이션에 관해 많이 배워야 했던 것과 마찬가지로, 현대의 커뮤니케이션 학자는 자신이 연구하는 주제의 심리학, 사회학, 정치학, 경제학, 혹은 인류학에 관해 많이 배워야 할 필요가 있음을 깨닫는다. 이 관계는 건강한 것이다. 이는 두 부류의 학문의 장에게 모두 기여하게 되며, 성과를 풍성하게 하는 데에도 보탬이 된다.

20세기의 설립기는 어떤 종류의 커뮤니케이션 분야를 물려주었나? 그 변화는 단순히 규모나 정도를 넘어서 훨씬 근본적인 것이다. 그것은 풍성하고 번영하는 지적인 장이다. 많은 측면에서 이는 새로운 분야이다. 아이디어는 다양하고, 커뮤니케이션 연구자는 이전에 비해 더 다양한 작업을 한다. "분야의 대소동*Ferment in the Field*"은 〈커뮤니케이션 저널〉이 1983년 호에 붙인 귀여운 제목 이상의 것이다. 왜냐하면 이 분야 자체가 대소동 상태이기 때문이다. 커뮤니케이션학은 무엇이고, 커뮤니케이션 연구란 무엇이며, 커뮤니케이션 연구자는 무엇을 해야 하는지와 같은 이전에는 거의 제기하지 않던 질문이 제기되고 있다.

또한 만일 여러 시조에게서 물려받은 것을 이해하고자 한다면, 이 몇몇 질문, 그리고 이 질문이 초래한 변화를 살펴보아야 한다.

단순성에 대한 도전

성장하는 학문 분야는 성장기의 어린아이처럼 단순한 환경에서 복잡한 환경으로 가는 극적인 통과 의례를 거치게 된다. 커뮤니케이션 연구에서 그러한 변화는 '시조의 시조'의 시대라 불리는 시절에 일어났다.

일찍이 진지한 학자라면 이른바 커뮤니케이션 효과의 '탄환 이론 *Bullet Theory*'을 승인하거나 연구에 활용하는 것을 아직 본 적이 없다(탄환 이론이란 자신들의 '미디어 총'으로 보이는 곳에 표적을 줄줄이 세워 놓고는 선전의 은제 탄환으로 수용자 구성원을 하나씩 쏴서 쓰러뜨릴 수 있다는 뜻이다). 이 개념은 1차 세계 대전 무렵(1914~1918)에 유행했지만, 학술적인 지혜가 아니라 대중적인 지혜의 일부에 불과했을 뿐이다. 만일 어떤 학자가 이 개념을 진지하게 활용했다면, 이는 통과 행위의 유치한 측면을 의미했다. 왜냐하면 커뮤니케이션 과정은 너무 복잡해 탄환으로 묘사할 수 없다고 곧 깨닫게 되었기 때문이다.

탄환 이론에서 커뮤니케이션 과정에 관한 최초의 선형적 개념화 — 출처에서 수용자에게 메시지를 이전하는 것 — 으로 옮아간 것은 단순성에서 벗어나 그다지 크게 도약한 것은 아니다. 오늘날 더 흔히 쓰이는 상호작용적 이론, 인지적, 사회적, 문화적 이론에 도달하기까지는 분명 아직 한참 더 남았다. 그러나 이 틀을 바탕으로 이론가는 커뮤니케이션 과정에 관한 그림을 더 정교하게 다듬어 현실에 더 근접한 무엇인가로 다가가도록 작업할 수 있게 되었다.

모든 커뮤니케이션 학도에게는 친숙하겠지만, 커뮤니케이션 과정에 관한 해럴드 라스웰의 기술은 다음과 같다.

누가*Who*

누구에게*To Whom*

어떤 채널을 통해*Through What Channel*

무엇을 말하며*Says What*

어떤 효과를 얻는가*With What Effect?*

물론 이 모델은 커뮤니케이션 과정의 패러다임이 아니라 그보다는 주요소를 일부 열거하는 편리한 방안으로 의도되었다. 동시에 라스웰은 이후 블럼러(Blumler, 1983)가 "관여된 다양한 행위자의 …… 기여"(p.172)라고 부른 사항을 검토해 보라고 권하면서, 모든 부분과 상호 관련성을 고려해, 전 과정을 총체적 측면에서 살펴보라고 권유했다. 이 때문에 커뮤니케이션 관계에서 양측을 모두 연구하게 되었고, 특히 수동적 수용자보다는 능동적 수용자라는 아이디어에 주목하게 되었다. 송신자 자신도 영향과 통제의 산물로 간주하고, 콘텐츠도 흔히 수용자의 측면에서 기술하는 게 더 낫다고 인식하게 되었고, 채널 역시 매스 미디어 커뮤니케이션뿐 아니라 대인 간 측면도 고려하게 되었다. 그리고 매스 커뮤니케이션은 흔히 설득의 전달이라기보다는 어떤 아이디어에 관해 생각하고 말하는 틀로 여기게 될 가능성이 크고, 특히 이니스, 맥루언 등이 가르쳐 주었듯이 미디어의 고유한 언어는 이 언어를 수용하는 사회를 변화시키는 데 특별한 역할을 한다고 보게 되었다.[122] 달리 말하자면, 일단 라스웰의 다섯 가지 질문 목록을 채우고 나면, 다시는 커뮤니케이션을 단순히 다섯 가지 요인으로 구성된 과정으로만 생각할 수는 없게 된다.

몇 가지 오래된 모델에 대한 의문: 최소 효과론

이처럼 단순화에서 점차 탈피하는 과정에서 1940년대와 1950년대 학자들이 지지해 온 패턴과 결론에 대해 점차 의문이 제기되었다. 예컨대, 1940년대와 1950년대에 매스 미디어의 효과를 설명하기 위한 연구에는 대단히 숙련된 여러 연구자가 참여했는데도 불구하고 거기서 나온 결론은 미흡했다. 즉 "1940년대의 정치적 조건과 미디어 체제에 특수한" (스태븐 채피가 투표 연구를 지칭하면서 Rogers & Chaffee, 1983, p.22에서 표현했듯이) 것이었거나, 다른 부분적인 이유로는 단기적인 연구라는 특성 때문에 효과를 특수한 상황에서 관찰할 수밖에 없었기에 이런 결론이 나왔는지도 모른다. 이를 보여 주는 한 가지 예는 20세기 중반 투표와 다른 유사한 행태에 미치는 미디어 효과 연구에서 유래했으며, 그 이후 무자비한 비판을 받은 (미디어에 의해 기존의 의견을 보강하는 방식으로 작동한다는) '최소 효과*minimal effects*'의 이론이다. "오늘날에는 여론의 미디어 보강자라는 가설의 오랜 지배가 마침내 끝났기 때문에, 효과

122 예컨대, Innis(1951), McLuhan(1962, 1965), Salomon(1979)을 보라.

연구와 관련된 명제나 발견을 제시하기 훨씬 쉬워졌다"고 노엘레-노이만은 1983년에 썼다(Noelle-Neumann, 1983, p.157). "미디어의 보강 혹은 '최소 효과' 가설은 경험적 연구 결과의 무게를 견디지 못하고 1960년대 중반에 무너져 내리기 시작했다. 오늘날 대다수의 연구자는 매스 미디어가 사람들의 현실 인식에 결정적인 효과를 미칠 수 있다고 가정한다"(p.157). 클래퍼의 공식 역시 의견과 행태에 미치는 미디어 효과를 과소평가했기 때문에 엄청난 공격을 받았다. "매스 커뮤니케이션은 보통 수용자 효과의 필요충분조건 역할을 하지는 않으며, 그보다는 매개 요인과 영향의 연계 속에서 또 그 연계를 통해서 기능한다"고 클래퍼(Klapper, 1960, p.8)는 조심스럽게 말했다. 이 '매개 요인'은 미디어 이외의 것이며, 미디어의 직접적인 효과는 (라자스펠드) 연구소의 투표 연구에서 발견했듯이 '최소'가 될 가능성이 컸다.

커트 랭과 글래디스 랭은 클래퍼의 기여를 평가하면서 "최소 효과의 정리*theorem*는 미디어 산업에게 엄청난 대박이었다"고 말했다.

> 미디어 메시지의 중요성을 손상하고 "보강"의 양적 압도성을 강조하는 바람에, [미디어 효과 관련 지식 현황에 관한] 클래퍼의 요약은 어떤 내용 규제이든, 심지어 자체 개혁 시도까지도 반대하는 방송 사업자의 입장을 지지하는 것처럼 보였다. 문제점 — 그런 게 있다면 — 뿐 아니라 그 해결책까지도 미디어 쪽이 아니라 매개 요인으로 예시되는 사회에 있는 것처럼 보여 줄 수 있었다(Lang & Lang, 1983, p.135).

그 결과 미디어는 비난의 대상에서 벗어났다.

예컨대 더글러스 맥아더 장군이 한국에서 귀환한 것을 환영하기 위해 시카고에서 시가행진이 열렸는데, 텔레비전 방송사는 이를 각색해서 거짓 현실*pseudo-reality*을 조성하였다. 랭은 이에 관해 주목할 만한 연구를 내놓았는데, 이것조차도 방송 사업자는 불쾌하게 여길 수도 있었다(Lang & Lang, 1953). 텔레비전 폭력과 아동에 관한 대다수 연구 역시 그렇게 될 수도 있었다. 1950년대 이후 미디어 효과 연구에서는 효과의 개인적 패턴보다는 사회적 패턴에 초점을 맞추고, 좋든 나쁘든 미디어 효과에 관해 최대한 수집할 수 있는 증거를 조심스럽게 검토하는 경향이 있었다. 1948년 나는 연구소의 두 번째 선거 연구의 주 저자인 버나드 베럴슨의 미디어 효과 관련 논문을 출판했는데, 이 연구는 분명히 텔레비전의 효과를 과소평가하려는 기미를 전혀 보여 주지 않았다(Berelson, 1948).[123]

따라서 '최소 효과' 가설이 연구소의 연구를 계속하는 데 기여한 방송사에 대한 예의 표시였는가, 혹은 커뮤니케이션 연구 발전의 초기 단계에 불가피했던 것인가 하는 질문이 우리에게 남겨졌다. '최소 효과' 입장에서 점차 탈피한 것은 실로 대단한 변화였으며, 20세기 중반 이후 커뮤니케이션 연구에 어떤 부류의 변화가 일어났는지를 보여 주는 한 예다.

123 이 논문에서 베럴슨은 미디어 효과의 가변적 성격을 강조했다. 예를 들면, 베럴슨은 이렇게 말했다. 미디어가 더 개인적일수록 설득에 더 효과적이다, 개인의 선유 성향*predisposition*에 맞춰진 특정 채널은 일반화된 채널보다는 더 효과적이다, 정서적 내용은 합리적 내용보다 더 효과적이다. 베럴슨은 또한 비의도적 미디어 노출은 의도적 미디어 이용보다 영향력이 더 크다고 말했다.

몇 가지 오래된 방법론에 대한 의문

"오늘날 행태주의 연구에 고유한 전망에 관해서는 그다지 의견 일치를 보지 못했다"고 채피는 평했고 이는 아주 정확한 평가다(Rogers & Chaffee, 1983, p.22). 1940년대에 행태주의*behavioral* 접근은 커뮤니케이션 연구를 더 '과학적'으로 만드는 수단이 되었다. 그러나 오늘날의 상황에 관해 채피는 이렇게 말한다.

> 역사적, 법적, 비판적, 그리고 다른 탐구 방법을 전공하는 여러 학자가 행태주의 접근에 도전하고 있다. 한때 스스로 주로 개인적 행태에 관심을 두고 있다고 여기던 우리 중 몇몇 학자도 이제는 커뮤니케이션 체제의 구조적 요인과 역사적 맥락을 더 세심하게 연구하려고 한다(Rogers & Chaffee, 1983, p.22).

매스 미디어의 최근 역사는 본질적으로 행태주의 시각에서 이데올로기적 시각으로의 이동이라고 몇 년 전 스튜어트 홀은 말했다. 행태주의에 대해 비슷하게 부정적인 반응이 이 분야의 스피치 커뮤니케이션 측에서도 나오는데, 여기서 제럴드 R. 밀러 같은 저명한 학자는 "법칙에 지배되고, 결정론적인 커뮤니케이션 행태 패러다임"보다는 인간적 자발성의 중요성을 강조한다(즉 법칙보다는 규칙)(Miller, 1983, p.31). 밀러는 가장 유능한 대인 커뮤니케이션 학자 몇몇과 함께, 탁월한 통찰력을 지녔다고 주장하는 플라톤식 철학자 왕으로 대표되는 합리주의적 접근을 거부하고, 탁월한 연구 기술을 지녔다고 주장하는 경험주의 학자로 대표되는 실증주의 인식론도 거부한다. 후자의 금언은 "안다는 것은 증명 방법을 아는 것이다"(Miller, 1983, p.31)였다. 밀러는 존 바워스가 노엄 촘스키의 합리주의를 장난스럽게 언급한 구절을 인용하면서 여기에 공감한다. "마치 신과 촘스키만이 나무를 창조할 수 있는 것처럼 보인다"(p.31).

이리하여 행태주의 접근에서 이데올로기적 접근으로, 경험주의식 접근에서 분석적 접근으로, 더 최근에는 개인에서 사회적 틀로 점차 옮겨간 것은 커뮤니케이션 연구가 20세기 중반의 모습에서 현재 모습으로 변화하는 데 도움이 되었다.

문화 연구로서의 커뮤니케이션

커뮤니케이션 연구에서 일어난 한 가지 변화는 커뮤니케이션 효과의 한 구성 요소로서 문화 연구를 더 강조하게 된 것이다. 특히 1960년대 말과 1970년대 영국에서는 "체험된 문화*lived cultures*"의 연구가 강조되었다. 즉 종교, 교육, 구어적 대화, 스포츠와 다른 레크리에이션 등이 그 예다.[124] 커뮤니케이션의 텍스트는 그러므로 일련의 '체험된 의미*lived meanings*'로 해석되었고, '비판적' 연구자는 지배 엘리트가 문화적 틀의 이데올로기적 통제를 유지하려는 주 도구로 미디어를 간주했다.

미국에서는 제임스 케리(Carey, 1977)가 "공유된 문화*shared culture*" 모델을 제안했는데, 여기서 문화란 커뮤니케이션에 의해 창조되고, 공

124 버밍엄대학교 현대문화연구소the Center for Contemporary Cultural Studies에서 이루어진 여러 연구, 가령 Hall(1980)을 보라.

유되고, 수정되고, 변형되는 현상으로 간주된다. 이러한 강조에 의해 나타나는 효과는, 엘리후 카츠(Katz, 1983)가 말했듯이, "한참 과거 시절처럼 사회과학과 인문학을" 다시 결합하여, "인류학, 언어학, 민속학과 대중 문화 연구를 포함하도록 범위를 확장하는"(p.52) 것이었다.

우리가 여기서 주목하는 변화는 기본적 실체보다는 강조점에서 일어난 변화이다. 지금까지 커뮤니케이션 연구에는 행태주의적이기보다는 분석적이고, 개인적이기보다는 사회적이고, 과학적이기보다는 문화적인 접근이 늘 있었다. 지난 수십 년간 흥미로웠던 측면은 20세기 중반의 주류에 대한 이 대안이 과연 몇이나 등장했는가 하는 점이다.

'사회학'으로서의 커뮤니케이션

유네스코와 밀접한 유관 기관인 국제매스커뮤니케이션학회International Association for Mass Communication Research 회장을 역임한 제임스 핼로란은 자신이 커뮤니케이션에 관한 "사회학적 시각"이라 부른 관점의 채택이 증가하고 있는 데 주목했다(Halloran, 1983). 이러한 추이는 "미디어를 고립된 현상이 아니라 다른 제도와 사회 체제 일반과 관련지어 연구하고, 커뮤니케이션을 사회 과정으로 간주하는 더 총체적인 접근을 낳았다"(p.275)고 핼로란은 말한다.

핼로란(Halloran, 1983)은 다음과 같이 말한다.

> 미디어는 더 이상 [늘] 무대 중심에 놓이지 않는다. 더 이상 우리는 "미디어가 사람들에게 무엇을 하는가?" 따위의 단순한 질문을 던지지 않는

다. 수용자, 공중은 자신에게 적절한 역사적, 사회학적 환경 속에 위치하며, 그들의 미디어 이용과 그 이용의 함의는 이 위치에서 검토된다. 이 시각은 미디어가 현재 작동되는 방식의 함의에 관한 연구에 적용될 뿐 아니라 주어진 목적 달성, 말하자면 보건 교육, 사회적 행동, 커뮤니티 발전 등을 위한 잠재적인 미디어 이용을 다루는 연구에도 적용된다. 이 목적에 관한 계획이 관련 기관과 지지 요인의 역할과 기능을 고려하지 않는다면 성공을 거둘 가능성이 그다지 크지 않다. 반대로 이 상황의 복잡성이 점차 밝혀졌기 때문에, 원인과 효과라는 단순한 선형 모델이 설 자리는 거의 남아 있지 않다(p.275).

"사회학적 시각의 도입과 점진적인 수용은 지난 20년간 커뮤니케이션에서 일어난 가장 중요한 발전에 해당한다"고 핼로란은 결론을 내렸다(p.275). 현재 상황에서 연구 주제 선택은 "[연구의] 값어치에 관한 생각"(p.278)에 의해 결정되어야 한다고 핼로란은 말한다. 핼로란은 자신이 [연구할] "가치가 있는 질문"이라고 여기는 몇몇을 언급한다. 미디어의 뉴스, 시사 문제 제시에 다양성이 충분히 존재하는가? 현재의 미디어·커뮤니케이션 체제의 통제, 조직, 구조는 만족스러운가? 접근과 참여의 확대를 가능하게 해줄 대안은 있는가? "부정성, 대립, 센세이션, 사건과 인물을 강조하는 미디어"(p.277), 그리고 광고가 사회의 폭력에 미치는 영향은 무엇인가? 핼로란 같은 현 시대 연구자에게 사적 소유 미디어는 영웅이 못 된다.

우리는 이러한 질문을 어떻게 연구해야 하는가? "완벽하기보다는 중요한 작업을 하는 게 더 중요하다"고 핼로란은 말한다(Halloran, 1983, p.278).

비판적 연구자의 반대 운동

20세기 중반 이후 일어난 관점의 변화를 "단순성에 대한 도전," "몇 가지 오래된 모델에 대한 의문," "문화 연구로서의 커뮤니케이션"이라는 제호하에서 소개했는데, 아마 이는 **수정주의***revisionism*로 묘사할 수 있을 것이다. 여기서 기술하려는 관점은 아마 **혁명적**이라 부르는 게 더 적절할지 모르겠다. 이 후자의 관점을 주장하는 사람은 숫자는 많지 않지만 큰 목소리를 내고 있으며, 이 중 일부는 아주 유능하다. 이 접근 방식은 특히 유럽과 라틴 아메리카, 아프리카, 아시아의 제3세계 국가에서 수많은 전향자를 확보했다. 전향자 중 대다수는 정치적 성향을 띠고 있으며, 이 중 거의 모든 이가 미국 같은 자본제 국가, 서구의 텔레비전과 신문처럼 자본제적으로 소유되고 통제되는 커뮤니케이션 제도, (마찬가지로 자본제적인) 국제 뉴스 통신사가 국제 커뮤니케이션에 어떤 영향을 미치는지 비판하는 일에 헌신하고 있다.

헬로란 자신은 스스로 '비판적' 연구자라고 생각하는지 모르지만, 헬로란이 유네스코에서 커뮤니케이션 연구에 관해 쓴 글은 그러한 성향을 띠고 있다. 예컨대 헬로란이 쓴 다음 구절을 미국에서 가장 유명하고 영향력 있는 비판적 커뮤니케이션 연구자인 허버트 I. 실러가 인용하였다. "1969년 이전에 대체로 …… 유네스코가 후원한 [이론과 모델, 개념, 방법론이 결여된] 연구 프로젝트는 기존 체제와 질서를 정당화하고 강화하는 경향이 있었으며, 제3세계에서는 독립을 활성화하기보다는 경제적, 문화적 종속을 강화하는 경향이 있었다"(Schiller, 1983, p.253에서 재인용).

실러(Schiller, 1983)는 이 진술문이 "정확한 지적"이라고 말했는데,

다른 비판 연구자도 이 판단에 이의를 달 것 같지는 않다. 비판적 연구자 사이의 "두드러진 절충주의"를 인정하면서도, 실러는 이 연구자 사이에 공통된 몇 가지 특징을 언급한다. 우선, "미디어 산물의 개인적 소비[그리고 영향]에 초점"을 두는 대신, "비판적 연구자는 정보 산물의 생산 문제를 다룬다." 둘째, "이 연구는 특히 커뮤니케이션 과정과 정보 흐름과 관련된 부분에서 권력의 원천과 행사를 이해하려 노력한다." 이 접근은 "다원주의적 의사 결정에 대한 주류의 믿음"과 대비를 이룬다고 실러는 말했다. 셋째, "이 연구는 사회 과정과 제도에서 일어나는 지속적인 변화에 대한 주목, 혹은 달리 표현하면 강한 역사의식을 보여준다"(p.253).

캐나다에서 가장 거침없는 비판적 연구자 중 한 사람인 댈러스 스마이드는 **비판적** 연구를 **행정적** 연구와 대비시킨다(Smythe & van Dinh, 1983). 후자는 비판적 연구자에게는 금기 단어이다. 연구를 위해 선택한 문제와 채택한 연구 방법은 두 접근을 구분하는 토대로 흔히 간주된다고 스마이드와 판 딘은 쓰고 있다(p.118을 보라). 그러나 제3의 요인, 즉 연구자의 이데올로기적 성향도 관련되어 있다고 이 학자들은 주장한다. "우리는 모두 기존의 정치적, 경제적 질서를 비판하고 변화시키려 하거나, 아니면 방어하고 강화하려는 선유 성향을 나름대로 갖고 있다. 흔히 그러듯이 과학적 '중립성'을 가장하는 것은 그러한 이유로 망상일 뿐이다"(p.117). 비판적 연구와 행정적 연구의 차이에 관한 해설을 더 읽어 보면 스마이드와 판 딘에게 이 이데올로기적 오리엔테이션이 얼마나 중요한지 판단할 수 있다. 이 두 사람은 연구자가 선정하는 문제 유형, 채택한 연구 방법, 연구자의 이데올로기를 기준으로 두 가지 접근을 구분한다.

스마이드와 판 딘(1983)은 말한다.

> "행정적"으로 연구 가능한 문제란 조직 행동을 더 효율적으로 하는 법, 가령 치약 브랜드를 더 잘 광고하는 법, 기업 내에서 워드 프로세서와 컴퓨터 단말기를 혁신해 이윤을 더 남기도록 하는 법 등을 의미하는 단어로 규정한다. "비판적"으로 연구 가능한 문제란, 위성 방송, 지상파 방송국이나 네트워크, 케이블 TV 등의 장치를 통해 관련된 사회 공동체의 집단적 욕구를 충족시키도록 제도를 개조하거나 고안해 내는 법이라든지, 혹은 "미시적" 수준에서는 정신 치료를 시행하거나 루머를 연구하는 법 등의 의미로 사용한다. "행정적" 도구라는 단어를 우리는 신실증주의적, 행태주의 이론을 개인에게 미치는 점술적인 효과의 목적에 적용하는 행위를 지칭하는 데 사용한다. "비판적" 도구는 현실 세계의 모순된 과정의 역사적, 유물론적 분석을 지칭한다. "행정적" 이데올로기란 용어는 행정적 유형의 문제와 도구를 기득권 체제를 지지하거나 심각하게 훼손하지 않는 결과 해석과 연결 짓는다는 뜻으로 규정한다. "비판적"으로 연구 가능한 문제와 비판적 도구란 기성 질서에서 급진적 변화를 포함하는 해석으로 정의한다(p.118).

이처럼 명쾌하면서도 솔직한 진술문은 서로 병치되는 단어의 가치라는 측면에서 분석해 볼 만한 가치가 있다. 만일 '비판적' 학파가 아닌 연구자가 이를 읽고는 이 기술은 자신이 하는 연구(가령 "치약 브랜드를 더 잘 광고하는 법"에 관한 연구)의 특징을 포착하지 못한다고 반발한다면, 이전에 사이먼프레이저대학교에서 스마이드의 동료였던 윌리엄 멜로디가 비판 연구자에 관해 다음과 같이 말한 내용을 검토해 보는 게 좋을 듯하다. “이른바 ‘비판적’ 연구의 가장 큰 난점은 너무나 자주 그 주된 표적이 사회의 문제점이 아니라 행정적 연구였다는 점이다”(Melody & Mansell, 1983, p.110).

정보 시대의 도전

커뮤니케이션 연구 분야에서 분열과 의견 불일치를 지나치게 강조하다 보니, 이 때문에 이 분야가 아마 실제보다도 더 분열된 모습으로 보였을지도 모른다. 하지만 어떤 분야에서 새로움과 활발함의 징후가 보인다고 해서, 수많은 서로 모순된 정리와 해석의 존재가 노출되었다고 할 수 없는 것처럼, 그 분야를 뉴턴의 법칙에 상응하는 정도의 법칙 뒤에 일사불란하게 합치려 하는 일도 불가능하다. 후자의 상황에는 뉴턴 같은 인물이 반드시 필요한데, 이는 커뮤니케이션에서는 가능성이 더 희박하다.

오늘날 커뮤니케이션 연구자가 모두 서로 의견 일치를 보이지도 않고, 심지어 상대편 저작에 관해 서로 우호적으로 언급하지도 않는다. 하지만 이 분야는 여명기이던 20세기 중반 이래로 점차 소멸해 버리지 않았으며, 오히려 계속 활발하고 번영하는 연구 분야로 남는 데 성공했다. 제럴드 R. 밀러는 스피치 커뮤니케이션의 관점에서 볼 때 현재의 커뮤니케이션 연구의 발전에 완전히 만족하지는 않지만, 이 분야에 대해 다음과 같이 간파했다고 한다.

> [이 분야는—옮긴이] 학술적으로 더 성숙하고 존경할 만한 수준으로 나

아가고 있다. 비록 나는 이 추세 중 다른 것보다는 몇몇에 더 우호적이지만, 각 추세는 자체적으로 반드시 제시해야 할 부류의 질문을 반영하고 있다. 분야의 격동은 두려워할 일이 아니며, 오히려 학술적 갈등을 건설적으로 유도하기만 하면 더 큰 성장과 발전의 기회가 생긴다(Miller, 1983, p.41).

더구나 지금은 아마 일관성과 응집성을 강화하는 방향으로 커뮤니케이션 연구 패턴을 재고해야 할 특히 타당한 이유가 생겼다고 할 수 있을 것이다. 우리는 정보의 시대, 커뮤니케이션의 시대, 커뮤니케이션 혁명, 정보 사회 등 다양한 이름으로 불리는 새로운 시대로 접어들고 있는 것으로 보인다. 대니얼 벨(Bell, 1973)은 《탈산업 사회의 도래*The Coming of Post-Industrial Society*》에서 이 새 시대를 예견했으며, 앨빈 토플러(Toffler, 1980)는 《제3의 물결*The Third Wave*》이란 저서에서 그러한 상황 전개를 다소 자세히 묘사했다. 이제 막 진입한 이 시대에 마이크로전자공학, 오토메이션, 정교한 커뮤니케이션 이용이 등장하는 것을 보면, 지구상에 새로운 시대가 오고 있다는 모든 징후를 발견할 수 있다.

실러(Schiller, 1983)는 이렇게 묘사했다. "자본주의는 구조적 변화를 겪고 있다. 비록 정보 구성 요소가 오래된 산업 토대를 대체하지는 않는다 하더라도 거기에 삽입되어, 커뮤니케이션 과정을 전체적인 생산 체제에서 핵심적으로 요소로 만들고 있다"(p.251)고 말한다. 실러는 계속해서 다음과 같이 썼다.

비록 아직 완전히 성숙하지는 않았지만, 이 획기적 변화의 가시적 특징은 모든 곳에서 보인다. 가장 두드러진 부분은 경제와 노동력이 생산에서 서비스 활동으로 이동하고 있다는 점인데, 여기서 정보는 주도적이면서 여전히 성장하고 있는 요소이다. 이에 더해 정보 산업 자체 — 가령 장비, 프로그래밍, 처리, 송출, 배포, 저장, 검색 등 — 의 놀랄 만한 성장도 일어나고 있다.

이 모든 정보 기반, 혹은 정보와 관련된 활동이 촉진되고 있고, 스스로 정보의 급속한 상품화를 촉진하고 있다. 이는 여러 가지 측면에서 이전 시기의 노동 상품화에 비견되며, 더 거슬러 올라가면 신분제 붕괴와 토지 상품화에 비견할 만하다.

이러한 추세가 인간화의 대장정을 열어줄지, 아니면 저지할지를 결정할 요인 자체는 **현재 자리 잡은** 사회 기관의 특성이나 유연성의 정도에 따라서 결정된다. 예를 들면 로봇과 컴퓨터에 의해 대체된 노동력이 인도적인 차원에서 의미 있는 유급 활동으로 이전될 수 있을까? 이처럼 중요한 결정을 누가 내릴 것인가?

이처럼 초월적인 변화에 직면하여 연구와 분석이 필요하다. 기초적이면서도 아직 해답이 없는 몇몇 질문은 다음과 같다. 어떤 종류의 상품과 서비스가 필요하며, 무엇을 생산해야 할까? 어느 정도 규모의 노동력이 필요하며, 어떻게 훈련해야 할까? 전자적으로 조직된 사회에서 거버넌스 양식은 어떤 것이 될까? 국제 체제는 평등한 참여자 간에 통합된 세계 공동체로 진화할까, 아니면 사분오열된 혼란 상태로 조각날 것인가? 물론 이것이 다는 아니지만 마지막으로, 불확실한 기회와 미지의 위험에 직면한 여러 개인에게는 어떤 일이 발생할까?(pp.251~253).

마지막으로, 앞으로 다가올 것으로 예상되는 시대에 관해 의견을 표현한 비서구의 출처 중에서 논평을 인용하는 게 좋을 것 같다. 일본의 종합연구개발기구National Institute for Research Advancement는 구성원과 고객에게 다음과 같은 예견을 널리 발표했다.

> 선진 정보 사회의 발전이 가져온 신세계는 …… 산업 혁명이 초래한 변화에 비교할 만한 주된 변화를 생성하고 우리가 아는 세계를 완전히 바꿔 버릴 것으로 예상된다. 특히 사회를 지도하는 기본적 가치 체계는 상품에 근거한 체제에서 벗어나 정보가 사회를 추동하는 동력이 되는 체제로 옮아갈 것이다.

그러므로 이 책에서 묘사한 세기가 커뮤니케이션 연구에서 마지막 장이 될 것이라고 믿을 이유는 전혀 없다. 오히려 지금까지 커뮤니케이션으로 성취한 것보다 더 많은 힘든 작업이 아직 남아있으며, 이를 위해 더 효율적이고 혁신적인 방안을 찾아내야만 할 것이라고 기대해도 좋다.

part 2

미국 커뮤니케이션 연구의 정착

스티븐 H. 채피
에버렛 M. 로저스

chapter 7

월버 슈람

창시자

Wilbur Schramm

1907	오하이오 마리에타에서 출생
1928	마리에타대학교 졸업
1930	하버드대학교 미국 문학 석사
1932	아이오와대학교 영문학 박사
1932~1934	아이오와대학교 심리학 박사 후 과정
1934~1941	아이오와대학교 영문학과 교수
1942~1943	워싱턴 D.C.에서 전시 연구 참여
1943~1947	아이오와대학교 저널리즘학부장
1943	미국 내 매스 커뮤니케이션 박사 과정 최초 설립
1947	일리노이대학교 커뮤니케이션연구원 설립
1947~1955	일리노이대학교 커뮤니케이션연구원 원장 겸 커뮤니케이션 교수
1948	《현대 사회의 커뮤니케이션》 출판
1949	《매스 커뮤니케이션즈》 출판
1954	《매스 커뮤니케이션의 과정과 효과》 출판
1955~1973	스탠포드대학교 교수
1957~1973	스탠포드대학교 커뮤니케이션연구원 원장
1957	《매스 커뮤니케이션에서의 책임》 출판
1959	《세계 신문에서의 하루》 출판
1961	《우리 아동들의 삶에서의 텔레비전》 출판
1964	《매스 미디어와 국가 발전》 출판
1973~1975	하와이대학교 동서커뮤니케이션연구소 소장
1973	《인간, 메시지와 미디어》 출판
1977	《빅 미디어와 작은 미디어》 출판; 홍콩중문대학교 오분호 국제커뮤니케이션 석좌 교수
1987	사망

윌버는 어떻게 그렇게 많은 다양한 커리어를 동시에 수행할 수 있었는지, 어디서 그런 에너지를 얻었는지 사람들은 궁금해 한다. 슈람은 스포츠, 영양분, 열망, 영감 등 많은 방향에서 에너지를 이끌어 냈다. 그러나 학술적 삶에서 슈람의 커리어는 하버드에서 강의 외에는 모두 중단했을 때 시작되었다. 그의 친구 로버트 프로스트의 말을 빌자면, 그 길의 선택은 "모든 것을 바꿔 놓았으며 — 길은 길로 안내했다."

— 엘리자베스 슈람[125]

슈람을 스탠포드로 데려온 일은 일찍이 내가 커뮤니케이션 연구에 기여한 것 중 가장 중요한 일이었다. 슈람은 세상에 엄청난 영향을 미쳤다. …… 한 사람이 그렇게 지배적으로 두드러지는 어떤 분야도 들어본 적이 없다.

— 칠턴 R. ("치크") 부시[126]

* 이 장은 Cartier(1988), Chaffee, Chu, Lyle, & Danielson(1974), Della(1987), McAnany(1988), Rogers(1994), Rogers & Chaffee(1994), Tankard(1990) 등을 포함해서 이전에 나온 몇몇 출판물에 의존했다.

125 윌버 슈람의 부인인 엘리자베스 슈람의 말로, MacElwain(1985)에서 재인용.

126 David Grey(1985)가 1970년 6월 29일 행한 개인 인터뷰에서 인용했다. Archives

미국에서 커뮤니케이션 연구의 시작에 관한 이야기를 들려주면서 자신을 거의 완전히 빼버린 것은, 이 책의 첫 6개 장의 저자인 윌버 슈람에게 딱 어울리는 일이었다. 슈람의 설명만 듣다 보면, 슈람 자신은 단순히 라스웰, 라자스펠드, 레윈, 홉랜드의 관찰자이자 가끔씩 대화 상대였으며, 단지 생애 기간과 커리어가 이 여러 시조와 겹쳤을 뿐이었다고 결론짓게 될지도 모른다. 하지만 이와 반대로, 윌버 슈람은 미국에서뿐 아니라 전 세계적으로도 커뮤니케이션 연구의 **유일한** 창시자*the founder*였다. 이 글의 목적은 다른 사람의 저작뿐 아니라 우리 자신의 지난 기억에 근거해 어떻게 윌버 슈람이 스스로 커뮤니케이션 연구라 부른 분야를 창설하게 되었는지 기술하는 일이다.

창시자 대 시조

창시자란 무엇인가? 하나의 새로운 학문 분야의 창시자는 그 분야를 정의하는 최초의 책들을 쓴 저자일 수도 있고, 새 분야에서 대학 학과를 처음 세운 사람일 수도 있고, 그 분야의 첫 세대 신진 학자를 가르친 (그러고 나서 다른 대학에서 새로운 학과를 출범시킨) 사람이 될 수도 있다. 이 중 어떤 방식으로 보든 슈람은 커뮤니케이션 연구의 창시자였다. 슈람은 세 군데 저명한 연구 중심 대학교에서 교수 커리어를 거쳤다. 즉 1934~1947년까지 아이오와대학교, 1947~1955년까지 일리노이대학

Reading Romm, State Historical Society of Wisconsin, Madison, WI. 부시와 슈람의 관계에 관해서는 Rogers & Chaffee(1994), 특히 pp.24~27을 보라.

교, 그리고 1955~1973년 정년퇴직 때까지 스탠포드대학교에서 재직했다. 슈람이 이러한 학술적 체류를 끝내기도 훨씬 전에, 커뮤니케이션 연구는 이 여러 학교에서 굳건하게 제도화되었고, 슈람의 제자는 다른 수십 군데에서 성공적인 프로그램을 시작했으며, 분야를 통틀어 그의 교과서와 연구 논문은 표준 품목이 되었다.

슈람의 창시자 역할은 자신이 이 마지막 회고록을 헌정한 "여러 시조"(이들은 "선구자*forerunners*"라고 불러도 무리가 없을 것이다)의 역할과 어떻게 다른가? 시조란 새로운 학문 분야에서 독창적인 내용을 확립하는, 시기적으로 이른 발생기의 연구를 수행한다. 그러나 이 책의 네 사례에서 볼 수 있듯이, 시조는 제도적으로는 반드시 새로운 분야와 스스로 동일시하지 않으며 자신의 박사 과정 학생과도 그리하지 않는다. 시조는 새로운 분야를 창설하는 선구자 역할을 하기 위해 원래 분야의 안정성을 포기하지도 않는다. 이 책에서 앞의 여러 장은 네 명의 시조가 자신만의 커뮤니케이션 연구를 수행하는 동안에도 각자 속한 정치학, 사회학, 심리학과에 어떻게 머물렀는지를 자세히 소개했다. 이 중 몇몇은 연구소나 연구 프로그램을 설립하기도 했지만, 모두 더 이상 존재하지 않는 한시적 조직이었을 뿐이다. 그리고 이 여러 조직 단위는 학위를 수여하지 않았을 뿐 아니라 분명히 커뮤니케이션 학위는 더더구나 아니었다. 요컨대, 창시자 없이는 새로운 분야가 전혀 존재할 수 없으며 그러므로 회고할 시조도 없어진다. 슈람이 없었다면, 이전 네 사람의 연구는 커뮤니케이션이라는 공통된 핵심에서 지적으로 단절된 채 남아 있었을 것이다.

하나의 분야를 창시하는 데 반드시 필요한 게 무엇인가? 분명히 시점이 중요하다. 윌버 슈람은 2차 세계 대전이 끝난 후 커뮤니케이션 연구를 창설했는데, 이때는 미국의 대학교가 엄청난 팽창을 시작하던 때로 10년 만에 등록 학생 수를 두 배 혹은 심지어 세 배로까지 늘리던 시기였다. 따라서 자원은 조달 가능했다. 윌버 슈람은 그러한 자원의 통제권을 확보하는 데 특히 뛰어났다. 슈람은 전설적인 모금가였는데, 소장으로 있던 커뮤니케이션 연구소에 종종 매년 수십만 달러의 연구비를 끌어왔다. 그리고는 이 '느슨한 재원'을 새로운 교수 자리나 다른 유형의 자원에 투자했다. 슈람은 기관 설립자이지 외톨이 학자가 아니었다.

커리어 중반에 안정된 분야를 떠나 새로운 분야를 창설하여 이주하는 위험을 감수하려면, 창시자는 확고한 자아 개념과 더불어 상당한 대인 관계 기술을 갖추고 있어야 한다. 윌버 슈람은 자아가 강한 사람이었다. 자신의 성취에 대한 자부심도 갖고 있었고, 끊임없이 더 성취해 나가고 있었다. 확실히 일상생활에서 자신을 내세우지 않는 그런 부류의 동료로 처신했고, 자신의 성취에 대해 매우 겸손했다. 윌버는 문자 그대로 칭찬과 존경을 받으면 "에이, 그만해요" 하고 말했다고 여러 동료가 자신 있게 말할 것이다.

슈람은 오랫동안 열심히 일했으며 연구, 강의, 행정 업무에도 깊숙이 관여했다. 오히려 더 많이 일할 수가 없어서 유감이라고 종종 말할 정도였다. 예컨대, 1969년 국립정신보건연구소가 텔레비전과 아동에 관한 프로젝트 계획서를 요청했을 때 슈람은 이미 "너무 많은 다른 프로젝트를 진행 중"이라고 말하면서 고사했다. 그 주제에 관해 미국에서는 최초의 주된 연구의 저자로서(Schramm, Lyle, & Parker, 1961), 아마 슈람이라면 나중에 나온 공중위생국장 보고서(NIMH, 1972)를 더욱 빛나게 만들었을 것이다. 커리어 후반 내내 슈람은 필요로 하는 데가 많왔는데, 그가 받은 초청 중 절반 정도라도 소화할 수 있는 사람은 아마 아무도 없었을 것이다.

슈람은 늘 다른 사람의 문제를 배려할 적절한 시간을 내주는 점잖은 학자의 이미지를 보여 주었다. 사람들은 금방 윌버 슈람에게 끌렸고 그의 능력에 확신을 가졌다. 이는 탁월한 박사 과정 학생과 대규모 연구비를 끌어들이고, 학장이나 대학 총장과 탄탄한 대인 관계를 유지하는 능력을 발휘할 수 있는 한 요인이었다. 슈람은 커뮤니케이션 연구가 나아가야 할 방향에 대한 비전을 갖고 있었고, 이 연구를 거기에 도달케 하려는 확고한 결심을 갖고 있었으며, 자신만의 상당한 능력으로 그 일을 끝까지 해냈다.

따라서 윌버 슈람은 독특하게도 커뮤니케이션 연구를 창시하기 위해 필요한 개인적 자질과 대인 관계술을 모두 갖추었다. 그럼에도 불구하고 슈람과 같은 자질을 일부 갖춘 다른 사람도 거의 같은 시기에 있었다. 뒤에서 이러한 인물을 몇몇 언급할 것이다. 그러나 슈람에 필적할 만한 인물이 없었으며, 커뮤니케이션 연구가 형성되던 수십 년 동안 그 분야에 관해 알던 사람이라면 아무도 그의 탁월함에 의문을 표하지 않을 것이다.

과학사회학자는 새로운 지적 패러다임이 과학 혁명(즉 기성 분야에서 연구의 새로운 형태)을 조성하는 데에서 어떠한 역할을 하는지, 또한 전개 중인 분야에서 학자의 "보이지 않는 공동체"가 어떻게 새로운 패러다임에 끌리게 되는지(Crane, 1972; Kuhn, 1962)를 탐구해 왔다. 하지만 기이하게도 과학사회학자와 과학사가는 하나의 새로운 과학 분야의 창설 과정에는 거의 주목하지 않았다. 아마 그러한 사건이 극도로 희귀하기 때문에 이러한 공백이 존재하는 것 같다. 1900년 무렵은 다섯 가지 전통적 사회과학(경제학, 심리학, 정치학, 사회학, 인류학)이 정착된 시대인데, 그 이후 미국 대학교에서는 아주 소수의 학문 분야만이 새로 생겨났다. 언어학, 컴퓨터과학(최근 전자공학에서 분리된 분야), 지역 연구(예컨대, 라틴 아메리카 연구), 민족 연구*ethnic studies*, 페미니즘 연구 등이 새로운 학과로 생겨났다. 하지만 이 학과들은 모두 전형적으로 학제적인 프로그램이며, 새로운 분야나 학문이라고 주장하지는 않는다. 커뮤니케이션 연구는 사실 지난 80년 내지 90년 동안 미국 대학교에서 가장 폭넓게 수용된 새 분야일 것이다. 그러나 앞으로 살펴보겠지만, 이 분야의 도입은 심지어 현재까지도 전혀 끝나지 않았다. 이 분야는 다양한 기관에서 무수하게 다양한 방식으로 조직되어 있으며, 아직 표준화된 커리큘럼조차 없다. 따라서 설혹 우리가 그러고 싶어 한다 해도, 여기서 전체 이야기를 다 들려줄 수는 없을 것이다. 이 책은 오로지 커뮤니케이션 연구의 시작 부분만 다룬다.

이 장은 커뮤니케이션 연구라는 새로운 분야의 창시와 확산이라는 이 이례적인 과정에서 윌버 슈람이 수행한 역할을 기록하고, 제도적, 직업적 저항을 극복하면서 발생한 약간의 갈등을 자세히 소개한다. 이는 우리 자신의 커리어와 대부분 중첩되는 이야기이며, 이 이야기를 들려주는 것은 마치 이 책의 첫 여섯 장에서 여러 시조에 관한 슈람의 회고가 그랬던 것처럼 우리 자신의 개인적 회고이기도 하다.

르네상스인

르네상스인이라는 찬양어는 아주 흔히 피렌체의 건축가–엔지니어–

해부학자-조각가-화가인 레오나르도 다 빈치를 연상시킨다. 레오나르도는 문자 그대로 유럽 문명이 탄생했던 시기이자 르네상스(대략 1450~1600)라고 부르는 시기를 대표하는 인물이었다. 레오나르도는 여러 다양한 분야에서 재능이 뛰어났는데, 우리가 르네상스인이라는 용어를 적용하면서 찬탄하는 대상은 바로 이 만능적 자질이다.

윌버 슈람은 분명히 르네상스인 같은 인물이 되고 싶어 했고, 확실히 실제로도 그런 사람이었다. 윌버 슈람을 묘사하는 사람이라면 누구나 그의 엄청나게 많은 능력을 열거하면서 시작한다. 슈람은 오하이오의 트리플 에이 야구팀인 콜럼버스 레드 버즈Columbus Red Birds에서 3루수 포지션 트라이아웃을 제안 받을 정도로 훌륭한 운동 선수였다. 하버드대학교 대학원생이었을 때에는 (동시에 다섯 가지 다른 시간제 일자리를 계속하면서) 보스턴 심포니와 플루트를 연주했다. 직접 쓴 단편 소설 중 하나로 오 헨리상을 받았으며, 다른 하나는 할리우드 영화의 일부로도 쓰였다. 슈람은 미국에서 가장 중요한 픽션 창작 대학원 프로그램 중 하나인 아이오와작가워크숍Iowa Writers' Workshop도 설립했다. 심지어 면허증을 소지한 항공기 파일럿이기도 했다. 스탠포드대에서 원로교수이던 시절, 1년짜리 자체 연수 프로젝트로 포트란FORTRAN 언어로 컴퓨터 프로그래밍하는 법을 배우기 위해 슈람은 자습용 매뉴얼도 샀다. 슈람은 스탠포드 시절 글을 너무나 많이 써서 전자 타자기를 여러 개 망가뜨렸다고 한 동료는 회고한다(Nelson, 1977). 슈람을 잘 아는 사람이라면 모두 이러한 일화와 다재다능한 기술의 수많은 다른 지표에 비추어 소개하면서 그에 관해 이야기를 시작한다. 슈람은 '할 수 있다'는 정신을 갖고 있었는데, 이는 새로운 학문 분야의 창시자에게 중요한 자질이다. 그리고 슈람은 위대하면서 평범하지 않은 일을 하고 싶어 했다.

슈람이 세상을 떠난 후, 수많은 이전 동료에게 슈람의 키가 어느 정도 된다고 생각하는지 물어보았다. 추정치는 182~188cm 사이였다. 36세 때의 슈람은 대학교 메모에 자신을 182cm로 적었는데, 아마 이후에 체중은 좀 줄었을 것이다. 우리가 말하고자 하는 바는, 윌버 슈람의 키를 실제보다 작게 기억한 사람은 아무도 없었다는 것이다.

윌버 슈람의 초창기

슈람은 1907년 오하이오 주의 마리에타Marietta에서 태어났다. 이 작은 중서부 도시는 확장된 메이슨-딕슨 라인The Mason–Dixon line[127] 아래에 있으며 올드 사우스에서 오하이오 강 건너편에 있다. 어린 시절 슈람은 때때로 버지니아, 웨스트버지니아, 켄터키 주에서도 살았다. 그렇다면 슈람의 매너와 화법에 약간의 남부식 고상함이 배어있는 것은 놀랄 만한 일이 아니다. 예컨대, 슈람은 보통 부인을 정중한 남부식으로

127 메이슨-딕슨 라인은 원래 1763년과 1767년 사이에 북미의 여러 식민지 간에 일어난 경계 분쟁을 조정하기 위해 찰스 메이슨Charles Mason과 제레미아 딕슨Jeremiah Dixon이 조사해 설정한 경계선이었다. 현재 기준으로 보면 이 라인은 펜실베이니아, 메릴랜드, 델라웨어, 웨스트버지니아 등 4개 주의 경계선과 일부 중복된다. 남북전쟁 이전에는 노예제를 합법화한 주와 그렇지 않은 주를 구분하는 경계선으로 간주되기도 했다(물론 실제 경계는 이와 다소 차이가 있었다). 하지만 이 라인은 그보다는 미국 내에서 진보적이고 개방적인 동북부와 보수적인 남부Dixie 두 지역 간의 문화적 차이를 구분하는 의미로 사용된다. 즉 슈람은 보수적이고 가부장적인 남부의 분위기에서 성장했다는 뜻이다. — 옮긴이

"미스 베티"라고 호칭했다.

슈람의 커리어를 정하게 해주는 불행한 사건이 다섯 살 때 일어났는데, 그때 편도 절제 수술을 잘못해 심하게 말을 더듬게 된 것이다. 비록 슈람 자신은 오히려 이를 이용해 긍정적 효과를 내는 방법을 다양하게 체득했지만, 이 장애는 생애 내내 지속되었다. 젊은 윌버 슈람에게 언어 장애란 부친의 직업인 법률 커리어를 설계할 수 없다는 뜻이었다. 슈람은 커가면서 스포츠도 하고 학업에서도 뛰어난 성적을 거두었다. 슈람은 마리에타고등학교를 수석으로 졸업했을 뿐 아니라(여기서는 수석 졸업자 연설이 아니라 플루트로 한 곡을 연주했다), 마리에타대학교도 수석으로 마쳤다(이때는 1928년도 졸업생을 대표해 졸업 연설을 했다). 심지어 마리에타 지역 신문의 시간제 기자와 AP 통신원으로 일하면서 내내 고학생으로 학교를 마쳤음에도 불구하고, 파이 베타 카파Phi Beta Kappa 회원으로도 선정되었다. 이 일자리를 통해 이후의 커리어에 열쇠가 될 글쓰기 기술도 연마했다.

1930년 슈람은 하버드대학교 미국 문학 석사 과정에 진학했다. 또한 앨프리드 노스 화이트헤드와 철학을 공부하기도 했는데, 화이트헤드는 자신에게 가장 많은 영향을 준 사람이라고 이후에 슈람은 말했다(화이트헤드 역시 말더듬증이 있었으나 극복했다. Catier, 1980, p.69를 보라). 슈람은 고군분투하며 하버드대학교의 비싼 등록금을 마련했으며, 1930년 석사 학위를 취득한 후에는 영문학 박사 학위를 위해 아이오와주립대에 진학했다. 그리고 1932년 헨리 워즈워스 롱펠로우의 시 '히아와타 Hiawatha'에 관한 박사 학위 논문을 완성했다(Schramm, 1932).

슈람은 왜 아이오와를 선택했나? 하버드보다 등록금이 훨씬 저렴했을 뿐 아니라, 1930년대의 아이오와는 전도가 유망한 대학교로서 대공황에도 불구하고 확실히 부상하고 있던 학교였다. 그 학교의 문리과 대학 교수진은 인문학과 사회과학에서 모두 높은 명성을 얻고 있었다. 슈람에게 특히 매력적이었던 부분은 리 에드워드 트레비스 교수가 장으로 있던 아이오와대학의 명망 높은 스피치 클리닉이었다. 슈람은 자신의 만성적 장애에 대해 가능한 한 최고의 도움을 원했다.

당시의 트레비스는 사용하는 손을 잘못 선택한 데서 말더듬이 초래된다는 이론을 갖고 있었다. 그래서 슈람의 오른쪽 손을 가죽 끈으로 묶어 사용하지 못하게 했다. 그러나 이 치료법은 실패했다. 하지만 아이오와 스피치 클리닉의 다른 치료사인 웬델 존슨은 이와 달리 말더듬은 사회적으로 결정된 문제여서 개인이 자기 인식을 바꾸면 치료할 수 있다고 주장했다. 비록 스피치 문제는 지속되었지만, 존슨은 슈람에게 다소 도움이 되었다. 그 후 말더듬 덕분에 슈람은 인간 커뮤니케이션과 접하게 되었는데, 이는 초기 일반 의미론자인 존슨이 글을 쓰고 있던 분야였다(Johnson, 1946). 이 말더듬은 왜 슈람이 커리어 후반에 대규모 강의 과목보다는 소규모 세미나를 가르치는 것을 선호했는지도 설명해 줄 수 있다. 슈람은 아이오와에서 친밀하고 개인화된 강의 스타일을 개발했는데, 이는 이후에 설립한 세 군데 커뮤니케이션 박사 과정 프로그램에서도 지속된 패턴이었다. 심지어 강좌에 대규모 수강생이 몰렸을 때에도, 슈람의 강의실 스타일은 늘 개인화되고 허물없고 일화적이었다. 슈람은 아주 분석적이고, 개요가 세심하게 짜여 있으며, 엄밀하게 편집된 스타일로 글을 썼지만, 강의에서는 흔히 본론에서 벗어나 스토리텔링으로 빠지곤 했는데, 이는 그가 탁월했던 또 다른 커뮤니케이션 형태였다.

박사 학위를 마친 후, 슈람은 아이오와대학교에서 2년간 박사 후 연구 과정으로 생리심리학자인 칼 E. 시쇼어와 청각학 분야에서 여러 실험실 실험을 했다. 슈람은 시 읽기의 리듬을 연구했고, 1934년 이 주제에 관한 논문을 출판했다(Seashore & Schramm, 1934). 이러한 연구 문제를 선택한 것을 보면, 슈람이 스피치 심리학에 계속 관심을 두었음을 알 수 있는데, 이는 이전의 문학적 배경을 계속 추구한 것일 뿐 아니라 아마 말더듬과 교정 치료 경험에서도 영향을 받은 것 같다. 슈람은 왜 박사 후 연구를 했으며, 그것도 왜 (외관상 영문학과 거리가 먼) 심리학 분야에서 했는가? 첫째, 1932년이라는 공황기에는 학문적 일자리가 매우 희소했다. 더구나 시쇼어는 당시 아이오와에서 가장 존경받는 학자 중 한 명이었다. 슈람은 커리어 내내 위대한 지성에게 매력을 느꼈다. 그러나 슈람이 심리학을 선택한 것을 보면, 행태주의 과학 방법을 인문학적 문제에 적용할 수 있을 것이라는 낙관적 믿음도 가졌음을 알 수 있다. 당시 동료 문학 교수들은 대개 (문학과 과학에 대해) "두 가지 문화*two cultures*"라는 인식을 갖고 있었는데, 이러한 가정을 수용하지 않으려 하는 바람에 슈람은 이미 유난히 튀는 존재로 비치고 있었다. 슈람은 늘 스스로 인문학자이자 사회과학자로 자처하곤 했다. 그 이전에도, 슈람은 이미 초서Chaucer 시대의 책 가격이 어느 정도였으며, 그 가격이 《캔터베리 이야기》라는 고전의 길이에 어떻게 영향을 주었는지에 관한 논문에서 사회적 연구와 문학적 연구를 융합한 적이 있었다(Schramm, 1933).

아이오와에 있던 이 기간 동안, 슈람은 망명 독일 학자인 커트 레윈(4장을 보라)도 알게 되었는데, 레윈은 집단 커뮤니케이션과 행태 변화에 관한 현장 실험을 시행하고 있었다. 레윈은 1935년 교육심리학자인 조지 스토다드의 주선으로 아이오와에 왔는데, 당시 스토다드는 아이오와 아동복지연구소 소장으로 있으면서 정상 아동의 행동을 연구했다. 슈람은 아이오와 학생 사이에서 '핫 에어 클럽'으로 알려진 레윈의 주간 토론 모임에도 참여했다.[128] 이 모임은 아이오와대학교 캠퍼스 근처 지역 식당에서 열렸는데, 여기서는 레윈의 장 이론에 관한 발표와 토론이 이루어지는 것이 특징이었다. 개인의 행동은 본능이나 욕구의 산물일 뿐 아니라 개인적 환경의 산물이기도 하다고 레윈은 이론화했는데, 이 시각은 슈람의 절충주의적 접근과 잘 맞았다.

슈람은 지적 자극을 제공하는 연구 문제 접근 방식뿐 아니라 행태주의 과학의 이론적 시각과 방법론적 기술을 레윈에게서 추가로 배웠다. 레윈은 최근 출판된 자신의 논문을 몇 사람이나 읽었겠냐고 슈람에게 질문했는데, 이때의 대화를 슈람은 종종 되짚곤 했다. 아마 수백 명 정도에 불과할 것이라고 슈람은 인정했다. 그다음 레윈은 대중 잡지인 〈새터데이 이브닝 포스트*The Saturday Evening Post*〉에 실린 슈람의 가장 최근 단편 소설을 몇 사람 정도가 읽었겠냐고 물었다. 수십만 명은 되지 않겠냐고 슈람은 추정했다. "왜?" 하고 레윈은 물었다. "자네는 왜 그런지 아는가?"

1934년 슈람은 아이오와의 영문학과에서 조교수로 채용되었다. 그리고 허먼 멜빌, 월트 휘트먼, 마크 트웨인 같은 위대한 19세기 미국 작가에 관한 과목을 가르쳤다. 5년 후, 픽션 창작 과목을 가르치던 교수가 갑자기 죽자, 슈람은 아이오와작가워크숍이라 불리는 이 과목을 넘겨받아 대학원 수준의 프로그램으로 확장했다. 워크숍의 직원이라

128 레윈의 '잡담 모임'을 말한다. 4장을 보라.

고 해야 슈람과 대여섯 명의 시간 강사진이 있었다. 여기서는 집중적이고 실습 위주의 픽션 창작 과목을 가르쳤다. 10여 명 정도 되는 학생은 모두 한 주에 한 번 슈람과 개별적으로 만났다. 글 한 편이 준비되었다고 판단하면, 흔히 슈람의 집에서 모이던 주간 세미나에서 학생이 발표하도록 했다. 슈람은 나중에 퓰리처상 수상 시인이 되는 아치볼드 매클리시처럼 뛰어난 작가를 초청해 학생들에게 강연하도록 했다. 슈람은 소수의 뛰어난 학생을 가르치기 위해 긴밀한 도제 방식을 개발하고 있었다.

슈람은 픽션 창작을 가르쳤을 뿐 아니라 실제로 창작도 했다. 1939년에서 1941년 사이에 슈람은 많은 부수가 팔리는 잡지에 잡지 소설을 십여 편 발표했다.[129] 슈람의 기사는 호프웰 할아버지와 그의 날아다니는 트랙터 이야기, 브루클린 다저스Brooklyn Dodgers 팀 3루수를 맡은 존스라는 말 이야기, 윈드웨건 스미스라는 사람의 대평원 포장마차가 바람에 저 멀리 날려가 원래 출발한 자리로 되돌아갔다는 이야기 같은 주제를 다룬 "터무니없는 이야기들"이었다. 마지막 모험담은 월트 디즈니 영화에도 나왔으니 슈람은 할리우드에까지 진출한 셈이다.[130] 이 여러 소설로 슈람은 추가적인 (그리고 절실하던) 수입도 얻었으며, 아이오와 시티에서 문학 교수이자 픽션 작가로서 바쁘면서도 안락한 라이프스타일을 손쉽게 지속할 수 있었을 것이다. 그러나 여기에 2차 세계 대

129 당시 아이오와 농장에서 성장기를 보내던 이 장 저자 중 한 사람은 〈새터데이 이브닝 포스트〉에 실린 슈람의 글을 열심히 읽었다. 다른 저자는 고전적인 기사와 야구 관련 이야기를 모은 책에서 슈람의 기명 기사를 처음 접했다.

130 슈람의 픽션 소설은 편집되어 책 형태(Schramm, 1941)로 나왔다.

전이 끼어들었다.

전시의 워싱턴

1941년 12월 7일 미국이 2차 세계 대전에 참전한 바로 직후, 슈람은 당시 미 의회도서관 사서이자 미 정부의 중심적인 선전 기구인 사실과 숫자담당국(OFF) 국장으로 새로 임명된 매클리시를 접촉해 복무를 자원했다. 한 달 후인 1942년 1월 슈람은 워싱턴 D.C.에서 일하고 있었다. 다른 임무 중에서도 특히, 라디오로 미국 국민에게 방송되던 프랭클린 D. 루즈벨트 대통령의 "노변의 정담*fireside chats*"[131] 초안 작성에 참여했다. 항상 애국심이 매우 강했던 슈람은 미국의 여러 대학교와 섭외하는 일도 맡아서 대학이 전시 노력을 지원하도록 권유했다. OFF는 여론을 측정하고 라디오 광고나 다른 애국적 메시지를 제작했으며, 미국 미디어의 내용을 검열하고, 외국 방송과 다른 미디어 메시지를 모니터했다. 전쟁이 터졌을 때 OFF에 징발된 학자 중에는 미네소타대학교

131 노변의 정담은 미국의 프랭클린 D. 루즈벨트 대통령이 1933년과 1944년 사이에 라디오를 통해 30회에 걸쳐 실시한 라디오 연설을 지칭한다. 이는 미디어 정치사에서도 획을 긋는 사건으로 꼽히는데, 권력의 수장인 대통령과 일반 국민 사이에 처음으로 친밀하고 직접적인 소통 채널 구실을 했기 때문이다. 특히 대공황 기간에는 공식적인 연설 형태가 아니라 훨씬 사적이고 친밀한 대화 방식을 도입하여 국민적 불안감을 잠재우는 데에도 기여했다. 라디오 연설은 루즈벨트가 뉴욕 주지사이던 1929년에 처음 시도되었다. 보수적인 공화당이 주 의회를 지배하던 상황에서 중요 법안이나 정책 등을 추진하면서, 시민에게 직접 호소해 우호적인 여론을 조성하고 이를 의회에 대한 압력 수단으로 활용하기도 했다. — 옮긴이

저널리즘 교수인 랠프 O. 냅치거가 있었는데, 그의 커리어는 그 후 25년 동안 슈람의 경력과 평행을 이루다가 가끔씩 서로 교차되곤 했다(Rogers & Chaffee, 1994; 특히 pp.20~24를 보라; 또한 8장, pp.165~167을 보라).

전쟁 기간 동안 슈람은 워싱턴 D.C.에서 많은 사회과학자, 행동과학자와 협력 작업을 했다. 그중 한 사람이 바로 아이오와대학교의 이전 동료이던 조지 스토다드였다. 또 다른 한 사람은 렌시스 라이커트였는데, 미 정부 농업성을 위한 농촌 서베이 작업의 연장선에서 전쟁에 대한 공중의 태도 관련 서베이 조사를 실시했다. OFF의 자문 역을 맡은 사람으로는 해럴드 라스웰(2장을 보라)과 랠프 케이시가 있었는데, 케이시는 1930년대에 라스웰과 공동으로 선전과 여론 분석 작업을 했다(Lasswell, Casey, & Smith, 1935; 케이시와 슈람에 관해서는 Rogers & Chaffee, 1994, pp.17~20을 보라). 케이시는 미네소타대학교의 저널리즘학부장이었다. OFF에서 슈람은 또한 스탠포드대학교의 학습심리학자인 어니스트 R. ("잭") 힐거드와 접촉했다. 미국 시민이 아닌 폴 라자스펠드(3장을 보라)는 슈람이 근무하던 부서에서 자문관으로 (하루도 거르지 않고) 일했으며, 펜타곤에 있는 미 육군 정보교육국에서 새무얼 스토우퍼의 연구 분과 자문관이기도 했다. 그 연구 분과는 수십 명의 사회학자, 심리학자와 다른 사회과학자를 고용해 (a) 미군의 사기, 인종적 태도와 그 밖의 태도에 관한 서베이를 실시하고, (b) 군 훈련 영화의 효과에 관한 실험을 수행했다. 후자의 실험 연구는 예일대를 휴직하고 온 칼 홉랜드가 주도했다(5장을 보라).

슈람은 워싱턴 D.C.의 한 교외 도시에서 살면서, 특히 정치학자인 가브리엘 알몬드와 저명한 인류학자인 마가렛 미드 등과 카풀로 사무실에 통근했다. 미드는 전국연구평의회의 위탁을 받아 영양 섭취 행태에 관한 연구 프로그램 책임자로 있었는데, 이 기관은 주부들에게 육류 내장 부위(가령, 위, 심장, 간 등)를 먹도록 설득하는 것처럼 음식 섭취 습관의 변화에 관해 커트 레윈이 아이오와에서 수행하던 현장 실험에도 연구비를 지원하고 있었다.[132] 미드, 힐거드, 라이커트와 슈람은 매월 워싱턴 D.C.의 한 호텔에 모여 저녁을 들면서 학제적인 사회과학 작업에 관해 토론하던 집단의 일원이었다. 보통 슈람이 이 모임을 주관했다.

2차 세계 대전 기간 동안, 워싱턴 D.C.는 사회과학자라면 꼭 있어야 할 장소였다. 미국의 적국은 순전한 악을 대변하는 것처럼 보였기에 전쟁에 반대하는 사회과학자는 거의 없었다. 미국의 전쟁 목표 덕분에 이 여러 학자는 하나의 공통된 대의로 결속했고, 한자리에 모여 커리어 내내 지속되는 관계의 네트워크를 형성하였다. 전시 노력을 위해서는 문제를 학제적으로 접근할 필요가 있었는데, 이는 흔히 커뮤니케이션 연구와 밀접하게 관련되어 있었다. 왜냐하면 그 전쟁은 많은 측면에서 "언어의 전쟁*a war of words*"으로 간주되었기 때문이다. 커뮤니케이션은 또한 미국 국민을 자원입대하고, 물자를 절약하며, 다른 방식으로 국가 자원을 전쟁 승리에 집중하도록 지원하게 하는 데 동원되는 기본 도구로 간주되었다. 그렇다면 여러 가지 중요한 방식으로 2차 세계 대전은 커뮤니케이션 분야의 창시를 위한 조건을 마련해 주었는데, 슈람은 이후에 여러 제자에게 이 점을 자주 강조하곤 했다.

전쟁 직전인 1934년과 1940년 사이에 뉴욕의 록펠러재단 간부이

132 이 연구는 Lewin(1942, 1943)으로 나왔다. 나중에 뉴스 편집의 비유가 된 레윈의 '게이트키핑' 개념은 원래는 가족의 식탁에 음식이 선택되는 과정에 적용되었다(Shoemaker, 1991을 보라).

던 존 마셜은 학자를 십여 명 초빙해 새로 등장하고 있던 커뮤니케이션 분야를 탐구하는 월례 세미나를 개최했다. 당시 록펠러 커뮤니케이션 세미나Rockefeller Communication Seminar라 불리던 이 모임에는 다른 여러 저명한 학자와 더불어 라자스펠드(그의 컬럼비아대학교 라디오 연구 프로젝트Radio Research Project는 이 재단의 자금 후원을 받았다)와 라스웰(그가 미 의회도서관에서 수행한 전시 커뮤니케이션 프로젝트Wartime Communication Project도 이 재단의 후원으로 이루어졌다)이 참여했다. 당시의 어느 월례 세미나에서, 라스웰은 다음과 같이 다섯 가지 질문으로 구성된 커뮤니케이션 모델을 발표했다. "**누가** 무엇을 **누구**에게 **무슨 채널**을 통해 말하고 **어떤 효과**를 얻는가?*Who says what to whom via what channel with what effect?*"[133] 이 단순한 틀은 한해 내내 이어진 토론을 지배했으며 1940년 워싱턴 D.C.에서 정부 관리에게 배포된 세미나 최종 보고서에서도 구성 원칙으로 부각되었다.

1939년 유럽에서 시작한 2차 세계 대전에 미국이 참전하게 되리라는 점은 이 무렵 분명해졌다. 록펠러 커뮤니케이션 세미나 보고서는 미국이 매스 커뮤니케이션을 활용해 다가오는 비상사태에 대비해야 한다고 주장했다. 즉 미국 공중의 애국적 희생을 장려하고, 국가의 전쟁 목표를 설명하며, 적국의 선전을 반박하는 데 매스 커뮤니케이션을 활용할 수 있다는 것이다. 정부의 공적 커뮤니케이션 프로그램의 효과를 개선하기 위해서는 커뮤니케이션 연구가 필요하다고 보고서는 말했다. 존 마셜은 라디오 효과 연구, 신문과 잡지 내용 분석, 영화의 효과 연구

133 사실상 똑같은 공식이 Smith, Lasswell, & Casey(1946)를 비롯해, 같은 시기에 라자스펠드와 여러 동료가 쓴 다양한 글에서도 등장했다.

를 재정적으로 지원했기 때문에, 이 모든 미디어를 포괄할 정도로 폭넓은 전례가 필요했다. 마셜은 1939~1940년 사이의 록펠러 커뮤니케이션 세미나에 여러 학자를 초빙하는 몇 차례 편지에서 **매스 커뮤니케이션**이란 용어를 썼다(그리고 아마 처음 창안했을 것이다).[134]

워싱턴 D.C.에 온 지 2년도 채 지나지 않아, 슈람은 아이오와 시티로 돌아가기로 결심했다. OFF는 전시정보국(OWI)으로 재편되었고 나중에 미국문화원(U.S. Information Agency: USIA)[135]으로 바뀌었다. 미 의회는 민주주의 국가에서 선전 기구의 역할에 의문을 품게 되었고 그래서 1942~1943년 회계 연도에 OWI의 예산을 삭감했다. 슈람을 포함해 이 기관 구성원의 사기가 떨어졌다. 슈람은 1943년 중반에 아이오와 시티로 돌아가면서, 매스 커뮤니케이션 분야 설립이라는 초보적인 착상과 함께 그 아이디어를 실현하는 데 활용할 수 있는 학계 인맥을 갖고 갔다.

아이오와대학교의 여러 보직자들은 슈람을 유망한 학자이자 행정가로 간주했다. 슈람이 설립한 아이오와작가워크숍은 워싱턴 D.C.에 있는 동안에도 계속되었다(그리고 사실 지금까지도 이어지고 있다). 그러나 슈

134 록펠러재단은 다양한 시점에 슈람뿐 아니라 라자스펠드, 레윈, 라스웰, 홉랜드의 커뮤니케이션 연구에 연구비를 지원했다.

135 미국문화원은 미국 정부의 대외 홍보와 문화 교류 사업을 전담하기 위해 1953년 드와이트 아이젠하워 대통령이 설립한 기구이다. 대외 홍보를 위해 미국의 소리를 비롯해 신문과 잡지 영화 등 다양한 미디어를 운영했으며, 풀브라이트 장학 제도 등 국제 교류 사업도 진행했다. 이 사업 추진을 위해 세계 각국에 문화원 지부를 두었다. 하지만 이 기구는 1999년 폐지되었으며, 관련 업무 중 정보나 교류 업무는 국무성 산하로 이전하고 미국의 소리 등 방송 기능만 묶어서 별도의 민간 기구인 방송이사회Broadcasting Board of Governors 산하로 독립시키는 식으로 개편되었다. — 옮긴이

람의 후임자인 폴 엥글 교수가 이 워크숍 책임자 역을 훌륭하게 수행하고 있었다. 또한 워싱턴 D.C.에서 새로운 경험을 하고 난 후, 슈람은 다시 아이오와에서 멜빌과 초서를 가르치는 일에 만족할 수 있을까 하는 의문이 들었다. 1942년 아이오와 시티로 돌아왔을 때 슈람의 나이는 36세였다. 대학 본부는 아이오와 도서관장직을 맡을 수 있는지를 타진했는데, 슈람은 그 제안을 고사했다. 그러고 나서 저널리즘학부장이던 프랭크 루터 모트가 미주리대학교 학장직으로 가기 위해 사임했다. 당시에는 저널리즘 교수가 되기 위해서는 신문사 경력이 필수적이었는데, 슈람은 짧은 (시간제) 신문사 경력밖에 없었는데도 불구하고 주어진 저널리즘학부장직을 수락했다.

슈람은 학부 발전 계획을 학교에 제출했는데, 여기에는 방송과 저널리즘 전공을 단순히 저널리즘 실무 강의 일변도에서 사회학, 심리학, 경제학 등의 사회과학 과목도 포괄하는 방향으로 개편을 요구하는 내용이 담겨 있었다. 슈람은 또한 매스 커뮤니케이션 박사 학위 과정 창설과 함께[136] 저널리즘학부의 한 부속 기관으로 신문 독자 조사 기관의 설립도 제안했다. 슈람의 계획에 따르면 박사 학위 과정은 저널리즘뿐 아니라 다양한 사회과학 학과와 스피치학과도 참여시키는 학제적 프로그램으로 운영될 예정이었다. 워싱턴 D.C.에서 체류하는 15개월 동안 슈람이 변신한 것이 틀림없었다. (미니에폴리스에서는 미네소타대학교에서 케이시와 냅치거가 비슷한 변화를 일으키고 있었다.) 슈람은 영문학 교수로서 아이오와를 떠났지만 커뮤니케이션 연구의 비전을 품고 돌아왔다. 슈람

136 일부 내부 문서에는 슈람이 박사 학위 분야를 그냥 "커뮤니케이션"으로 지칭했다고 되어 있다.

은 그 후 이 비전을 실행하면서 다양한 어려움을 겪게 되어 있었으며, 아이오와에서 제시한 제안은 이후 일리노이대학교에서 도입한 더 규모가 큰 혁신의 예행연습 구실을 했다.

저널리즘학부

1943년 아이오와대학교의 저널리즘학부는 학부 학생이 신문 기자로 진출하도록 준비시키는 직업 훈련소식 고등 교육을 주로 제공하고 있었다. 미국 대학교에서는 저널리즘 교수 자신도 주로 신문 저널리스트로서의 실무 경험을 통해 교육을 받았다. 다수는 어떤 분야에서든 석사 학위는 갖고 있었으나 박사 학위를 소지한 사람은 아주 드물었다. 이처럼 저널리즘학부가 (학술적이기보다는) 직업적 오리엔테이션을 지녀야 한다는 관점은 아이오와뿐 아니라 그 당시 존재하던 수백 군데 저널리즘 프로그램 대다수의 특징이었다.

주된 예외는 위스콘신대학교 매디슨 캠퍼스였는데, 여기서는 "아빠"라는 애칭으로 불리던 윌러드 G. 블라이어(1873~1935)가 이례적으로 학구적인 저널리즘 교육 브랜드를 선구적으로 확립했다.[137] 블라이어는 영문학 박사 학위를 소지하고 신문사 직업 경력도 있던 사람으로서 1904년에 저널리즘 강좌를 시작했다. 일찍부터 블라이어는 연구를 저널리즘 교육의 일부로 강조했다. 만일 저널리즘학부가 단지 직업적

137 블라이어와 여러 제자가 초창기에 수행한 역할에 관해서는 이 책 8장과 Rogers & Chaffee(1994)에서 더 자세히 서술한다.

관행을 따르는 데 그치지 않고 주도하려면, 사회과학이야말로 뉴스 가치, 편집상의 결정, 열독층의 결정 요인 등에 관한 실질적 질문에 해답을 제공하여 도움을 줄 수 있을 것이라고 생각했다. 블라이어와 교수진은 언론의 역사, 법제, 경영 등에서 선구자가 되었다. 신문사 경력자가 직업 기술 강좌를 저널리즘학부에서 가르치는 동안 배울 수 있도록, 사회과학 박사 과정 학생이 저널리즘을 부전공으로 삼을 수 있게 제도화했다. 블라이어는 이 학생들을 위해 여론에 관한 대학원 세미나를 개설했는데, 이는 그 자체로도 새로운 뉴스거리였을 뿐 아니라 신문이 독자와 도덕적, 정치적 질서 일반에 미치는 효과에 관한 단서도 제공했다(Bleyer, 1931).

블라이어는 중서부 지역 진보주의자*Progressive*[138]의 한 사람으로서, 선정주의 언론을 회의적으로 보았다. 그래서 저널리즘학부가 그 직업에서 최선의 상태를 대변하기를 바랐다. 위스콘신에서는 여러 강사가 관련 학과에서 박사 학위를 마치는 동안, 학부 저널리즘 전공자는 장차 보도 대상으로 삼을 사회를 이해하는 수단으로서 사회학, 정치학, 경제학 과목을 수강했다. 블라이어가 독특한 리더십을 발휘한 30

138 미국 역사에서 진보주의*progressivism*는 20세기 초반의 진보 시대*the Progressive Era*—구체적으로는 1890년대부터 1차 세계 대전 혹은 대공황 사이의 시기—에 일어난 광범위한 개혁 운동에 밑바탕이 된 사상적 흐름을 말한다. 당시 미국 사회의 급격한 근대화에 따라 생겨난 폭넓은 변화, 가령 독점적 대기업의 등장과 철도 등 교통 발달, 그리고 부패한 정치에 대한 반작용으로 개혁을 추구하는 움직임이 형성되었다. 특히 사회 전반에 효율성과 도덕성, 전문성을 강조하는 등 새로운 중산층의 개혁 욕구를 반영하여 여러 가지 정책이 제안되었는데, 대기업 독점 규제, 노동자 보호, 자연 보호, 교육 확대, 반부패, 금주령, 언론에서는 고발 저널리즘 등이 이러한 의제의 대표적인 예다. — 옮긴이

여 년 동안 저널리즘 프로그램은 위스콘신대학교의 사회적 진보주의 *social progressivism*를 그 주의 언론에 주입했다. 이 학교는 또한 연구를 커리어 가능성의 자연스런 일부로 여기는 저널리즘 교수를 다른 대학교에게도 공급했다. 이후 수십 년간 이들이 주도하게 된 여러 학교는 슈람에게 싹트기 시작한 새로운 커뮤니케이션 연구 분야의 구상에 좋은 토양을 제공했다.

1940년대에 워싱턴 D.C.에서 함께 지냈고 나중에는 중서부 지역에서도 다시 만나게 되는데, 슈람은 블라이어의 뛰어난 두 제자인 미네소타대학교의 랠프 케이시와 랠프 냅치거를 통해 위스콘신식의 저널리즘 교육관을 접하게 되었다.[139] 어떻게 보면 다른 사람보다는 슈람이 더 손쉽게 간파했지만, 이들의 비전은 록펠러 커뮤니케이션 세미나 보고서에서 구상한 연구 분야로서의 매스 커뮤니케이션이라는 이미지와 썩 잘 어울렸다. 그러나 윌버 슈람이 저널리즘학부장으로서 아이오와에 돌아갔을 무렵, 블라이어의 시각은 미국의 저널리즘 교수 사이에서 널리 수용되지 않았으며, 대다수의 대학 행정가가 저널리즘 교육에 대해 갖고 있던 인식과 맞지도 않았다.

1940년대의 신문사 소유주와 편집인은, 저널리스트란 주로 기초, 즉 글 쓰는 법과 철자법만 알면 된다고 강조했다. 이 직업은 어떤 종류든 대학 졸업자에 거부감을 갖고 있었다. 대다수의 편집인은 사회과학이 신문사의 일상적 작업과 무관하다고 보았으며, 이 작업은 자신들이 하던 대로 할 때, 즉 현장에서 가장 잘 배울 수 있다고 주장했다. 사회

139 블라이어의 여러 제자를 거쳐 슈람에게 전해진 영향은 Rogers & Chaffee(1994)에서 더 자세히 분석한다.

과학 박사 학위를 소지한 저널리즘 교수라는 관념은 어리석을 뿐 아니라, 아마도 위험할 수도 있는 추세로 여겼다. 신문사 발행인과 편집인은 저널리즘학부에 상당한 영향력을 행사했다. 결국 저널리즘학부 졸업생을 채용하는(혹은 채용을 거부하는) 것도 이들이고, 이들이야말로 학생 장학금 기부처가 될 가능성이 가장 높았다.

윌버 슈람이 아이오와에서 구상한 저널리즘학부 계획안을 보면, 그는 이 대립에서 반대편에 자리 잡고 있는 게 틀림없었다. 슈람은 저널리즘학부는 연구를 수행할 뿐 아니라 박사 학위도 수여해야 한다고 주장함으로써, 박사 학위에 저널리즘 부전공을 요구한다는 블라이어의 혁신적인 안을 한 단계 더 넘어섰다. 결국 슈람은 매스 커뮤니케이션 박사 학위 프로그램을 최초로 설립했다. 아이오와의 새 커리큘럼은 저널리즘학부에서 커뮤니케이션 이론, 연구 방법론, 여론, 선전 분석과 기타 사회과학적 주제에 관한 강의를 개설하고, 이를 보강하기 위해 외부에서 심리학, 사회학, 경제학과 정치학 과목을 수강하도록 했다. 하지만 슈람의 엄격한 새로운 박사 과정에 학생이 그다지 많이 몰려들지는 않았다. 슈람이 아이오와 시티를 떠나 일리노이대학교로 옮긴 1947년 무렵, 단 두 명의 박사 수료생만이 학위를 거의 마쳐가고 있었다.

슈람은 라자스펠드의 컬럼비아대학교 라디오연구실을 본떠, 아이오와에 연구소도 설립했다. 이 연구소는 아이오와의 신문사와 시더 래피즈Cedar Rapids의 한 라디오 방송사에서 그다지 많지 않은 수용자 조사 연구비를 수주했을 뿐이었다. 이 여러 회사는 자사 수용자 규모가 어느 정도이며, 어떤 사람이 분포하고 있는지 알고 싶어 했다.[140] 슈람은 또한 회사 연구 담당 국장인 조지 ("테드") 갤럽 박사를 통해 뉴욕에 있는 영 앤드 루비캠Young and Rubicam 광고 대행사에서 연구비를 받았다. 갤럽은 아이오와의 첫 번째 저널리즘 학생 중 한 명이었다. 갤럽은 저널리즘 학사를 마친 후, 거기서 강의를 하면서 응용심리학 석사와 박사 과정을 다녔다. 갤럽은 여러 아이오와 신문의 독자 조사를 근거로 박사 논문을 썼다. 갤럽은 이 교육을 출발점으로 삼아 광고 연구와 여론 조사에서 대단히 성공적인 커리어를 쌓았는데, 이제 이에 대해 모교에 보답할 수 있는 위치에 올랐다.

저널리즘학부에서 세계 최초로 매스 커뮤니케이션 박사 과정을 출범시키면서, 슈람은 대학에서 매스 커뮤니케이션 연구의 일반적 모델을 창조했다. 이보다 더 극적인 진전이 있다면, 곧 새로운 커뮤니케이션 연구 분야가 도약하는 데 기여하는 일이었다. 그리고 슈람은 이것 역시 실현하게 될 운명이었다.

일리노이에서의 매스 커뮤니케이션

1946~1947학년 동안, 슈람은 자신이 구상한 매스 커뮤니케이션 교육 실험이 번창하려면 아이오와대학교에 더 많은 자원이 필요하다고 판단했다. 그래서 대학 본부에 10년간 매년 13만 달러씩 지원을 보장해 달라고 요구했다. 학교에서는 이 제안을 거부했고, 슈람은 다른 자리를 물색하기 시작했다. 당시 슈람의 오랜 친구인 조지 스토다드가 일리노

140 슈람은 물론 이 미디어의 **효과**에도 관심이 있었기 때문에, '행정적 연구' 프로젝트를 후원자의 단기적 목적을 넘어서 학술적 목적으로 전환하는 양식을 개발했다. 슈람은 이 점에서 2차 세계 대전에서 홉랜드가 보여 준 본보기를 따랐다(5장을 보라).

이대학교 총장이 되어 학교 발전을 모색하고 있었다. (블라이어의 또 다른 제자인) 프레드 시버트의 제안도 있고 해서, 스토다드는 슈람을 자신의 실세 자문 팀에 일원으로 참여시키겠다고 제안했다(Rogers & Chaffee, 1994, p.5를 보라). 또한 슈람은 아이오와에서 시작한 매스 커뮤니케이션 프로그램을 더 큰 규모로 일리노이에서 실행하고 싶다고 강하게 주장했다. 스토다드는 이를 긍정적으로 수용했다.

그래서 슈람은 커뮤니케이션연구원 (이 기관은 본질적으로 학제적인 커뮤니케이션 박사 학위 과정이면서 용역 연구 프로그램이기도 했다) 원장이자 커뮤니케이션 교수(슈람은 이런 명칭으로 교수직에 임명된 세계 최초의 인물이었다)로서 일리노이대에 갔다. 스토다드는 또한 슈람에게 일리노이대학교 출판부, 라디오와 텔레비전 방송국, 군 예비역 업무, 컨퍼런스 센터, 그리고 수많은 다른 활동의 책임을 맡겼다. 일리노이대학교 교수 회관에 붙은 익살스런 여러 표현을 보면, 슈람은 "커뮤니케이션 황제*Communication Czar*"이자 "앨러튼 공작*The Duke of Allerton*"이라 불렀다(앨러튼 파크 Allerton Park는 컨퍼런스 센터의 이름이었다).

커뮤니케이션연구원은 일리노이에서 슈람이 받은 행정적 감투 중에서도 보석과 같은 존재였다. 이 연구원은 결국 고정 예산으로 유지되는 약 15개 교수 자리를 지원받았다. 매년 대략 십여 명의 박사 과정 학생이 새로 입학 허가를 받았다. 이 학생들은 슈람이 끌어온 용역 연구비로 수행되는 연구에 교수와 함께 참여해 도제식 연구 경험을 쌓았다. 슈람은 매년 수십만 달러에 달하는 연구비를 유치했다.[141] 일리노이

141 연구비를 지원하는 주요 출처 하나는 미국문화원이었다. 슈람은 2차 세계 대전 중에 OWI에서 근무했는데, 전후에 이 기관이 이름을 USIA로 바꾸었다(Simpson, 1994

대 박사 과정 학생은 연구원에서 가르치는 커뮤니케이션 관련 핵심 과목 외에 (다른) 사회과학 학과에서도 강의를 수강했다. 일리노이 박사 과정에서 처음 배출한 졸업생은, 미시건주립대처럼 커뮤니케이션 연구를 개설하고 싶어 하는 다른 대학교에서 유사한 학과를 여러 군데 출범시켰다(8장을 보라).

일리노이에서 한 가지 문제점은 새로운 커뮤니케이션 연구 과목에 필요한 교과서가 전혀 나와 있지 않았다는 점이다. 슈람은 새 연구원과 박사 학위 과정에 관해 자문을 얻기 위해, 록펠러재단의 후원을 받아 앨러튼 파크에서 학술 행사를 마련했다. 라자스펠드, 냅치거, 케이시를 비롯해 저명한 여러 커뮤니케이션 학자가 논문을 발표했다. 슈람은 이 학술 행사의 발표 논문을 편집해 《현대 사회의 커뮤니케이션 *Communication in Modern Society*》(1948)이라는 책으로 펴냈는데, 이는 새 분야에서 사실상 최초의 교과서가 되었다. 이를 대체하는 책도 곧 나왔는데, 슈람은 편집자로서 폭넓은 주제의 논문과 발췌문을 모아 《매스 커뮤니케이션즈*Mass Communications*》(1949/1960)라는 책을 출판했다. 슈람은 사회과학이 커뮤니케이션에 영향을 미치도록 해준 감사의 표시로 이 영향력 있는 책을 라자스펠드, 라스웰, 홉랜드에 헌정했다.[142]

슈람의 가장 중요한 책은 의심의 여지없이 《매스 커뮤니케이션의 과정과 효과*Processes and Effects of Mass Communications*》였는데, 이는 원래 다양한 학자의 논문을 모은 미국문화원 훈련 매뉴얼이었다(슈람의 모를 보라).

142 이 상황은 반대로 특징지울 수도 있었을지 모른다. 슈람은 자신이 새로 정체성을 부여한 커뮤니케이션 연구 분야에 이 사회과학자들을 포섭하고 있었다.

든 초기 저서와 마찬가지로 일리노이 재직 시간 동안 대략 1년에 한 권씩 나왔다). 이 교과서는 1954년에 일리노이대학교 출판부에서 발간되었다.[143] 슈람은 물론 출판사 편집인이었지만, 이 책은 모두 대학 출판부 기준으로 볼 때에도 베스트셀러에 속했다. 수많은 커뮤니케이션 전공 학생(그리고 미래의 교수)에게 슈람의 책, 특히 1954년도 교과서는 커뮤니케이션 연구라는 새로운 분야에 대한 입문서 구실을 했다.[144]

슈람은 스스로 여러 책을 펴내는 일 외에도 클로드 E. 섀넌의 《수학적 커뮤니케이션 이론*The Mathematical Theory of Communication*》에 워런 위버(1949)의 해설 논문을 붙여 출판부에서 내도록 주선했다. 이 중요하면서도 자주 인용되는 책은 정보 이론*Information Theory*이라 불리게 되는 이론의 원초적 개념을 설정해 주었다. 이는 출처-메시지-채널-수용자식의 단순한 커뮤니케이션 모델로 시작해, "비트*bit, binary bit*"를 정보량의 표준 단위로 정의하고는, 커뮤니케이션 흐름에 관해 여러 명제를 제시했다. 섀넌의 이 탁월한 개념화는 원래 2차 세계 대전 동안 암호 연구에서 파생된 내용을 벨전화실험실Bell Telephone Laboratories용으로 작성한 기술적 논문이었는데, 슈람(1955)과 그의 박사 과정 학생인 데이비드 K. 벌로(Berlo, 1960), 윌슨 테일러(Taylor, 1953) 등이 커뮤니케이션 연구의 일부로 편입한 것이다.[145]

143 대학 출판부장으로서 슈람은 수준 높은 논문을 수집하고, 그 학술적 내용에 대해 긍정적인 평가를 받게 하며, 시장 요인에 그다지 개의치 않고 출판할 수 있는 유리한 위치에 있었다.

144 예컨대, 이는 이 장의 두 저자에게 모두 사실이었다.

145 테일러는 섀넌의 이론에 근거해, 가독성*readability*을 재는 척도인 "누락 단어 보충 절차*cloze procedure*"를 창안해 냈다(Taylor, 1953을 보라).

일리노이 시절 동안 이번에는 한국에서 터진 또 하나의 전쟁은 슈람의 (그러므로 또한 이 분야의) 지적 진화에서 핵심적인 역할을 했다. 철저하게 애국적인 냉전 전사인 슈람은 미국문화원의 초청을 받아 서울에서 여론 서베이를 실시했다. 이 조사는 북한의 침공 기간 동안 공산주의가 어느 정도 소구력을 행사했는지를 검토했는데, 이 도시는 수개월의 기간 동안 여러 차례 주인이 바뀌었기 때문이다. 몇 년 후에 출판된 연구 보고서는 여러 다른 언어로도 다시 발간되었다. 이 보고서 덕분에, 공산주의자의 침공을 염려하는 수많은 다른 국가의 수도에서 슈람의 이름은 주목을 받았다(Riley & Schramm, 1951; Schramm & Riley, 1951).

한국 프로젝트를 계기로 슈람은 다른 국가 정부의 자문 역할도 시작했고, 서구와 소비에트 공산주의 언론 이론의 비교에도 관심을 갖게 되었다(Schramm, 1956). (시간이 지난 후에야 슈람은 냉전 오리엔테이션에서 벗어나 제3세계 여러 국가의 경제적, 사회적 발전 문제에 관심을 갖게 된다.) 미국 전역의 여러 매스 커뮤니케이션 프로그램은 1950년대 후반에 비교 언론 체제, 국제 커뮤니케이션 흐름, 10년 후에는 발전에서 커뮤니케이션의 역할에 관한 과목을 개설하기 시작했다. 슈람은 이러한 과목을 위해 수많은 표준적인 읽을거리를 생산했고 이러한 주제에 관한 연구 수행에도 앞장섰다.

물론 커뮤니케이션 연구의 제도적 뿌리는 슈람의 아이오와 시절, 그리고 심지어 블라이어의 위스콘신 시절로 거슬러 올라갈 수 있겠지만, 일리노이는 이 때문에 프로그램의 측면에서는 커뮤니케이션 연구가 처음 설치된 곳이었다. 슈람이 일리노이대 총장인 스토다드와 맺은 개인적 관계는 이 기간 내내 중요했고, 이 때문에 1954년 슈람의 "천사"가 대학 총장직을 사임했을 때, 일리노이에서 "커뮤니케이션 황제"

로 통하던 슈람의 위상도 똑같이 위협받게 되었다. 이 무렵 어느 대학교에서 커뮤니케이션학부 학장이라는 행정직으로 의사를 타진해왔지만 슈람은 고사하기로 결정했다. 하지만 1955년 블라이어의 또 다른 제자이자 스탠포드대학교 저널리즘학과장으로 있던 치크 부시가 슈람에게 서부 이주를 제안했을 때에는 수락했다. 2년 후 슈람은 부시 후임으로 스탠포드의 커뮤니케이션연구원Institute for Communication Research 원장으로 부임했다.

커뮤니케이션 연구의 씨앗 기관으로서의 스탠포드

권위 있는 사립 대학교에 둥지를 틀면 새 학문 분야를 설립하기 더 쉬울 것이라고 슈람은 생각했는지 모른다. 그러나 1950년대 중반 스탠포드는 아직 미국 대학 중 최고 반열에 올라서지는 못했다. 슈람을 채용한 것도 따지고 보면 스탠포드가 상승하는 과정의 일부에 해당했다. 스탠포드의 저널리즘학과(바로 슈람이 채용된 부서)는 규모도 작고 대개 직업적 오리엔테이션이 강했다. 블라이어의 비전에 물든 부시는 슈람이 일리노이에서 구축한 업적을 높이 평가했다. 부시는 스탠포드의 저널리즘학과를 사회과학적 시각 쪽으로 바꾸려 노력했고, 슈람이 그 방향으로 훨씬 멀리 진전시킬 수 있을 것이라고 기대했다.[146] 스탠포드의

146 2차 세계 대전 이전에도 부시는 저널리즘 학생들에게 기초 통계를 포함해 연구 방법에 관한 과목을 가르쳤다(Lindley, 1976).

여러 지도자는 직업 훈련을 경멸했고 교수라면 독창적인 연구 논문을 출판해야 한다고 기대했는데, 부시는 이것만이 스탠포드 같은 연구 대학교에서 그의 학과가 살아남는 유일한 길이라고 생각했다.

대학 본부는 슈람을 채용하는 데 적극적이었다. 2차 세계 대전 동안 워싱턴 D.C.에서 슈람과 알고 지냈던 잭 힐거드는 스탠포드의 대학원장이었다. 힐거드는 스탠포드에서 사회과학을 강화하는 데 매년 약 5만 달러를 인출해 사용할 수 있는 기금을 통제하고 있었다. 슈람은 1955년 스탠포드에 부임했을 때 다음 4년간 봉급 절반을 충당할 수 있도록 포드재단에서 대규모 기금을 유치해 갖고 왔다. 그런데도 힐거드는 슈람의 첫 임용 시에 자신의 재원을 추가로 제공했다. 슈람의 지도하에 커뮤니케이션연구원은 항상 연구비가 넘쳐나는 것처럼 보였다. 1973년 슈람이 은퇴하면서 마지막으로 기여한 부분은 발전 커뮤니케이션 연구와 훈련용으로 미국국제개발기구U.S. Agency for International Development에서 100만 달러의 연구비를 받아 학과 동료에게 남겨준 것이다.

스탠포드 시절 동안 슈람은 행정 보직을 꺼려했다. 일리노이에서 나름대로 교훈을 얻었기 때문이다. 스탠포드에서 커뮤니케이션연구원 원장직을 맡긴 했지만, 어디까지나 사업적인 역할을 했을 뿐 직함은 명예직이었다. 저널리즘이 해체된 스피치·드라마학과의 일부와 합병해 커뮤니케이션학과가 생겨났을 때, 연구원은 학과에 통합되었다. 커뮤니케이션학과장은 일상적인 행정 업무를 맡고 슈람에게는 자유롭게 연구하고 가르치며 박사 과정을 지도하도록 허용해 주었다. 수년간 한 차례 이상 슈람은 학과장 자리를 권유받았으나 완강하게 고사했다. 하지만 스탠포드의 고위 행정가들이 커뮤니케이션학과에서 자문을 구할 때에는 보통 슈람에게 청했다.[147] 학과의 연구비를 대부분 책임지고, 학과가 얻은 학문적 권위의 가장 큰 부분까지 차지한 사람도 결국 슈람이었다.

스탠포드에서 슈람의 프로그램은 곧 박사 과정에서 배출한 제자 때문에 유명해졌다. 주요 대학에서 거의 모든 전통적인 저널리즘학부는 '스탠포드 유형'의 인물을 채용하고 싶어 했다. 이들은 계량적 방법으로 잘 훈련되어 있고 보통 적어도 몇 년간 미디어에서 일한 후 두 번째 커리어로 학문에 입문하기 때문에, 이 새로운 커뮤니케이션 학자 중 다수는 커리어에서 승진도 매우 빨랐다. 몇 년 내에 몇몇은 고위 행정직을 맡거나 전문 연구 분야를 새로 개척했다. 슈람이 (또한 부시가) 배출한 스탠포드 박사인 웨인 다니엘슨과 맥스웰 매콤스는 두 가지 패턴의 예를 보여 준다.

웨인 다니엘슨(1929년 출생)은 아이오와 주 벌링턴Burlington에서 성장해, 아이오와대학교를 다녔으며, 1952년 저널리즘 학사를 마쳤다. 그러고 나서 스탠포드에서 1953년 석사 학위를 취득했다. 다니엘슨은 박사 과정을 계속하기 위해 지원했으나, 졸업 후 저널리즘학부에서 채용되려면 신문사 경력이 먼저 필요할 것이라고 부시가 조언했다. 그래서 1년간 〈새너제이 머큐리 뉴스*San Jose Mercury News*〉에서 일한 후 1954년 스탠포드의 학제적 커뮤니케이션 박사 프로그램에 등록했다. 이는 슈람이 오기 1년 전이었다. 커뮤니케이션연구원에서 과목을 이수하는

147 슈람은 1962년 부시가 은퇴할 때까지 비슷한 급으로 대접받는 경향이 있었다. 그 이후로 슈람은 대학 정치 맥락에서 연구원뿐 아니라 학과를 위해서 발언할 때 상당한 영향력을 미쳤다.

외에도 다니엘슨은 학습 이론에 관한 힐거드의 심리학 과목, (레윈의 제자인) 레온 페스팅어의 사회심리학, 퀸 맥네마르의 통계학 과목을 수강했다. 이처럼 심리학 과목은 스탠포드의 초창기 박사 과정 학생에게는 표준으로 통했는데, 이는 슈람이 오기 전에 부시가 결정한 사항이었다. 다니엘슨과 또 다른 박사 과정 학생인 폴 도이치먼은 주요 뉴스 기사가 대규모 공중에게 어떻게 확산하는지에 관한 최초의 연구 중 하나를 수행했다(Deutschmann & Danielson, 1960). 이 논문은 널리 인용되는 고전으로서 많은 다른 뉴스 확산 연구를 낳았다(rosengren, 1987). 도이치먼과 다니엘슨은 일반적인 혁신 확산 모델(Rogers, 1983)을 주요 뉴스 기사에 적용해 기술 혁신의 사례에 비해 미디어가 훨씬 더 지배적인 역할을 한다는 결과를 얻었다. 뉴스 확산 연구는 빠르게 저널리즘에서 주요 연구 형태의 하나가 되었으며 일반적인 사회적 확산 패턴(여기서는 대인 채널이 지배하는 경향이 있다)의 중요한 예외가 되었다. 매스 채널과 대인 채널은 상호 보완적임을 이들은 발견했다. 개인은 대개 미디어에서 대통령 암살, 참사, 혹은 다른 긴급 뉴스 이벤트에 관해 듣고는 이에 관해 친구나 친척, 직장 동료와 토론을 벌인다.

다니엘슨은 1957년 매스 커뮤니케이션 연구 박사 학위를 취득했고, 1년간 위스콘신대학교에서 가르친 다음 채플 힐의 노스캐롤라이나대학교로 옮겨 10년간 재직했다. 다니엘슨은 대학에서 빠르게 승진을 거듭해 저널리즘학부의 학장이 되었다. 다니엘슨은 그 후 텍사스대학교 오스틴 캠퍼스에 커뮤니케이션대학 학장으로 이직해 10년간 근무했다(1969~1979). 텍사스의 커뮤니케이션대학에는 커뮤니케이션 전공 학생이 미국의 다른 어떤 학문 단위보다도 더 많이 있으며 아마 전 세계에서도 그럴 것이다. 다니엘슨은 텍사스대학교 커뮤니케이션대학의 폭발적인 성장을 주도했다. 학장직을 그만둔 후, 다니엘슨은 텍사스에서 저널리즘과 컴퓨터공학 교수로 계속 재직했다.

슈람의 스탠포드 박사 과정의 또 다른 모범적인 졸업생은 현재 텍사스에서 다니엘슨의 동료인 맥스웰 E. 매콤스이다. 매콤스는 1938년 앨라배마 주 버밍햄에서 태어나 털레인대학교를 다녔고 1960년 졸업했다. 매콤스를 가르친 사람 중 한 명이자 아이오와에서 박사 학위를 취득했으며 신문사 발행인을 지내기도 한 월터 윌콕스는 매콤스에게 스탠포드에서 석사 학위 과정을 계속하라고 추천했다. 매콤스가 팔로알토Palo Alto에 처음 도착했을 때, 부시는 저널리즘 석사 과정의 첫 학기 강의 목록을 건네주었다. 여기엔 통계 방법, 학습 이론, 내용 분석, 커뮤니케이션 이론 등이 포함되어 있었다. 매콤스는 석사 학위를 마치고 〈뉴올리언스 타임스-피케이윤*New Orleans Times-Picayune*〉에서 2년간 기자로 근무한 다음, 커뮤니케이션 박사 학위(1966년에 박사 학위를 취득한다)를 위해 스탠포드로 되돌아갔다. 매콤스는 (윌콕스가 학과장으로 있던) UCLA에서 1년간 저널리즘을 가르친 후, 노스캐롤라이나에서 교수로 부임해 1973년까지 머물렀다. 그리고 위스콘신에서 박사를 갓 취득한 도널드 쇼와 공동으로 1968년 대통령 선거 캠페인 기간 동안 뉴스 미디어의 "의제 설정 기능*the agenda-setting function*"에 관해 획기적인 연구를 수행했다(McCombs & Shaw, 1972). 전국방송사업자협회the National Association of Broadcasters에서 소규모 연구비를 지원받아서, 매콤스와 쇼는 100명의 노스캐롤라이나 부동층 투표자를 인터뷰해, 선거에서 주된 이슈가 무엇이라고 생각하는지를 질문했다. 어떤 이슈가 강조되는지를 확인하기 위해 같은 시기의 신문 보도도 내용 분석하였다. 신문의 의제와 공중의 의제 사이에는 거의 완벽한 순위 상관관계가 있음을 발견하고는, 매콤스와 쇼는 이를 미디어의 효과로 해석했다.

이 혁신적인 작은 연구는 커뮤니케이션 연구에서 중요한 연구 전통을 출범시켰다. 1972년 이후 의제 설정 연구가 350편 이상 출판되었고, 매콤스와 쇼가 만들어 낸 '의제 설정'이란 용어는 미국 정치의 일반적인 어휘의 일부가 되었다(Rogers & Dearing, 1988; Rogers, Dearing, & Bregman, 1993). 매콤스는 시라큐스대학교와 뒤 이어서 텍사스대학교 오스틴 캠퍼스에서도 커뮤니케이션 석좌 교수로 재직했는데, 텍사스에서는 저널리즘학과장도 맡았다(1986~1991).

다니엘슨과 매콤스의 경력은 슈람의 모범적인 제자가 밟은 경로를 예시해 준다. 일찍부터 이들은 계량적 방법론과 사회과학 이론을, 뉴스 미디어가 작동시키는 현실 세계의 문제에 적용했다. 뉴스 확산과 의제 설정은 신문이 공언한 목적은 아니며, 분명히 전통적인 저널리즘 기술 훈련의 산물도 아니다. 뉴스의 이 간접적 효과가 사회에서 어떻게 작동하는지 이해하는 일은 언론인의 직업 교육에서 필수적인 부분이라는 사실을 슈람의 제자들은 간파했다. 두 학자는 대학원 공부를 중단하고 한동안 신문 기자로 활동했으며, 그리고는 학교로 되돌아가 박사 학위 과정을 마치는 방식으로 학문적 커리어를 준비했다.[148] 이들은 최고 수준의 대학교에서 저널리즘 프로그램에 채용되었으며, 빠르게 출세했다. 다니엘슨은 주로 행정에서, 매콤스는 주로 연구와 박사 과정생 교육에서. 슈람은 종종 이 두 사람에 관해 이야기하면서 이들을 배

148 슈람은 생각이 달랐지만, 부시는 저널리즘 교육 커리어를 위해서는 직업적인 미디어 경험의 경력을 쌓아야 한다고 주장했다. 다니엘슨과 매콤스 모두 자신을 먼저 부시의 제자이고 그다음으로 슈람의 제자로 여긴다고 나중에 말했다.

출해 낸 사람으로서의 자부심을 뚜렷이 드러냈다.

슈람은 어떻게 작업했나

스탠포드 시절(1955~1973) 동안, 윌버 슈람은 커뮤니케이션 연구에서 사회적으로 중요한 문제를 강조하는 탁월한 능력을 개발했다. 가령, 1950년대 말에 슈람은 미국과 캐나다의 10군데 이상의 커뮤니티에서 당시 새로운 매스 미디어이던 텔레비전을 취학 아동이 어떻게 이용하는지에 관한 서베이를 실시했다. 1961년 슈람과 박사 과정 학생 두 명은 연구 결과를 종합해서 《우리 아동들의 삶에서의 텔레비전*Television in the Lives of Our Children*》이란 이정표적인 책을 냈다(Schramm, Lyle, & Parker, 1961). 몇 년 후 아동과 텔레비전 폭력이란 이슈가 미국에서 중요한 정책적 논쟁거리가 되었고, 미국 공중위생국장은 이 이슈에 관한 대규모 연구 프로그램에 연구비를 지원했다. 1961년의 슈람 책이 표준 참고서가 되었고, 공중위생국장의 프로젝트 보고서에서는 텔레비전 폭력에 관한 스탠포드 연구자의 연구가 다른 어떤 기관 사람보다 더 자주 언급되었다. 1972년 NIMH가 발간한 기술적 보고서 다섯 권 중에서 네 권의 개괄 논문을 슈람의 이전 제자나 박사 후 펠로우가 집필했다. 다섯 번째는 스탠포드의 심리학 박사가 썼다(NIMH, 1972). 이후 텔레비전이 아동에게 미치는 효과에 관해 연구가 수천 편씩 나왔고, 여기에는 커뮤니케이션학자, 심리학자, 정신의학자, 사회학자, 교육학자가 두루 참여했다. 이 문헌에서도 슈람의 제자는 계속 주도적인 인물로 남아 있다. 슈람이 학문적 길을 닦아 놓은 몇몇 다른 영역에서도 마찬가지다.

슈람의 사회적 관점은 생애 내내 진화했는데, 처음엔 일찍부터 다소 전통적인 기독교 백인 미국인의 자민족 중심주의였다가 생애 후반에는 전 세계 출신의 사람과 협력하는 초교파적이고 포용력 있는 인물로 바뀌었다. 젠더 이슈는 전혀 다른 문제였다. 슈람은 1960년대와 1970년대 미국 고등 교육을 휩쓴 페미니즘 운동에 전혀 적응하지 못하는 듯했다. 1950년대 슈람의 글은 다양한 형태로 성 역할 스테레오타입을 무심코 드러냈는데, 이는 그의 성장 배경이 된 세계를 감안하면 아마도 이해가 가는 일일 것이다. 성불평등의 흔적은 세상을 떠날 때까지 지속되었다. 예를 들면 1970년대 중반 스탠포드 박사 중 한 명을 다른 대학교의 교수직에 추천하면서, 그 후보자는 "가장 예쁜 작은 여인"이라는 개인적 관찰을 덧붙였다(이 일화는 적어도 두 군데서 별도로 언급된 바 있다). 슈람과 거의 정확히 키가 같았던 이 여성 학자는 열렬한 페미니스트로서, 아마 분명히 슈람이 칭찬으로 의도했을 이 말을 들었다면 그리 좋게 받아들이지는 않았을 것이다. 슈람이 1973년에 낸 《인간, 메시지와 미디어: 인간 커뮤니케이션에 관한 한 고찰*Men, Messages, and Media: A Look at Human Communication*》은 제목 때문에 일대 파란을 불러일으켰고, 2판 때는 성가신 《인간, 여성, 메시지와 미디어*Men, Women, Messages, and Media*》로 바뀌었다.

슈람처럼 많이 써내는 사람이라면 누구든 끝없는 시간을 홀로 보낸다. 가정생활은 불가피하게 피해를 입게 되는데, 슈람 역시 여러 자녀가 성장하는 기간 동안에는 가깝게 지내지 못했다. 슈람에겐 공동 작업자와 숭배자는 많았지만 가까운 친구는 극소수에 불과했다. 이는 어느 정도 자기 보호의 문제였을 수도 있다. 슈람은 소속 연구소에서

돈과 권력을 쥔 사람으로 경력 관리에서 도움을 바라는 사람에게는 확실한 표적이었다. 슈람은 학생과 속마음을 털어놓지 않았으며 심지어 다른 여러 동료와도 마찬가지였다. 그리고 일단 결정을 내리면 정중하면서도 단호히 집행했다. 한 후배 동료 교수는 "그 벨벳 장갑 안에는 철권이 들어있다"고 표현했다.

1964년 팔로 알토의 어느 화창한 일요일 오후 현장에 있던 저자 중 한 명이 생생하게 목격했듯이, 슈람은 언뜻 보기에 지칠 줄 모르는 일꾼이었다. 슈람은 호놀룰루에서 여름 내내 열릴 커뮤니케이션과 발전 관련 컨퍼런스를 위해 재원 마련, 참여자, 프로그램 등을 종합적으로 처리했다. 그리고 중동의 발전에 관한 고전적 연구(Lerner, 1958)의 저자인 MIT의 대니얼 러너와 공동으로 이 이벤트를 주관하게 되어 있었다. 컨퍼런스 발표 자료집에 슈람 자신이 기고한 연구는 러너의 이론(이는 한 지역의 6개 국가의 사례에 근거했다)을 전 세계에 적용해 검증해 보도록 되어 있었다. 슈람이 만들어 낸 통계적 검증은 시간 경과에 따라 매스미디어 발전의 지표와 도시화, 문자 해독률, 산업화, 1인당 소득 등 관련 요인 간의 상관관계를 포함했다(Schramm & Ruggels, 1967). 슈람은 부인 베티와 함께 아침 6시 비행기로 호놀룰루로 떠나기로 한 하루 전날인 일요일 오후에, 침실에서 수많은 유네스코 데이터 책자를 열심히 뒤지고 교차 지연*cross-lagged* 상관 계수를 수동 계산기로 산출하면서 작업에 몰두하고 있었다.

사회과학의 옹호자이자 숙련된 실천가이기도 했지만, 슈람은 다른 사람의 작업을 종합하는 사람으로서 가장 큰 학문적 기여를 했다. 슈람의 글 중 가장 자주 인용되는 부분은 일차적 연구 결과 보고서가 아니라 결과를 조직화하는 틀이었다. 슈람이 가장 좋아한 부분은 라스웰이 매우 추상적으로 유형화한 커뮤니케이션 기능을 각색한 것인데,[149] 1960년에 찰스 라이트가 사회학자를 위해 이를 다시 다듬었다.[150] 슈람은 일반적 틀을 비유적으로 사용해, 현대의 매스 커뮤니케이션을 전통 사회의 상응한 기능과 비슷하다고 생각했다. 슈람은 두 가지 환경을 이해하는 데 이 비교 모델이 유용하다고 보았다. 미국연방기독교교회협의회the Federal Council of Churches of Christ in America를 위해 집필했고 1957년 출판된 도덕주의적인 책인 《매스 커뮤니케이션에서의 책임*Responsibility in Mass Communication*》에서 슈람은 바로 이렇게 설명했다.

> 커뮤니케이션의 전통적인 공적 기능은 …… 최초의 부족이 해변과 동굴 앞에 모였을 때나 지금이나 똑같다.
>
> 따라서 매스 커뮤니케이션은 지평에 등장하는 도전과 기회에 대한 우리의 반응을 서로 관련짓는*corelate* 데 도움을 주고, 취해야 할 사회적 행동에 관해 합의에 도달하도록 도와준다. 우리는 이를 부족 회의나 마을 모임을 통해서 하곤 했다. 이제 우리는 반대 측 주장을 읽고 반대 측 후보자를 보며, 우리에게 설명된 대안적 행동 경로를 파악하기 위해 매스 커뮤니케이션에 의존한다.
>
> 매스 커뮤니케이션은 이 사회의 문화를 새로운 사회 구성원에게 전파하는 데 도움이 된다. 우리는 이미 어머니 무릎 위에서 아버지를 흉내

149 Bryson(1948)에서 라스웰은 세 가지 일반적인 기능을 제안하고 이를 환경 감시, 상관 설정, 전파라 불렀다. 2장을 보라.

150 라이트(Wright, 1960)는 라스웰의 목록에 네 번째 기능인 오락을 추가했다.

내면서 교육을 받았고, 아직도 그렇게 한다. 수천 년 동안 이런 저런 종류의 학교 교육이 이루어졌다. 그러나 매스 커뮤니케이션은 교과서를 제공하고 영화와 프로그램을 가르치며, 이 사회에서의 역할과 용납되는 도덕관을 끊임없이 그려줌으로써 이 임무에 진입하고 있다.

매스 커뮤니케이션은 **오락을 제공하는 데 도움이 된다**. 이전 시대의 발라드 가수, 댄서, 이동 극장(심지어 떠돌이 약장수까지)은 텔레비전, 라디오와 영화로 계속되고 있다.

마지막으로, 매스 커뮤니케이션은 **판매하는 데 도움을 주며**, 따라서 경제 체제를 건강하게 유지한다. 마을 고지꾼*town crier*의 광고나, 구전으로 전해지는 값싼 물품 소식, 이동식 마차 가게의 종소리에 사람들은 귀 기울이곤 했다. 이제 우리는 신문이나 잡지 광고를 읽거나, 텔레비전에서 광고를 보거나, 라디오에서 광고를 듣는다(pp.33~34).

이후 매스 미디어가 발전에서 수행할 잠재적 역할을 슈람이 나서서 옹호하게 되었을 때에도 이와 비슷한 비교를 되풀이하긴 했지만 그래도 전통 사회가 아직 지배적인 형태인 환경에 있는 독자를 위해서는 그들에게 맞게 고안된 방식으로 설명하려 했다(Schramm, 1964).

슈람은 다른 사람의 연구 결과를 종합해 유용한 일반화로 전환시키는 데 특히 뛰어났다. 예를 들자면 교육 텔레비전 대 대면 강의 간의 상대적 효과성을 비교하는 수백 편의 연구를 요약하였다(그리고 어느 채널도 일관되게 더 효과적이지는 않다고 결론지었다)(Schramm & Chu, 1967). 또 다른 경우에, 슈람은 발전 커뮤니케이션에서 "빅 미디어"(텔레비전과 영화) 대 "작은 미디어"(라디오 같은)의 상대적 효과성을 비교했다(Schramm, 1977). 그리고 수많은 지역 환경에서는 작은 미디어가 더 효율적일 수도 있다고 지적했다.

슈람은 1955년에 스탠포드로 이주하고 나서 국제 커뮤니케이션에 더 초점을 두게 되었는데, 국제 커뮤니케이션은 커리어 후반부 동안 전체 노력에서 약 절반 정도나 차지하게 되었다. 《세계 신문에서의 하루*One Day in the World Press*》(1959b)와[151] 《매스 미디어와 국가 발전*Mass Media and National Development*》[152]처럼 널리 읽히는 국제 커뮤니케이션 관련 서적도 펴냈다. 슈람과 박사 과정 학생들은 콜롬비아, 엘살바도르, 미국령 사모아, 아이보리코스트의 교육 텔레비전 체제에 관한 평가를 수행했다(가령 Hornik, Mayo, & McAnany, 1976; Schramm, Nelson, & Bethan, 1981). 슈람은 스탠포드에서 재닛 M. 펙Janet M. Peck 국제 커뮤니케이션 석좌 교수로 임명되었는데, 이는 국제 관계 개선에 깊은 관심이 있는 기부자 이름을 딴 것으로 슈람을 위해서 마련된 자리였다. 이러한 역량의 측면에서도 슈람은 아마 커뮤니케이션 석좌 교수직을 가장 먼저 차지할 만한 인물이었을 것이다.

슈람은 왜 그렇게 국제 커뮤니케이션에 관심을 기울였는가? 한 가지 드러나지 않은 이유는 아마 커뮤니케이션 연구를 미국 바깥으로 확산하려는 욕구 때문이었을 수도 있다. 슈람은 파리대학교의 프랑스언론연구소French Press Institute를 통해서, 또 파리에 본부를 둔 유네스코의 연구를 통해 유럽의 학계와 강력한 유대를 형성했다. 외국 학생을

151 이 책은 소련의 헝가리 침공과 프랑스/영국/이스라엘 군의 수에즈 운하 침공 다음날 신문의 1면을 복제해서 중요한 국제적 사건에 관한 뉴스 보도를 비교 연구하려는 한 가지 접근 방식으로 꼽힌다.

152 이 책은 발전 커뮤니케이션이라는 새로운 전문 분야를 설계했는데, 이 분야는 곧 커뮤니케이션 연구의 공인된 하부 분야로 자리 잡게 되었다.

모집해 스탠포드에서 커뮤니케이션을 공부하게 하고 모국에 돌아가 커뮤니케이션 교수가 되도록 권유했다. 하지만 많은 국가에서는 적합한 학술적 일자리가 마련되지 않아서, 체류 학생의 귀국이 종종 불가능해지기도 했다. 그래서 슈람은 해외에 새로운 학술적 단위를 설립하는 데 적극 참여했다. 예컨대, 인도 델리에 인도매스커뮤니케이션연구원the Indian Institute for Mass Communication을 설립하고 하와이대학교에서 동서커뮤니케이션연구소the East-West Communication Institute를 설립하는 데도 기여했다. 이러한 방식으로 슈람은 미국에서 커뮤니케이션 연구를 설립했을 뿐 아니라 전 세계에 확산했는데, 이는 또 하나의 장을 채울 만한 이야기이다. 하지만 이는 문자 그대로 현재의 책 범위 안에는 포함되어 있지 않다.

하와이에서 활동을 줄이다

윌버 슈람은 65세로 은퇴하기에는 너무 열정적이고 커뮤니케이션이라는 새로운 분야를 확산하려는 계획으로 너무 가득 차 있었다. 그런데 1973년 무렵의 스탠포드에서는 이 나이가 의무적인 정년퇴직 시점이었다. 그래서 내키지는 않지만 슈람은 호놀룰루로 옮겨 곧 하와이대학교의 마노아Manoa 캠퍼스에서 동서센터의 일부인 동서커뮤니케이션연구소 소장으로 임명되었다. 슈람은 “기관을 하나 더 설립”하는 목표를 갖고 있다고 여러 친구에게 썼다. 동서센터는 미 의회가 설립했으며 미 국무성을 통해 연방 세출 예산으로 운영하는 기관이었다. 이 기관의 임무는 태평양 지역에 관해 연구를 수행하고 훈련을 제공하는 일이었다. (슈람이 도착했던 무렵에는) 커뮤니케이션연구소 외에도 동서센터의 다른 단위는 농업과 식량, 인구, 문화를 다루었다.

동서커뮤니케이션연구소 소장으로서, 슈람은 자신이 싫어하는 일반적인 분량의 사소한 행정 잡무를 처리해야 했다. 한번은 유명한 일본 학자를 초빙해 6개월간 근무하도록 한 적이 있다. 그러나 그 후 슈람은 동서센터의 고위직에게서 방문 학자에게는 연구실을 제공할 수 없다는 통보를 받았다. 그래서 슈람은 일본 학자에게 자신의 사무실을 제공하고는 책상을 건물 바깥으로 옮겨 햇볕과 빗속에 앉아 연구소 업무를 지시했다. 며칠 후 동서센터의 행정 부서에는 입장을 누그러뜨렸고 일본 학자는 곧 적절한 공간에 머물게 되었다. 슈람은 관료제를 움직이기 위해 자신의 가공할 만한 명성을 이용해 그들에게 창피를 주어 자신의 시각을 받아들이게 했다.

1978년 70세 되던 해에, 슈람은 동서커뮤니케이션연구소에서 은퇴했지만, 그 업무에서 계속 적극적인 역할을 했다. “슈람이 은퇴했다”기보다는 “슈람이 은퇴당했다”고 말하는 게 아마 더 정확할 것이다. 그래서 문헌 연구와 현장 연구를 모두 포함해서 작업을 결코 멈추지 않았고, 물론 글쓰기도 결코 중단하지 않았다. 1973년 스탠포드를 떠난 후 8권의 책을 출판했는데, 4권은 70세가 넘은 뒤에 냈다. 슈람은 홍콩중문대학교에서 오분호Aw Boon Haw 국제 커뮤니케이션 석좌교수 신분으로 1년 동안 가르쳤으며(이는 슈람을 위해 신설된 자리였다), 미시건대학교에서 한 학기 동안 객원 연구원으로 있었다. 미국령 사모아와 인도네시아에서는 시범 연구 프로젝트도 수행했다. 《매스 커뮤니케이션에서의 책임》 같은 이전에 나온 여러 책의 개정판도 냈다(Rivers & Schramm, 1969). 특히 태평양 연안 국가 출신의 커뮤니케이션 전문가를 위해 수많은 학술 컨퍼런스를 조직하고 좌장도 맡았다. 그리고 이 분야에 평생 기여한 공으로 여러 학술 단체에서 표창도 받았다. 슈람은 시도 쓰고 특히 일본 하이쿠俳句에도 관심을 기울이면서 하이쿠의 간결한 형식에 찬탄을 표했다. 매년 크리스마스 때는 섬 생활을 찬양하는 간절한 시를 카드에 담아서 여러 친구에게 보냈다. 미국 본토에 있는 여러 동료는 학술적 인사나 출판에 관해 이 노학자에게 계속해서 자문을 청했다. 슈람은 《국제 커뮤니케이션 백과사전*the International Encyclopedia of Communications*》(Barnouw, 1989)에 자문 편집자로 봉사했고, 몇몇 항목은 스스로 집필했다.

그러나 스탠포드 이후에, 슈람은 강의와 연구를 병행하고 박사 과정 학생이 있으며 이끌 교수진이 딸린 학술 단위의 장을 더 이상 맡지는 못했다. 아이오와, 일리노이, 스탠포드 시절에 알고 지낸 하와이 방문자들은, 그다지 달갑지 않고 자신이 보기에는 강제적인 은퇴에 슈람이 좌절감을 느끼고 있음을 재빨리 간파했다. 글자 그대로 평생에 걸친 작업에서 은퇴한다는 것은 윌버 슈람에게는 상상할 수도 없는 일이었을 것이다.

따지고 보면 동서센터에 매력을 느낀 것은 그 기관의 일부 임무가 태평양과 아시아 지역 국가에 응용 연구 기관을 설립하도록 돕고, 그러한 환경 속에서 연구와 시범 프로젝트를 수행하는 일이었기 때문이다. 슈람에게 이는 커뮤니케이션 연구를 의미했고 이미 개발도상국에서 매스 커뮤니케이션이 성취할 수 있는 것에 관한 책도 쓴 적이 있다. 그러나 1950년대에는 그의 목적에 그렇게 잘 맞아떨어지던 역사가 이 시기에는 그에게 불리하게 공모했다.

베트남 전쟁 시기 이후 학계에서는 이전에 슈람이 사회과학으로서 커뮤니케이션을 구축하는 기반으로 삼은 일부 전제에서 탈피하려는 움직임이 뚜렷해졌다. 특히 커뮤니케이션을 통해 근대화를 달성하려는 슈람의 비전이 공격을 받게 되었다. 1962년의 《매스 커뮤니케이션과 국가 발전*Mass Communication and National Development*》과 이후의 여러 저작에서 슈람은, 미국의 모델을 따르고 경험주의 사회과학 전통에 근거한 낙관적인 국가 발전 목표를 중심으로 제3세계의 미래를 그렸다.

하지만 1970년대에 와서 슈람은 논쟁적인 "비판 이론" 학자의 표적이 되었는데, 종종 그가 돕기를 희망한 바로 그 국가에서 그런 일을 당했다. 많은 제3세계 학자는 미국의 계량적 행태주의 과학자를 외면했는데, 그중에서 슈람의 이름은 은퇴한 후에도 가장 두드러지게 보였다. 이 학자들은 그 대신 네오마르크스주의와 프로이트주의 유파의 유럽 철학자와 문학 비평가 중에서 지적 영웅을 발견했다. 커뮤니케이션 과정과 매스 커뮤니케이션 기능에 관한 슈람의 비유는 "하향식"에다 "선형적" 처방이며, 중심부 권력에 대한 "종속" 관계에서 "미디어 제국주의"에 갇힌 제3세계 국가에 대한 미국의 "지배"를 보장하기 위해 고안된 것이라고 비판했다. 슈람이 많은 개발 도상 국가에서 중앙 계획 정부 부처를 위해 수행한 자문 작업이 비판 대상이 된 것처럼, 2차 세계 대전부터 동서센터 자체에 이르기까지 슈람이 미국 정부와 맺은 연계도 비판의 초점이 되었다.

이 논란은 슈람이 말년에 이르기까지 거쳐간 학계 분위기를 보여주었으며, 이는 늘어가는 나이만큼이나 그의 정신에 치명적이었다. 그다운 일이지만, 슈람은 반박보다는 일로써 대응했다. 그리고 연구에서는 두 가지 방향으로 나아갔다. 하나는 (현재의 책에서처럼) 분야의 역사나 《인간 커뮤니케이션 이야기*The Story of Human Communication*》(1988)

처럼 넓은 의미에서 인간 커뮤니케이션의 역사를 포함해서 과거로 향하는 것이었다. 다른 연구 방향은 '작은 미디어' 프로젝트의 옹호자가 되는 일이었다.

(1964년의 《매스 미디어와 국가 발전》에 의해 예시되듯이) 첨단 커뮤니케이션 미디어로 대규모 사회 변동을 자극하고 국가 경제 발전 체제를 활성화한다는 거대한 비전 대신에, 《빅 미디어와 작은 미디어*Big Media, Little Media*》(1977)에서 슈람은 구체적이고 달성 가능한 목표를 지향하는 제한적이고 국지화된 교육 미디어 프로젝트를 옹호하게 되었다. 농업에 종사하고 반문맹 상태인 인구층을 대상으로 현대적인 테크놀로지를 활용하는 이 교육 미디어 프로그램에서, 예컨대 그림은 때때로 수천 개의 단어보다 더 효과적일 수도 있다고 슈람은 지적했다. 평생의 커리어를 단어 중심으로 쌓아온 슈람에게 아마 이것은 도달하기 매우 어려운 결론이었을지도 모른다.

작은 미디어 프로젝트에 행태주의 과학 작업을 투입할 수도 있겠지만, 이것은 사회 일반이나 개발도상국에서 커뮤니케이션이 성취할 수 있는 것을 처음 상상하면서 염두에 둔 것보다는 아마 훨씬 더 소박하고 덜 거시적인 성격의 과학이 될 것이다. 일찍이 발전 프로그램에서는 욕구에 대한 평가와 함께 문자 해독 능력이나 보건, 혹은 구체적인 농업 관행을 겨냥한 대안적 메시지 디자인의 초기 평가가 이루어지곤 했다. 그 이후에는 프로젝트의 목표가 얼마나 잘 달성되었는지 판단하기 위한 부가적 평가가 시행되곤 했다. 조사 결과에서 더 큰 교훈을 구하기도 하지만, 각 연구 자체로도 실용적이고 초점이 분명하며 국지적 욕구에 맞춰진 작업이었다. 슈람에게 이는 더 거창한 데에서 후퇴한 것처럼 보이지 않았다. 슈람은 "궂은 작업"을 즐겼다고 언급했으며, 각

나라의 여러 토착 교육자가 자신에게서 배우는 것만큼 자신도 그들에게서 많이 배우고 있다고 말했다.

커뮤니케이션 프로그램을 경제적, 사회적 발전에 활용하는 일은 아마 이전의 슈람이 예측했을 것보다 실제로는 더 벅찬 일임이 드러났다. 한 가지 주요한 사업은 미국령 사모아에서 텔레비전을 통해 초등교육을 실시하려는 시도였다. 여러 흩어진 섬으로 구성된 그 나라에서 텔레비전 신호를 사용하면 물 건너 멀리 떨어진 여러 교실에 분산된 학생에게 교육을 제공할 수 있을 것이라고 추측했다. 그러나 이는 제대로 되지 않았는데, 몇 년간의 시도 끝에 그렇게 결론을 내릴 수밖에 없었다. 왜냐하면 학생들은 (그리고 어른까지도) 텔레비전이 가져올 수 있는 지식보다는 오락적 가치 때문에 텔레비전을 환영했기 때문이다. 인도네시아에서도 담배와 무알코올 음료 광고는 엄청난 효과를 발휘해 정부가 금지 조치를 내릴 정도였는데 비해, 위성 방송 캠페인은 (사모아에서와) 비슷하게 미적지근한 교육적 성과를 거두는 데 그쳤다.

이 말년의 선교사적 노력을 통해, 슈람은 자신이 비전을 불어넣었던 수십 명의 다른 커뮤니케이션 연구자와 나란히 자신이 있어야 할 자리를 찾아갔으며, 다른 모든 사람만큼 현장에서 똑같이 좌절을 겪었다. 그럼에도 불구하고 그의 말년에 이 발전 커뮤니케이션 프로젝트에 관해 슈람과 대화해 본 사람이라면 종종 그가 자신의 작업에 대해 이전의 커리어에서는 보여 주지 않던 일종의 만족감을 느끼고 있음을 깨달았다. 슈람은 매일 수영을 할 수 있고 아파트에서 도시와 해변, 섬, 특히 광대한 바다를 내려다볼 수 있는 하와이를 사랑했다. 결국 슈람은 스스로 태평양, 혹은 적어도 태평양에서 커뮤니케이션 미디어를 통해 최대한 도달할 수 있는 범위만큼의 영역에 속한 시민으로 여겼다.

1987년 8월 호놀룰루의 동서센터에서 열린 커뮤니케이션과 발전에 관한 2주짜리 컨퍼런스에서 윌버 슈람을 마지막으로 만났다. 슈람은 기조연설을 했고 대다수의 세션에 참석했다. 컨퍼런스 동안 슈람의 이론 중 일부가, 특히 제3세계 국가 출신의 커뮤니케이션 학자에게 비판을 받았다. 그렇지만 슈람은 동요하지 않았고, 자신을 비판하는 사람에게까지 친절한 진정한 신사였다.

우리는 슈람을 바로 이런 모습으로 기억한다.

chapter 8

미국 대학에서 심화된 커뮤니케이션 연구의 제도화

언론학계의 주요 연도

1887	위스콘신대학교 수사학 강좌 개설
1905	위스콘신대학교 저널리즘 과목 시작
1908	미주리대학교 미국 최초의 저널리즘 학부 설립
1912	미국저널리즘교육자협회The American Association of Teachers of Journalism 설립
1914	전국공공스피치교육자협회(National Association of Academic Teachers of Pubic Speaking: NAATPS) 설립
1915	〈계간 스피치 저널〉 창간
1922	월터 리프먼의 《여론》 출판
1924	〈계간 저널리즘〉 창간
1937	〈계간 여론〉 창간
1945	전국공공스피치교육자협회가 미국스피치학회로 개편
1948	아이오와대에서 최초의 매스 커뮤니케이션 박사 배출
1950	〈커뮤니케이션 저널〉 창간; 전국커뮤니케이션연구협회(NSSC) 결성
1955	미시건주립대학교 커뮤니케이션아츠학부 설립
1957	UNESCO에서 국제매스커뮤니케이션연구학회(IAMCR) 출범
1959	한국신문학회 창립
1968	NSSC가 국제커뮤니케이션학회(ICA)로 재편
1970	미국스피치학회(SAA)가 스피치커뮤니케이션학회(Speech Communication Association: SCA)로 개편
1974	〈인간 커뮤니케이션 연구〉 창간; 〈커뮤니케이션 연구〉 창간
1977	ICA가 처음으로 북미 바깥(서베를린)에서 학술 대회 개최
1982	AEJ(Association for Education in Journalism)가 AEJMC(the Association for Education in Journalism and Mass Communication)로 개칭
1991	〈커뮤니케이션 이론〉 저널 창간
1997	스피치커뮤니케이션학회(SCA)가 전국커뮤니케이션학회National Communication Association로 개편

그리고 세상은 이것 덕분에 더 나아질 것이다,

경멸당하고 흉터로 덮인 그 한 사람,

마지막 남은 용기로 여전히 분투했다,

도달할 수 없는 별에 이르기 위해.

— 라 만차의 사람으로부터

윌버 슈람에 대한 헌사로 웨인 다니엘슨이 낭독함[153]

[커뮤니케이션에 몸담은] 우리는 왜 이런 부류의 질문을 제기하지 않는가? 나는 그것을 너무나 하고 싶어서 가슴이 아프다.

— 1983년 윌버 슈람이 40년 전 시조들의

전시 연구에 대한 반응을 회고하면서[154]

153 1973년 8월 콜로라도 주 포트 콜린스Fort Collins에서 개최된 미국저널리즘교육학회(AEJ) 연례 컨퍼런스에서 매스 커뮤니케이션 연구에 탁월한 기여를 한 공으로 제3회 폴 J. 도이치먼상을 슈람에게 수여할 때 이 행사가 열렸다.

154 Cartier(1988, p.174)에서 재인용.

커뮤니케이션은 학문 분야 뒤에 하나의 산업 — 매스 미디어 — 이 버티고 있다는 점에서 다른 사회과학과 다르다. 20세기에 와서 매스 미디어가 등장하면서, 전례 없이 광범위한 문제점과 기회가 이 사회에 나타났고 이에 따라 커뮤니케이션 연구가 성장하는 동인이 마련되었다. 예를 들면, 라스웰의 커리어는 선전에 대한 우려에서 고무된 것이고, 홉랜드는 전시 노력을 지원하는 데 매스 커뮤니케이션을 활용할 수 있을 것이라는 희망에서 자극받았다. 윌버 슈람은 텔레비전이 아동의 삶에 영향을 미치게 될 방식에 관심을 기울였고, 교육과 국가 발전에서 커뮤니케이션 테크놀로지를 응용하는 데도 참여했다. 그러나 만일 미디어의 일자리나 점차 늘어나는 직업 커뮤니케이션 세계에서 화려한 커리어를 열망하면서 대거 등록한 학생이라는 토대가 없었다면, 아마 이 연구 주제 대다수는 미국 대학교에 뿌리내리지 못했을 것이다.

인쇄 미디어, 영화, 방송 그리고 광고, 홍보, 공보 같은 유관 분야에서 일자리 기회는 풍부하다. 신문과 잡지 발행인은 고등 교육의 가장 통 큰 기부자 중 일부로서 장학금과 석좌 교수 기금을 마련했고, 심지어 매스 커뮤니케이션 직업을 목표로 교육받은 졸업생을 안정적으로 확보하기 위해 학교를 설립하기도 했다. 커뮤니케이션 프로그램에 몰려드는 학생 수는 꾸준히 증가했다.[155] 매우 권위 있는 여러 대학교에서,

155 저널리즘 고등 교육에서는 매년 세밀한 서베이를 시행하고 있는데, 1967~1990년 사이의 등록생 수가 약 10배(14,600명에서 148,000명으로)로 증가했다(Becker, 1991; Peterson, 1973 참조). 미국 교육부의 자료에 따르면, 1990년에 이르면 모든 커뮤니케이션 분야에서 학사 학위가 약 5만 명에게 수여되고 있었다(미국 대학교에서 수여되는 100만 명의 학위 중 약 5%에 해당한다)(Rogers, 1994). 1979~1989년 사이에 이 추정치는 약 두 배로 증가했다.

커뮤니케이션 전공 학생은 다른 어떤 학문보다도 숫자가 많다. 그 결과, 커뮤니케이션 학자가 되고 싶어 하는 박사는 대다수의 학문 분야에 비해 취업 전망이 훨씬 더 밝다.[156] 일자리 숫자 자체가 많은 것이다.

하지만 미국 고등 교육에서 새로운 학문 분야를 설립하려면 일자리, 재원, 진학 희망자 외에도 필요한 게 많다. 먼저 대량의 지식이 필요하다. 이 책 1부에서 윌버 슈람은 앞서 강조한 시조 네 사람의 저작에서 이 분야의 재료가 떠오르는 것을 간파했다. 학문 발전의 지표인 이론과 연구는, 7장에서 보았듯이, 슈람이 가장 먼저 짜 맞춰 구성한 요소였다. 지식 체계의 발전, 그리고 지식 구축의 도구인 이론과 방법론의 발전을 넘어서, 커뮤니케이션 연구는 자신에 대한 통일된 비전이 필요했고, 성장할 공간이 필요했다. 우리가 목격했듯이, 슈람은 이 필수품 중에서 첫 번째를 제공했다. 현재의 장은 두 번째, 즉 슈람이 커리어에서 거쳐간 아이오와대, 일리노이대, 스탠포드대 등 특정한 학교를 초월해 커뮤니케이션 연구를 확립하는 문제를 검토한다. 이 분야가 장기적으로 실행 가능성이 있음을 입증하기 위해서는 다른 기관, 다른 사람에 의존해야 했기 때문이다.

156 Chaffee & Clarke(1975)를 보라. 이 분야에서 현재 약 250명의 박사 학위 소지자가 배출되는데 비해, 커뮤니케이션 교수직을 충원하기 위해서는 매년 500명의 새로운 박사 소지자가 필요하다고 드플레어(DeFleur, 1992)는 추산했다. 커뮤니케이션 교수 자리는 때때로 다른 학문 분야의 박사로 충원되기 때문에, 이 숫자는 실제보다 다소 높게 나왔을 수도 있다.

슈람의 계획

윌버 슈람은 인간 커뮤니케이션이 통합된 사회과학으로 발전할 것이라 예견했다.[157] 이 주제는 적어도 대학원 수준에서는 대학교 표준 커리큘럼의 일부로 자리 잡을 것이었다. 인쇄 저널리즘, 설득, 방송 같은 커뮤니케이션 직업 입문 수준 위주의 학부 교육을 기반으로 삼아 심화 과정을 유지할 예정이었다. 기존의 저널리즘과 스피치학과는 단일 단위로 합병해서 학사와 석사 과정 학생에게는 직업 훈련을 제공하고 그 위에다 박사 과정에서는 커뮤니케이션 과정과 효과 연구를 다루는 식으로 마무리할 예정이었다. 이 학술적 작업은 커뮤니케이션 일반을 다루도록 되어 있었다. 그러한 학과는 예컨대 대인 커뮤니케이션과 혁신적인 미디어 테크놀로지에 관한 심화된 수준의 공부를 포함할 수도 있었다(Schramm, 1963). 궁극적으로는 전통적인 기술 중심의 커리큘럼 대신에 이 새로운 종류의 커뮤니케이션 지식으로 대체하거나 아니면 적어도 이 지식으로 보완하도록 할 예정이었다. 다른 과학 분야는 전문화된 지식 토대 구축을 통해 점진적으로 업그레이드되고 분화했다고 보고, 슈람은 이 인접 분야의 역사와 비슷한 무엇인가를 꿈꾸었다.

대략 슈람이 재직하던 시절(1955~1973) 스탠포드대학교에서는 커뮤

157 1950년대에 **행동과학***behavioral science*이라는 용어가 한참 유행할 때, 슈람은 이 용어를 자주 사용했다. 이 장에서는 단순화를 위해 **사회과학***social science*을 사용하는데, 이 용어가 현재 학계에서 더 자주 쓰이는 범주라고 보기 때문이다. 스탠포드에서 슈람의 동료 교수이던 리처드 카터는 이렇게 말한다. "비록 매스 커뮤니케이션이 매우 사회적이긴 하지만, 본질적으로는 행동적이다"(Carter, 1995, pp.5~6). 카터는 행동의 관점으로 돌아가야 한다고 주장한다.

니케이션연구원과 저널리즘학과가 스피치-드라마학과의 방송-영화 요소들과 합병해 커뮤니케이션학과가 형성되었기 때문에, 슈람이 꿈꾼 과정이 엇비슷하게 실현되었다고 할 수 있다. 이 합병은 오랫동안 저널리즘학과장이던 칠턴 부시가 1962년 은퇴할 무렵 행정 차원에서 성취되었다.[158] 그러나 슈람의 비전도, 스탠포드에 의한 실행 시도도 당시의 주요 연구 대학교에서는 인기 있는 모델이 되지 못했다. 미국 대학과 대학교의 대다수는 주 기능을 학부 교육에 둔다고 할 수 있는데, 이 학부 교육에서조차도 슈람의 비전은 청사진으로 널리 채택되지 못했다.

제도화에서의 다양성

커뮤니케이션 연구를 제도화하는 데서는 그간 어떤 조직 원형을 추구해왔는가? 여기엔 어떤 단일한 지배적 패턴도 없다. 미국 고등 교육을 하나의 집단으로 보면 커뮤니케이션 단위는 언뜻 절망적일 정도로 이질적인 구조가 뒤섞인 형태인 것 같다.[159] 각 대학은 이 새로운 분야를

158 공식적으로는 단일 학과로 통합되었지만 실제로는 스탠포드의 여러 커뮤니케이션 프로그램은 본질적으로 따로 유지되었다. 합병 후 30년이 지난 뒤에도, 석사 학위 프로그램은 저널리즘과 다큐멘터리 영화 제작 부문으로 별도로 나뉘어 계속 존재했는데, 커리큘럼이 서로 중복되지도 않고, 커뮤니케이션연구원에 위치한 박사 학위 프로그램과도 겹치지 않았다.

159 어떤 종류든 커뮤니케이션 연구를 목적으로 하는 두 개 혹은 그 이상의 학과를 갖춘 대학이 많다. 때때로 이 학과들은 소속 대학도 다르고 관할 학장도 다르게 편제되어 있다.

자신의 구체적인 역사와 목표에 적합한 방식으로, 그리고 내부의 영향력 있는 지적 인물이 그 역사와 목표를 해석하는 방식에 따라 각양각색으로 다루었다.

이러한 다양성은 이 분야의 발전이 초기 단계에 있음을 대변해 주는 현상이며 결국에는 대다수의 기관에서 어떤 단일한 모델이 커뮤니케이션 연구 분야의 특징이 될 것이라고 믿는다. 이는 대다수의 학문에서 드러난 역사적 패턴이었다. 하지만 이와 동시에 미국 전역의 커뮤니케이션 연구에 일어난 현상은 슈람이 품었던 통합된 학문 분야라는 비전을 약화시키는 경향이 있다.[160] 대다수의 대학과 대학교에서는 여전히 직업 기술 교육이 학부 커뮤니케이션 연구에서 지배적이다. 예컨대, 대인 커뮤니케이션과 매스 커뮤니케이션 과정을 서로 관련지어 연구하는 동질화된 대학원 학과는 거의 없다. 새로운 정보 테크놀로지를 공부하려는 학생은 학문적 거처를 찾기 어렵다. (대학의) 커뮤니케이션 단위는 이러한 관심사를 아주 제한된 방식으로만 수용했다. 커뮤니케이션 연구는 고등 교육에서 아직 표준 학문으로 통할 정도로 발전하지 못했다(Levy & Gurevitch, 1994; Rogers & Chaffee, 1983).

추상적인 과정으로서의 커뮤니케이션에 관한 학술적 관심은 원래 수사학에 초점을 두었는데, 이는 아리스토텔레스에까지 거슬러 올라가는 사조이다. 19세기 후반 수사학은 논리학, 문법과 함께 학문적 '3

160 경험적 분석에 따르면, 커뮤니케이션학자는 다음의 세 차원에 따라 구분할 수 있다. 매스 커뮤니케이션 대 대인 커뮤니케이션, 인문학적 방법 대 과학적 방법, 이론적 연구 대 응용 연구 등이다(Barnett & Danowski, 1992; 또한 Reeves & Borgman, 1983; Rice, Borgman, & Reeves, 1988; So, 1988을 보라).

학과*trivium*'이자, 이상화된 대학 커리큘럼을 구성하는 '7개 교양 과목'의 일부를 이루었다. 하지만 슈람의 시절에는 그동안 인정받던 수사학의 원칙이 엄밀한 행동과학에 의해 새로 검증을 받고 있었다. 슈람의 동료인 네이선 매코비는 심지어 홉랜드처럼 경험적으로 설득에 접근하는 입장을 "'과학적' 수사학"(Maccoby, 1963)이라 불렀다. 그러나 수천 명에 달하는 수사학 교수들은 미국 고등 교육에서 정착된 자신의 자리를 불과 수십 명의 사회심리학자에게 넘겨주지 않으려 했다. 심화된 커뮤니케이션 연구가 등장했을 무렵, 대부분 전통적 학문을 가르치는 수사학자가 학과장으로 있던 스피치학과는 대다수의 대학교에서 확고하게 자리 잡고 있었다. 행동과학이 스피치에서 비중 있는 위치를 확보하려면, 설득을 이해하는 데에서 단순히 대안적 접근이 아니라 더 우월한 접근임을 스스로 입증해야만 했다. 1920년대에 라디오가 등장했을 때, 커리큘럼에 '구전'식 전통의 스피치 구연 과목과 나란히 방송 기술 교육이 추가되었다. 나중에 라디오가 사라진 자리에는 텔레비전이 들어갔다. 한편, 저널리즘 교육은 별도 트랙으로 발전하고 있었다. 그러므로 통합된 분야로서의 매스 커뮤니케이션이란 발상이 자리 잡기 전에는, 매스 미디어 교육이 사분오열되어 있었다.

20세기 중반 무렵 저널리즘은 스피치만큼이나 거의 미국 도처의 고등 교육 기관에서 이루어졌지만, 학문적 전통보다는 직업과 더 동일시되었다. 거의 모든 대학에서 저널리즘 교육자는 상당한 기간의 현직 경험을 자신의 '강의 자격'으로 내세웠다. 이 장인적 지식*craft*을 대학에서 가르칠 자격을 갖추려면 박사 학위가 아니라 이전에 언론인으로서 성공적인 경력이 있어야 했다.[161] 전형적인 저널리즘학부는 매년 수백 명의 신참 기자를 배출했다. 소수는 나중에 발행인이 될 것이고, 그래서 잠재적인 대학 후원자가 될 수도 있었다. 대다수 기관에서 저널리즘 교육 단위는 인문학과 사회과학 교수들이 지배하는 문리과 대학 내에서 한 학과로 남아 있었다(종종 명목상으로 "학부*school*"로 불렸다). 그러나 최고의 주립 고등 교육 기관 중 다수는 단순히 규모가 큰 학부 중심 대학*liberal arts college*이 아니라 연구 중심 대학교로 변하고 있었다. 2차 세계 대전 이후 생겨난 여러 대학원에서, 학교 행정가는 자기 대학 학과가 교육뿐 아니라 연구도 해내길 기대했다(Chaffee, 1988, pp.132~134).[162] 높게 평가받는 연구의 종류는 커뮤니케이션 관련 단위가 소속한 데가 사회과학이냐 아니면 인문학이냐에 따라 달라진다. 사회과학이 기대치인 학교라면 슈람의 모델을 수용할 길을 마련하는 데 도움이 되었다. 하지만 어떤 유형이든 저널리즘학부가 커뮤니케이션 연구를 생산해 내지 못하면 전후의 연구 중심 대학교에서 위상이 위태로워질 수도 있었다.[163]

고등 교육이 급속히 팽창하고 있었다는 사실 때문에, 심화된 커뮤니케이션 연구에 대한 거부감은 1950년대에 완화되었다.[164] 동료들은

161 1950년대까지 저널리즘 교수진에는 비록 학사 학위 소지자도 일부 있었고 소수의 박사와 로스쿨 졸업자도 있었지만, 석사 학위가 표준적인 최종 학력이었다.

162 연구 중심 대학교는 대학원 교육과 교수의 연구를 매우 강조한다. 이 모델은 미국이 독일 대학교에서 배워 채택한 것인데, 1880년 존스홉킨스대학교에서 처음 시작되었다. 오늘날 미국에는 연구 중심 대학교가 약 60군데 있다.

163 예를 들면, 석사 학위만 수여하는 저널리즘학과가 1950년 UCLA에 설립되었는데, 그 후 약 20년이 지나 로널드 레이건 주지사하에서 교육 과정 축소가 시작되자 이 학과는 폐지되었다.

164 2차 세계 대전 후 GI 권익법GI Bill of Rights에 의해 전역 군인에 대한 지원이 늘어났고 이에 따라 다른 경력 관리 교육의 수준도 덩달아 높아졌는데, 이 때문에 미국의 고

새 박사 학위 취득자를 때때로 "커뮤니콜로지스트*communicologists*"라며 조롱하기도 했지만 이와 동시에 이들을 연구의 권위와 수입의 잠재적 원천으로 간주했다. 이 새로운 박사들은 학과 교수진 안에서 (기존 교수 유형의) 대체재라기보다는 추가물로 수용되기가 더 쉬운 편이었다. 그러나 스피치와 저널리즘 교수들은 기존의 전통적 목표나 정착된 연구 방식을 희생하려고 하지는 않았다.

스피치나 저널리즘 교육 단위가 존재하지 않는 대학교에서는, 심화된 커뮤니케이션 연구에 대한 저항은 덜 할지 몰라도, 그것을 제도화할 이유가 더 적었다. 예컨대 권위 있는 아이비리그에 속한 최상위 대학교는 기존 학과 명부에 새로운 사회과학을 하나 더 추가할 필요성을 느끼지 못했다. 반면에 연구 중심 대학교를 목표로 삼는 기관이라면 심화된 커뮤니케이션 연구가 학문적 위상을 높이는 빠른 길이자, 슈람이 일리노이대와 스탠포드대에서 그랬던 것처럼 교외 연구비를 끌어오는 지름길이라고 여길 수도 있었다. 이처럼 상충하는 요인들을 감안할 때, 커뮤니케이션이 학계에 진입하는 방식이 단일한 패턴을 따르지 않고 어떤 예측 가능한 새로운 구조도 낳지 않았다는 점은 놀랄 만한 일도 아니다.

등 교육 등록자 수가 엄청나게 팽창했다.

세 종류의 대학교

심화된 커뮤니케이션 연구에 관한 한 미국 대학교는 아마 세 범주로 묶을 수 있을 것이다. 첫째, 가장 오래되고 유명한 대학교, 특히 뉴잉글랜드 지역의 학교는 슈람이 말한 식의 커뮤니케이션 연구를 목적으로 하는 교육 단위를 갖추지 않고 있다.[165] 이 중 몇몇 학교는 직업적 커뮤니케이션 프로그램을 운영하긴 하지만 이 분야의 학자 중 아주 소수만 배출하고 있을 뿐이다. 예를 들면 컬럼비아대나 예일대의 커뮤니케이션 연구는 40년 전 라자스펠드나 라스웰, 홉랜드의 프로젝트 이상으로 그다지 진전하지 못 했으며, 이 프로그램들은 현재 존재하지 않는다. 여기서 커뮤니케이션 연구는 독자적으로 제도화하지 못했다.

두 번째의 학교 집단은 대규모의 활발한 주립 대학교, 특히 중서부에 있는 학교 중 대다수를 포함한다. 이 "복합 대학교*multiversities*"[166] 에서는 서로 별도의 학과로 남아 있는 스피치, 저널리즘 그리고 유사한 직업 교육 단위에 커뮤니케이션 연구가 추가되었다. 슈람의 첫 직장이던 아이오와대학교가 좋은 예다. 슈람이 1944년 박사 과정 수준에서 스피치학과와 저널리즘학부를 통합하자고 제안했을 때, 스피치학과는 별 관심이 없었다. 오늘날의 저널리즘-매스커뮤니케이션학부는 (스피

165 아이비리그에서 주목할 만한 예외는 펜실베이니아대학교의 애넌버그 커뮤니케이션학부인데, 이 기관은 필라델피아의 발행인인 월터 애넌버그Walter Annenberg의 대규모 기부금으로 운영된다. 이는 1960년대에 설립되어 이 장에서 기술하는 시기 이후에 학계에서 높은 위상을 확보했다.

166 복합 대학교는 클라크 커가 1960년대 초반 캘리포니아대학교 체제의 총장 시절에 유행시킨 용어이다.

치학과의 후신인) 커뮤니케이션연구*Communication Studies*학과와 완전히 분리되어 있으며, 각 학과에는 종류가 다른 커뮤니케이션 연구 프로그램을 수용하고 있다. 슈람의 노력에도 불구하고 대략 똑같은 현상이 일리노이에서도 일어났으며, 미네소타, 위스콘신, 인디애나, 그리고 유사한 주립 연구 중심 대학교에서도 나타났다. 이 복수 학과 모델도 시행해보니 별 문제는 없었다. 슈람이 일리노이를 떠난 후 40년 만에 커뮤니케이션 연구의 대다수를 이 기관들이 생산해 냈다.

마지막으로 대학원 사회과학 연구에 새로 진입한 일부 대학교는 거의 '백지'나 마찬가지인 상태에서 통합된 커뮤니케이션학과를 설립했다. 이 세 번째 대학교 집단은 역사와 전통이 가장 짧다는 이유도 있고 해서, 동료 교수진이 평가하는 전반적인 대학교 순위에서 명성이 가장 떨어지는 축에 속한다. 대학원 과정과 연구를 강조하지 않는 상대적으로 작은 대학교에서는 커뮤니케이션 (혹은 매스 커뮤니케이션)이라 불리는 학과가 가장 흔하다(Dickson, 1995). 각종 직업 기술 교육 과정은 더 큰 대학교라면 여러 학과를 별도로 유지할 정도로 전체 덩치가 큰데, 흔히 '커뮤니케이션'이란 명칭은 이러한 여러 프로그램을 한데 묶어서 제공하는 데 대한 행정적 해명에 편리한 단어일 뿐이다.[167]

이런 식으로 해서 커뮤니케이션은 전체적으로 볼 때는 번창하는 학문적 사업이지만, (미국 고등 교육 정상급의 사고를 통제하는) 아이비리그의

167 딕슨(Dickson, 1995)의 서베이는 저널리즘을 가르치는 교육 단위 중 커뮤니케이션이나 매스 커뮤니케이션으로 불리는 데가 가장 흔하다는 사실을 발견했다. 이 명칭의 사용은 교수진 수, 등록생 수, 박사 과정 교육, 그리고 학교의 권위와 관련된 다른 지표와 부정적인 상관관계를 보인다.

시각에서 볼 때 정당성이 떨어지는 분야라는 스테레오타입이 굳어졌다. 커뮤니케이션 연구는 미국 중심 지역의 여러 대규모 주립 대학교에서 가장 강하지만, 거기서도 학문적 위상을 확보하기 위해 아직 투쟁하고 있다. 이는 주로 전도유망한 기관에서 성장하고 있으나, 흔히 커뮤니케이션학과라고 불리는 존재는 슈람이 구상한 대로 연구에 주력하는 학문적 실체와는 아직 한참 거리가 있다.

선도적 사례: 미시건주립대와 위스콘신대

미국 커뮤니케이션 연구의 제도화에 관해 모든 이야기를 들려주는 일은 이 책의 범위를 넘어선다. 여기서는 주로 이 분야가 어떻게 시작했는지에 관심을 두며, 사회과학으로서 커뮤니케이션이 어떻게 몇몇 선구적인 대학교에서 일찍이 뿌리를 내렸는지를 다소 자세히 설명하는 게 이 이야기를 가장 효과적으로 전해 주는 방안일 것이다. 이를 위해 매디슨의 위스콘신대학교와 이스트 랜싱East Lansing의 미시건주립대학교, 이 두 기관에 초점을 맞추고자 한다. 이 장의 필자는 모두 1960년대에 이 학교 중 한 군데서 교수로 재직했으니(채피는 위스콘신에서, 로저스는 미시건주립대에서), 이 선택은 현재 책의 "개인적 회고록" 원칙의 연장선상에 있는 셈이다. 그렇지만 이 두 군데 빅 텐Big Ten 대학교에 초점을 맞춘 데에는 더 합당한 이유가 있다. 오랫동안 이 두 학교는 교수와 박사 과정생의 커뮤니케이션 연구 생산성이라는 측면에서 대적할 학교가 거의 없을 정도로 이 분야에서 정상을 지켰다. 하지만 이 두 학교는 제도적 구조에서 서로 현저한 차이가 있다. 커뮤니케이션 연구는 앞서 제시한 첫 번째 범주의 상대적으로 오래된 기관에서는 출현하지 못한데 비해, 두 번째와 세 번째 범주의 대학에서는 모두 자리를 잡았다. 이 두 사례를 통해 왜 그런 일이 발생했는지 설명해 보고자 한다.

커뮤니케이션 연구가 스피치와 저널리즘 분야를 어떻게 변화시켰으며, 어떻게 해서 자신도 사회과학에서 심지어 더 절충적인 학제 간 활동으로 변화했는지에 관해 더 자세한 이야기는 다른 글에게 넘기려 한다(Rogers, 1994). 하지만 슈람은 현재 책의 윤곽을 구상하면서, 학과 명칭 변화를 포함해 초기 과정에 관해 어느 정도 추가로 다루어야 한다고 생각했다. 이러한 학과 이름 변경은 커뮤니케이션 연구에서 근본적이고 실체적인 변화가 일어났음을 보여 주기 때문이다. 이 장은 필자들이 쓴 이야기로, 슈람의 장 구상을 그대로 따르지는 않는다. 그러나 슈람이 이 책에서 마지막 장에 쓰려고 열거한 모든 사항을 간단하게나마 언급할 것이다.

미시건주립대: 최초의 커뮤니케이션학과

윌버 슈람이 1940년대 후반에 아이오와와 일리노이에서 새로운 연구 분야를 구상하기 시작했을 때, 이스트 랜싱에 있던 이웃 학교는 미시건주립대학으로 불렸는데 아직 학문적 (혹은 스포츠의) 강자로 대접받지 못하는 수준이었다. 1950년대 초 미시건 주는 이스트 랜싱 캠퍼스를 모든 측면에서 업그레이드하기로 결정하고, 이 학교 이름을 '대학교'로 바꾼 다음 다른 저명한 빅 텐 주립 대학교의 반열에 오를 수 있도록 재원과 목표를 확장했다(Dressel, 1987).[168] 미시건주립대(MSU)에서는 이 부상하는 흐름 덕분에, 전국의 학계에서 가장 신생 분야인 커뮤니케이션이라는 배가 출범할 수 있게 되었다. 미시건주립대는 한참 성장하는 대학교였다. 주 정부의 토지 증여로 설립된 대학교로, 미시건주립대는 교육, 응용 연구, 지식 확산을 통해 미시건 주의 농업과 공학 부문의 관심사에 봉사하도록 하기 위해 시작되었다. 이 학교의 실용적, 직업적 특성은 교육학과 같은 다른 대학 프로그램에도 확장되었다. 커뮤니케이션은 이 실용적 목적에 잘 맞았고, 따라서 1950년대의 대학 성장기에 자연스럽게 확장의 표적이 되었다(Dressel, 1987).

가령 매디슨이나 어바나 샴페인Urbana-Champaign에서는 주립 대학교가 곧 증여 토지 설립 대학이었는데 비해, 이스트 랜싱의 상황은 본질적으로 이 두 학교와 달랐다. 미시건 주에서는 더 오래된 아이비리그 학교와 겨룰 만큼 높은 학문적 수월성을 발전시키는 임무는 앤 아버Ann Arbor에 있는 미시건대학교의 몫이었다. 하지만 1950년대에 미시건주립대는 사실상 두 번째 메이저 주립 대학교 수준으로 업그레이드 되었다. 캘리포니아에서는 UCLA가 오로지 캘리포니아대학교 버클리 캠퍼스에만 뒤지는 명문 주립 대학교로 빠르게 부상했는데, 미시건 주의 모델은 분명히 캘리포니아와 꼭 같다. 이 확장의 효과로 문리과 대

168 빅 텐이란 용어는 중서부 지역 여러 주요 대학교의 미식축구 리그를 지칭하는데, 원래는 웨스턴 컨퍼런스the Western Conference라 불렸다. 시카고대학교가 1950년대 초반 미식축구 프로그램을 폐지하면서 빅 텐은 10개 팀을 채우지 못하게 되었는데, 따라서 1950년대 초반 미시건주립대가 추가되고 나서야 컨퍼런스는 정원을 다시 다 채웠다. 1990년대 초반 펜실베이니아주립대가 추가로 가입하면서 빅 텐은 이제 11개 학교로 구성되어 있다. 스포츠 경기 외에도, 이 학교들은 다양한 기관 간 협력으로 연계되어 있으며, 일반적으로 학문적 수준에서도 서로 비교 대상으로 삼곤 한다.

학도 덩달아 강화되었다. 하지만 미시건대는 일반적으로 미국 공립 대학교 중에서는 오로지 버클리에게만 순위가 뒤지는데, 미시건주립대는 앤 아버에 있는 탁월한 학문 분야의 학과와 경쟁 상대가 되리라 희망할 수는 없었다. 현명하게도 미시건주립대의 학교 행정가는 강점을 살려 나가기로 결정했는데, 이는 학교 내에 실용적 성향이 강한 학부의 학술적 측면에 투자한다는 뜻이었다.

1955년 미시건주립대는 커뮤니케이션아츠학부the School of Communication Arts를 설립하기로 결정했다. 그해 말 학교 명칭이 "대학"에서 "대학교"로 업그레이드되었을 때, 커뮤니케이션아츠의 단위 역시 "학부"에서 "대학"으로 승격되었다(E. Bettinghaus, personal communication, February, 1995). 고든 세바인이 첫 번째 학장으로 임명되었다(Trodahl, 1968). 이 새 대학에서 원래 구상한 구조는 저널리즘학부와 스피치학과를 포함한 것이었다.[169] 이 둘은 모두 20세기 초반에 영문학과에서 분리되었지만, 1950년에 이르면 이스트 랜싱 캠퍼스의 별도 학부에 위치했고 관할하는 학장도 달랐다. 새로 통합된 커뮤니케이션아츠대학의 목표는 설립 시 만들어진 규정에 부분적으로만 명시되어 있었다. 이 대학은 저널리즘 교육과 라디오 기술, 텔레비전 기술, 시청각 자료, "기타 등등"을 포함했다. 광고, 텔레비전-라디오-영화라는 별도 학과를 뒤따라 설립할 때에도 초기에는 "기타 등등"에 함축된 기술 교육 원칙이 존중되었다.

커뮤니케이션이란 개념은 곧 미시건주립대의 구조에 더 철저하

169 스피치학과는 1968년에 해체되었고, 그 자원은 커뮤니케이션학과로 이전되었다.

게 주입되었다. 언어 연구를 강조하는 커뮤니케이션 박사 학위 과정이 1957~1958학년도에 교내 대학원에서 승인을 받았다(Bain, 1984년경). 저널리즘, 광고, 텔레비전-라디오-영화 프로그램을 수용하기 위해 매스 커뮤니케이션 분과가 형성되었다. 왕년에 일리노이에서 슈람의 동료였고 미시건주립대 저널리즘학부장을 지낸 프레드 시버트가 이 분과의 장으로 임명되었으며, 이 분과는 1958년까지 유지되었다. 커뮤니케이션아츠대학 내 모든 학과 전공에게 공통되는 핵심 커리큘럼은 점차 진화해 1957년 커뮤니케이션아츠학과로 발전했다.[170] 시버트가 1962년 대학 학장이 된 후, 이 명칭은 "커뮤니케이션"으로 축약되었고, 이에 따라 미시건주립대는 전국에서 이런 이름을 갖춘 첫 번째 주요 대학교 학과를 수용하게 되었다.[171] 이 포괄적인 단위의 명칭은 슈람의 비전에 맞게 다시 확대되었다. 즉 1974년에 커뮤니케이션아츠·과학대학 the College of Communication Arts and Colleges으로 바뀌었다.

월버 슈람은 미시건주립대에서 일어난 커뮤니케이션의 전면적인 제도화에 직접 개입하지는 않았지만, 그의 영향은 쉽게 확인할 수 있다. 세바인의 후임으로 학장이 된 시버트는 위스콘신 출신으로 블라이어의 제자였는데, 일리노이에서는 슈람의 동료이자 공저자였다(Siebert, Peterson, & Schramm, 1956). 미시건주립대가 새 커뮤니케이션학과에 여러 조교수를 채용하기 시작했을 때, 학교 행정가들은 주로 슈람 지향

170 이는 원래 일반커뮤니케이션아츠학과the Department of General Communication Arts로 불렸고 캠퍼스 내에서는 GCA로 알려졌다(E. Bettinghaus, personal communication, February 8, 1995).

171 일찍이 1939년에 "커뮤니케이션"이라는 분과가 스티픈스대학Stephens College에 존재한 적이 있다(Weaver, 1977).

적인 박사 학위 소지자를 물색했다. 초창기 위스콘신 출신의 매스 커뮤니케이션 박사인 맬컴 매클린이 미시건주립대에 온 1956년 같은 해에, 선전 연구에서 슈람의 연구 조교였던 데이비드 K. 벌로와 히데야 쿠마타는 일리노이 박사 과정을 마치자마자 채용되었다. 어윈 P. 베팅하우스는 슈람이 일리노이에서 가르친 마지막 강의에서 학생이었는데 1958년 미시건주립대 교수진에 합류했다. 이 신생 학자들은 슈람의 시각을 갖고 왔다. 스탠포드에서 칠턴 ("치크") 부시는 이미 박사를 배출하고 있었고, 1956년에 미시건주립대는 부시의 스타급 제자 중 한 명인 폴 J. 도이치먼을 채용했다. 전직 신문사 사회부장이던 도이치먼은 원래는 저널리즘학부장을 맡기기 위해 데려왔으나, 곧 그 대신에 미시건주립대가 스탠포드의 커뮤니케이션연구원을 모방하여 설립한 커뮤니케이션연구센터Communication Research Center의 장이 되었다. 슈람에 버금가는 일 중독자인 도이치먼은 1962년 심장마비로 세상을 떠났다. 이 시기에 리더십은 커뮤니케이션학과에 집중되었다.

데이비드 벌로는 심리학, 수학과 스피치를 배경으로 갖추고 있었는데, 아직 20대에 불과한데도 커뮤니케이션학과장으로 임명되었다. 그 후 수년간 벌로의 학과는 분야 내의 전국적, 국제적 저명성의 측면에서 대학교 내 어떤 학과보다도 더 빛을 발했다. 이 초창기에 교수 명단에 추가된 미래의 권위자 중에는 제럴드 R. 밀러가 있다. 밀러는 아이오와에서 스피치와 사회심리학 박사 학위를 취득했는데, 대인 커뮤니케이션 연구를 하나의 사회과학 분야로 확립하는 데 많은 기여를 할 사람이었다. 그리고 위스콘신에서 박사 학위를 받고 스탠포드에서 박사 후 기간을 갓 마친 매스 커뮤니케이션 학자 브래들리 S. 그린버그, 미네소타에서 매스 커뮤니케이션 박사를 받은 벌링 C. ("피트") 트롤달 등이 있었으며, R. 빈센트 패라스는 에버렛 M. 로저스와 함께 아이오와 박사인데 조직 커뮤니케이션을 경쟁력 있는 전문 학문 분야로 정착시켰다. 쿠마타와 로저스는 미시건주립대를 국제 커뮤니케이션 분야에서 강자로 발전시켰고, 베팅하우스(미래의 미시건주립대 학장)는 설득 연구에서 저명인사가 되었다.

벌로는 대단한 에너지와 비전을 지닌 지도자였다. 벌로는 일부 기간을 미 공군에서 복무하고 라디오 방송국에서 근무하면서도 단 2년 만에 일리노이에서 박사 과정을 마쳤다. 벌로는 자신의 학과 명칭과 그 존재 자체에서 학문 세계에 즉시 흔적을 남길 기회를 발견했다. "커뮤니케이션학과가 어떤 데인지 아무도 모른다. …… 그것을 발명하는 일은 우리에게 달렸다"면서 학과 여러 교수에게 반박했다. 대다수 교수에게 이 발언은 자신들이 윌버 슈람의 가르침과 글에서 흡수한 비전을 환기시켰다.

슈람처럼 벌로도 새로운 분야를 개념화하는 데 생각의 많은 부분을 투자했다. 벌로의 개론성 교과서인 《커뮤니케이션의 과정*The Process of Communication*》(1960)은 슈람이 자신의 교과서 《과정과 효과》에 취합해 놓은 모델 중에서 다수를 인용하면서 시작했다. 그러나 접근 방식에서 중요한 차이가 하나 있었다. 즉 벌로는 박사 과정 학생이 아니라 신입생을 겨냥한 책을 썼다. 슈람과 달리 벌로는 대학원 교육이 아니라 학부 교육에서 커뮤니케이션의 미래를 보았다. 미시건주립대의 100단위 강좌 번호에 속한 커뮤니케이션 과목은 어떤 커뮤니케이션을 전공하는 학생이든 필수로 요구되었고, 교육학부에서도 마찬가지였다. 물론 강좌는 수강생이 대규모였고 100단위 커뮤니케이션 과목에서 강의 조교로 근무하는 일은 벌로와 그 동료들 밑에서 도제 생활을 하던 수많은 미래의 교수에게 훈련장이 되었다.

그렇다면 미시건주립대에서 '커뮤니케이션'은 대학뿐 아니라 그 대표 선수급 학과에게도 모두 핵심적인 조직화 기능을 하는 명칭이었다. 스파르타식 교육을 받는 학생이 매년 수천 명씩 벌로와 (실제로 만나서, 혹은 적어도 글을 보면서) 공부했다. 여러 커뮤니케이션학과에서 수백 명이 넘는 전공자가 심화 강좌와 대학원 세미나에서 슈람의 저작을 열심히 공부하고 있었다. 1970년대 초반 미국 전역에서 확장 중이던 여러 대학교가 늘어나는 학생의 요구에 맞춰 커뮤니케이션 과목을 제공해 주기 시작하면서, 미시건주립대의 통합된 커뮤니케이션학과는 조직화의 모델 구실을 했다. 미시건주립대의 엄격한 박사 과정 출신의 새 교수는 커뮤니케이션 연구의 교육 단위를 구축하는 데에 많은 측면에서 이상적인 교수상이었다.[172] 하지만 미시건주립대 출신 박사들은 이미 일자리가 대규모로 존재하는 대학 기관, 즉 잘 정착된 저널리즘과 스피치학과에서 채용되는 사례가 아주 흔했다.

위스콘신: 기존 단위의 변형

스탠포드와 미시건주립대에서 전개된 급속하고 심지어 놀랄 만한 발전은 다른 비슷한 기관, 특히 위스콘신의 주목을 끌지 않을 수가 없었

172 1973년에 광고, 저널리즘, 텔레커뮤니케이션학과들은 두 번째 매스 미디어 박사 과정을 시작했다. 이는 매스 커뮤니케이션 정책, 경제학과 역사 전공 학자의 주요 공급처가 되었다.

다. 위스콘신에서는 캠퍼스 건너편에서 스피치학과가 수사학적 시각을 고수하는 동안 저널리즘학부는 블라이어의 전통을 추종하고 있었다. 저명한 역사학과를 보유한 주립 대학교이자 생명과학에서도 뛰어났으며 주 정부 증여 토지로 설립된 학교로서 위스콘신은 미국의 공립대학교 중에서도 우뚝 솟아있었다. 이 학교의 첫 번째 수사학 강좌는 1887년에 개설되었고, 저널리즘 과목은 1905년에 시작되었다. 이 커뮤니케이션 기술 중심의 커리큘럼은 각기 강력하고 안정된 리더십 아래에서 20세기 첫 10년 안에 완전히 독립된 학과로 진화했다. 랠프 O. 냅치거는 1948년 미네소타대학교에서 매디슨으로 돌아와 학부장을 맡았을 때 위스콘신 저널리즘학부의 역사에서 겨우 세 번째 학부장에 불과했다. 1954년 프레데릭 W. 하버만은 스피치학과에서 학과장을 역임한 겨우 네 번째 인물이었다. 이 사람들은 이 직책에서 각각 18년과 23년을 봉사하게 된다. 이들이 재직하는 동안, 사회과학적으로 접근하는 커뮤니케이션 연구가 위스콘신에 도입되지만 두 학과에서는 서로 아주 다른 양상으로 수용되었다.

저널리즘과 매스 커뮤니케이션

냅치거는 위스콘신에서 커뮤니케이션 연구를 지속적인 행정 구조로 안착시킨 핵심 인물이었다. 저널리즘을 가르치게 되기 전 경험이 풍부한 언론인이던 냅치거는 먼저 직업 교육을 강화하는 데 몰두했다. 냅치거를 따라 1948년 미네소타에서 위스콘신으로 옮긴 새 교수진은 그레이엄 호비였는데, 최고 수준의 기자 출신이었다. 그러나 냅치거는 또한 저명한 양적 방법론 옹호자이기도 했다. 대학원생 시절에는 최초의 독자 연구 중 한 편을 출판했으며(Nafziger, 1930), 당시 젊은 사회학적 방법론자이던 새무얼 스토우퍼에게 통계학을 수강했다.[173] 냅치거는 해외 신문 연구를 전문으로 했으며 1942~1943년 사이에는 슈람과 마찬가지로 미국의 전시 선전 부서이던 미 정부 OFF에서 근무했다. 독일어와 독일 언론에 관한 지식 덕분에 냅치거는 OFF에 매우 귀중한 내용 분석가 역할을 했다. 1944년에 다시 미네소타로 돌아와 냅치거는 저널리즘학부 내에 최초의 연구 분과를 설립했다. 이는 공동 뉴스 연구 기관이던 미네소타투표조사소Minnesota Poll와 연계되어 있었는데, 냅치거의 대학원생에게 현장 경험과 재정 지원을 제공했다.

위스콘신의 저널리즘학부장직을 수락하는 과정에서 냅치거는 수많은 변화를 놓고 협상했다. 냅치거는 대학교의 광고 교육 프로그램을 비즈니스 스쿨에서 넘겨받는 데 동의했다. 저널리즘학부에서 광고를 가르치는 일은 냅치거가 주 전역의 신문 발행인에게서 받은 조언과 일치하기도 했지만, 광고는 또한 행동과학에도 풍부한 함의를 주는 분야였다. 냅치거는 잘만 되면 위스콘신이 미네소타, 아이오와, 일리노이와 어깨를 나란히 하도록 해줄 두 가지 부속 기관에 대한 지원 약속을 받아냈다. 즉 이 두 가지는 학제적인 매스 커뮤니케이션 박사 과정과 저널리즘학부 소속의 매스커뮤니케이션연구센터였다.

이 새로운 학문적 실체의 설립에서 냅치거의 접근 방식은 개인적

173 스토우퍼는 학사 학위를 마친 후 2년간 아이오와 주의 색 시티Sac City에 있던 자기 가문의 신문에서 편집인을 지냈으며, 이후엔 시카고대학교에서 윌리엄 오그번과 L. L. 서스톤과 함께 공부했다. 위스콘신 교수진에 합류하기 전에는 영국에서 1년간 박사 후 과정을 밟으며 당시의 저명한 통계 방법론가이던 로널드 피셔와 칼 피어슨과 함께 작업했다.

으로 보면 점진적인 것이었지만, 지적 학문의 측면에서는 급진적이었다. 냅치거는 박사 학위가 없는 소장 교수, 가령 신문 편집 담당 강사인 스콧 커틀립과 브루스 웨슬리에게 학문적 전문 분야를 개발하라고 권유했다. 1950년대에 강의 담당 교수 자리가 생겼을 때, 냅치거는 주로 박사 학위 소지자를 채용했다. 이 중 S. 왓슨 던은 광고 분과장을 맡은 마케팅 전공 박사였고, 찰스 힉비는 런던경제대에서 정치학 박사를 받은 경력의 언론인 출신이었으며, "버드"라는 애칭으로 통하던 해럴드 L. 넬슨은 미네소타의 매스 커뮤니케이션 박사 과정에서 배출된 첫 번째 박사였다. 기존 교수진에는 베스트셀러 교과서 《언론의 법적 통제 *Legal Control of the Press*》의 저자인 프랭크 세이어(Thayer, 1944)와 저명한 언론 사학자 헨리 래드 스미스 등이 포진하고 있었는데, 앞서 언급한 교육자 겸 학자 여러 명이 교수 명단에 추가되었다.[174]

그러나 만일 저널리즘학부가 저널리즘, 광고, 홍보 부문에서 교육과 봉사 임무를 계속 수행하면서도 권위 있는 박사 과정을 정착시키려면 "새로운 인종"도 필요하다고 냅치거는 말했다. 그래서 (냅치거 자신이 학사 학위를 받은) 농업 저널리즘학과와 공동으로 박사 과정을 설치하였다. 대학교 다른 학과에서 사회과학자의 협력도 얻었는데, 주요 인물로는 사회학과의 방법론자인 버튼 피셔, 교육심리학과의 통계학자인 체스터 해리스, 영화 속 폭력의 효과에 관한 초창기 실험으로 알려진 사회심리학자 레너드 버코위츠 등이 있었다. 박사 논문 심사 위원회에는 늘 어김없이 그런 "외부" 사회과학 학과의 교수가 포함되었다.

174 1955년 위스콘신 교수직을 떠나 워싱턴대학교로 옮긴 스미스의 후임으로 넬슨이 채용되었다.

독자적인 매스커뮤니케이션연구센터를 설립하기 위해, 냅치거는 1956년 일리노이의 커뮤니케이션 박사 출신인 퍼시 H. 태넌봄을 초빙했다. 태넌봄의 스승은 일리노이에서 슈람 후임으로 연구원장을 맡은 실험심리학자 찰스 오스굿이었다. 오스굿과 태넌봄은 새로운 연구 기법인 의미 분별 척도의 이론적 함의를 탐색하는 탁월한 업적을 여러 편 공저로 출판했다(Osgood, Suci, Tannenbaum, 1957; Osgood & Tannenbaum, 1955). 태넌봄의 주도하에 연구 센터, 그리고 곧 위스콘신 박사 과정은 냅치거나 저널리즘학부의 다른 사람이 익숙해져 있던 것보다 더 미시적 수준의 분석에 초점을 맞추게 되었다.

이처럼 새롭고 다른 유형의 연구를 찾아낸 것이 냅치거의 공이라면, 이와 마찬가지로 박사 과정이 응용심리학, 사회과학과 더불어 법적, 역사적 학문까지 포괄하도록 확대된 것은 바로 태넌봄 덕분이다. 이러한 확대는 1950년대 말에 태넌봄이 제안한 방향이었다.[175] 냅치거는 박사 학위를 소지한 새 교수를 계속 채용했는데, 대부분 사회 행동과학자였고 대개 신생 박사 과정 출신이었다. 이러한 인물 중에는 스탠포드 출신의 웨인 다니엘슨, (법제와 국제 분야 학자인) 미네소타 출신의 윌리엄 핵텐, (미시건에서 사회심리학 박사를 받은 위스콘신 저널리즘학부 졸업생인) 잭 매클라우드, (1957년 위스콘신에서 박사를 받고 스탠포드에서 가르치고 있던) 리처드 F. 카터, 스탠포드 출신의 스티븐 채피 등이 있었다. 냅치거는 또한 위스콘신 모교 출신의 계량적 연구 성향의 박사도 몇 명 채용

175 태넌봄이 박사 학위 과정 확대에서 수행한 역할 부분은, 1994년 8월 10일 해럴드 L. 넬슨이 스티븐 채피와 인터뷰에서 강조한 것이다. 위스콘신 저널리즘학부 교수진에서 저명한 역사, 법률 분야 학자로서, 넬슨은 태넌봄 측의 이러한 노력의 주된 수혜자였다.

했는데, (한때 포토저널리즘 강사이던) 맬컴 S. 매클린 주니어, (역시 포토저널리즘을 가르치던) 제임스 A. 포스딕, 방송 저널리즘을 강의한 버넌 A. 스톤 등이 이에 해당한다. 냅치거가 1966년 은퇴할 무렵에는, 다니엘슨과 매클린을 제외하면 그가 채용한 사람은[176] 모두 아직 위스콘신에 재직하고 있었고, 위스콘신 교수진과 박사 과정은 저널리즘과 매스 커뮤니케이션 연구에서 가장 생산적인 기관으로 부상했다.[177]

일명 커뮤니케이션아츠로 불리는 스피치

매디슨 캠퍼스 몇 구간 너머에는 오랜 정평이 나 있는 스피치학과가 있었다. 원래 수사학과 공적 연설에서 유래한 이 학과는 점차 성장해 연극과 드라마, 스피치 장애, 그리고 라디오, 텔레비전, 영화 관련 기술 교육을 전담하는 여러 하부 단위를 포함하게 되었다. 하버만이 (27년간 재직한) 앤드류 T. 위버의 후임으로 1954년 학과장으로 부임했을 때, 스피치학과는 사회과학의 성향을 전혀 띠지 않고 있었다. 규모가 저널리즘 학부의 두 배 정도인 이 학과는 위스콘신 교수진 중 인문학 부분과 굳건하게 연계되어 있었다. 비록 스피치 장애는 심리학적 연구와 다소 연

176 이 채용은 냅치거의 작품이라 부르는 게 대체로 정확하다. 당시에는 장기 재직한 학문 단위의 행정가는 신임하는 동료의 자문을 얻기는 했지만 소장 교수의 채용을 포함해 폭넓은 문제에서 권위를 행사했다. 냅치거는, 만일 어떤 임명에 대해 전체 교수의 고려가 필요한 시점이 있다면 그것은 정년 보장 심사일 것이라는 입장을 취했다.

177 1962~1971년 동안 저널리즘과 매스 커뮤니케이션 분야 연구 저널에 실린 출판물의 자세한 분석에서, 위스콘신은 교수진 연구 생산성에서 2등인 스탠포드와 50% 이상의 격차를 두고 선두를 차지했다(Cole & Bowers, 1973).

관이 있었지만, 전반적으로 학과의 압도적인 지적 전통은 위버와 하버만이 모두 전문으로 삼은 분야인 수사학이었다. 스피치학과에서 매스 커뮤니케이션은 기술로 가르쳤지, 연구 영역은 아니었다. 1950년대에 냅치거가 저널리즘학부의 매스 커뮤니케이션 프로그램에 사회과학자나 행동과학자를 줄줄이 데려오는 동안, 스피치학과는 이러한 움직임에 동참하지 않았다. 비록 1950년대 중반에 저널리즘학부에서 개설된 맬컴 매클린의 매스 커뮤니케이션 연구 세미나에 스피치 박사 과정 학생이 들어오긴 했지만, 두 학과는 계속 연계가 거의 완전히 단절된 상태로 있었다(R. F. Carter, personal communication, April 20, 1995).

위스콘신 스피치학과에서 행동 이론과 계량적 방법론을 가르치기 위해 처음 채용된 교수는 시어도어 클리벤저였는데, 원래 일리노이대 교수로 있다가 1959년에 옮겨와 위스콘신대학교에서 3년 동안 머물렀다.[178] 플로리다주립대학교의 박사 과정 학생으로서 클리벤저는 공적 연설을 전공했지만, 실험 설계라는 다소 이례적인 영역을 부전공으로 공부했다. 클리벤저는 무대 공포를 유도하는 요인에 관한 실험이라든지, 구어 해석 과목을 가르치는 다양한 방법을 비교하는 데 이 전문 분야를 결합해서 썼다. 하버만은 클리벤저가 교수진에 추가된 것은 이전과 단절이라기보다는 연속선상에 있다고 보았다. 왜냐하면 비록 클리벤저가 이 연구 주제를 연구하는 방법은 다를지라도 이 주제는 스피치에서 여전히 중심적인 관심사라고 생각했기 때문이다(F. Haberman,

178 클리벤저는 36명으로 이루어진 스피치학과 교수진 중에서 스피치 병리학자를 제외하면 유일한 행동과학자였다. 이와 반대로 이 무렵 냅치거의 저널리즘학부 교수 중 거의 3분의 1이 대학원 수준의 작업을 했는데, 주로 사회과학이나 행동과학 관련 분야였다.

personal communication, August 11, 1994).

클리벤저는 1962년 실험 공간을 둘러싼 분란 때문에 위스콘신을 떠났다. 그 후임은 프레데릭 윌리엄스로 서던캘리포니아대학교에서 스피치 박사 학위를 갓 취득했고 청취와 방송에 관한 연구를 했다. 윌리엄스는 곧 건너편 매스커뮤니케이션연구센터에서 태넌봄과 공동 연구를 하기 시작했다. 이는 1960년대에 이 두 교육 단위 사이에 이루어진 아주 소수의 지적 연계 중 하나였다.[179] 태넌봄이 1968년 위스콘신을 떠난 후 윌리엄스는 자신의 연구 프로그램을 위스콘신대의 빈곤연구소the Institute for Research on Poverty로 옮겨 1년간 운영한 후 텍사스대학교로 떠났다.

1968년 위스콘신의 스피치학과는 첫 미시건주립대 출신 박사인 고든 화이팅을 채용했으며, 나머지 두 명인 존 맥넬리와 아이번 프레스턴은 저널리즘학부에 이미 부임해 있었다. 클리벤저나 윌리엄스와 마찬가지로, 화이팅은 스피치에서 학부와 대학원 과정을 마쳤다. 하지만 화이팅의 관심사는 주로 국제 커뮤니케이션과 발전, 그리고 사회 계층화에서 스피치 요인의 역할에 있었다. 화이팅은 스피치학과보다는 위스콘신의 토지보유센터Land Tenure Center에서 공동 연구자를 찾았다. 또 다른 경험주의 학자인 C. 데이비드 모텐슨은 1970년 스피치학과 교수진에 합류했으며, 소집단 내의 언어와 설득을 연구했다.

프레드 하버만은 행동과학에 거부감이 없었으나, 단지 자신의 학과에 많이 필요하다고 생각하지는 않았다. 그의 동료들은 실험 연구

179 클리벤저 역시 태넌봄과 함께 어느 정도 공동 작업을 했다.

가 이미 자신들이 하고 있던 연구를 강화하는 한 가지 방안이라고 보았기 때문에, 실험 연구로 가는 문을 열어 주는 역할을 하버만이 한 셈이다.[180] 그러나 미시건주립대에는 새로운 형태의 커뮤니케이션 연구와 더불어 이와 유사하게 구조화된 여러 프로그램이 시도되고 있었다.[181] 대인 커뮤니케이션이 그중 하나였는데, 위스콘신은 이 영역의 전문가인 조셉 카펠라를 1974년에 이르러서야 처음으로 채용했다. 카펠라는 물리학으로 대학원 생활을 시작해 미시건주립대 박사 과정 학생인 동안 수사학과 철학을 공부했는데, 이는 이미 이름이 바뀐 커뮤니케이션 아츠학과의 하버만과 다른 원로 수사학자에게는 위안이 되는 지적 배경이었다.[182] 카펠라는 처음부터 대인 커뮤니케이션에 관한 계량적 연구를 전문으로 삼았고, 급속히 그 분야에서 주도적인 학자이자 멘토로 부상했다. 그와 더불어 또 다른 대인 커뮤니케이션학자인 딘 휴즈는 스피치학과가 위스콘신대학교의 인문학 분과 위원회가 아니라 사회 연구 분과에 회부한, 첫 번째 종신 보장 심사 대상자였다.

180 당시 아이오와의 새무얼 베커는 텔레비전 효과에 관한 계량적 연구와 수사학 연구를 통합하는 연구에서 성공을 거두고 있었다. 하버만은 위스콘신으로 옮겨갈 때 베커의 관심을 끌려고 시도했다고 (1994년 8월 11일의 인터뷰 동안) 말했다. 이 시도가 실패하자, 하버만의 학과는 1961년에 아이오와 박사인 로이드 비처를 교수진에 추가했다. 하지만 비처의 관심사는 행동 연구보다는 수사학 쪽에 있었다.

181 그러한 프로그램의 하나가 탤러하시Tallahassee에 있는 플로리다주립대학교인데, 클리벤저는 몇 년 후 위스콘신을 떠나 여기로 옮기게 되며, 여기서도 중요한 커뮤니케이션 박사 과정을 시작했다.

182 연구 프로젝트를 완성하기 위한 2년간의 공백 기간 후, 하버만은 1972~1979년에 다시 스피치학과의 학과장으로 근무했다(F. Haberman, personal communication, August 11, 1994).

인디애나대학교의 돌프 질먼 교수 밑에서 공부한 실험 연구자인 조앤 캔터는 1975년에 위스콘신대 커뮤니케이션아츠학과에 처음으로 채용된 매스 커뮤니케이션 행동과학자였다. 캔터가 부임하면서 연쇄적으로 이어지는 인연의 순환적 고리가 완성되었다. 즉 질먼은 태넌봄의 박사 과정 지도 학생이었고, 태넌봄은 냅치거가 거의 20년 전 저널리즘학부에 데려온 사람이었다. 캔터는 전통적인 그 학과에서 스피치나 수사학 연구의 배경이 전혀 없는 첫 번째 계량적 경험주의자였다.

위스콘신에서는 문리과 대학 소속 두 주요 학과가 상호 협력 상태보다는 서로 거의 완전히 평행을 이룬 상태에서 사회과학으로서의 커뮤니케이션은 발전했다. 두 학과는 지도자 유형이 다르고, 지적 전통이 이질적이며, 대학 교수진이 인문학과 사회 연구 분과로 구분되어 있었다는 구조적 장벽 등의 이유 때문에, 저널리즘보다는 스피치에서 사회과학적 발전이 적어도 10년은 더 늦게 이루어졌다. 어떤 학과에서도 커뮤니케이션이 학과 명칭으로 채택되지 않았다. 1960년대 말 스피치와 저널리즘이 한 건물로 이주할 준비를 했을 때, 정상 간 회의가 연이어 열려 커뮤니케이션이란 단어를 포함하는 새로운 단위 명칭이 도출되었다. 그러나 오로지 건물 자체에만 순수하게 **커뮤니케이션**이란 포괄적인 단어만 들어가는 명칭이 붙었을 뿐이다.[183] 하지만 미시건주립대와 마찬가지로 위스콘신은 미국에서 저명한 심화된 커뮤니케이션 연구

183 저널리즘은 저널리즘과 매스 커뮤니케이션으로 바뀐 반면에, 스피치 커뮤니케이션은 커뮤니케이션아츠가 되었다. 이들은 빌라스 커뮤니케이션 홀Vilas Communication Hall에 입주했는데, 이 건물의 원래 추정 건축비보다 증가한 부분에 대한 예산 지원을 주의회가 거부했는데, 빌라스 가문 신탁 기금the Vilas Family Trust이 수백만 달러의 건축비 차액을 지원해 이 건물은 완성되었다.

중심지 중 하나가 되었다.

명칭의 제도화

시간이 흐르면서 커뮤니케이션이란 용어는 셀 수 없이 다양한 방식으로 고등 교육에 점차 스며들었다. 수많은 스피치학과는 (그리고 1970년대에는 미국스피치학회Speech Association of America까지도) "스피치 커뮤니케이션"이란 명칭을 채택했는데, 이는 모두 좋은 게 좋다는 식의 해결책에 불과했다. 저널리즘학부들은 가끔 "…… 및 매스 커뮤니케이션"을 기존 명칭에 추가했다. 이러한 타협책은 미국저널리즘교육학회(the Association for Education in Journalism: AEJ)에서도 1976년에 채택되어 이제는 AEJMC(the Association for Education in Journalism and Mass Communication)가 되었다. 초기 수십 년 동안에는 스탠포드식으로 스피치와 저널리즘을 단일한 커뮤니케이션 단위로 통합하는 접근 방식을 따르는 데가 거의 없었다. 하지만 일부 기관에서는 저널리즘이든 스피치이든 한쪽만 스스로 커뮤니케이션으로 이름을 바꾸고, 이와 반면에 다른 쪽은 전통적 명칭과 함께 별도의 학과 정체성을 유지하기도 했다.

일부 대학교는 일리노이와 미시건주립대의 본보기를 따라 여러 학과를 결합해 (흔히 "아츠*arts*"와 "과학*sciences*"이 붙은 채로) 커뮤니케이션학부로 만들었다. 예컨대 오늘날 텍사스대학교에서 이 교육 단위는 광고, 라디오-TV-영화, 저널리즘, 그리고 스피치커뮤니케이션학과를 포함하며, 학생 수는 약 4,000명에 교수진은 80명 이상에 달한다. 미시건주립대에서 (관련) 단과 대학은 커뮤니케이션, 텔레커뮤니케이션, 저널리즘, 광고, 청각학학과를 망라한다. 일리노이에서 슈람의 단과 대학은 한때 커뮤니케이션연구원, 저널리즘과 광고학과, 방송 분과를 포함했다. 하지만 스피치는 이 단위 바깥에서 문리대 소속의 스피치커뮤니케이션학과로 남아 있다. 이 책을 집필하는 동안 빅 텐 내에서 유일하게 통합된 커뮤니케이션 교육 단위는 미시건대학교의 통합 학과뿐이다.[184] 더 규모가 작고 사립 학교인 노스웨스턴대학교에는 스피치학부 안에 영화, 라디오-TV, 커뮤니케이션 연구가 별개의 학과로 있으며, 이외에도 독립된 메딜Medill 저널리즘학부도 있다. 오늘날에는 미국의 다른 지역에서도 합병의 분위기가 감돌고 있는데, 합병은 아마 슈람이 반세기 전 추진하기 시작한 커뮤니케이션 연구의 제도화를 고양시킬 수 있을 것이다. 이러한 전망에 대한 반발의 움직임은 스피치와 저널리즘 교육 단위의 전통적인 자기 개념 탓만이 아니라 사회과학과 행동과학 자체에 대한 거부감도 다시 부상하고 있기 때문이다. 슈람의 시절에 그랬듯이, 인문학적 매스 커뮤니케이션 연구도 다시 탄력을 얻었다. 이 이야기 역시 또 다른 이야깃거리로 남겨두어야겠다.

184 1995년에 커뮤니케이션연구학과Department of Communication Studies가 미시건대에 설립되었다. 원래 1970년대 중반에 저널리즘과 영화를 포함해 주요 프로그램을 통합해서 커뮤니케이션학과가 만들어진 적이 있다. 그런데 커뮤니케이션연구학과에는 이 중 어느 쪽도 포함되어 있지 않다.

NSSC: 학회와 저널

스피치는 또 다른 형태로 커뮤니케이션 연구가 제도화되는 데 기원이 된 학문 분야였는데, 최초의 조직은 바로 이 명칭을 갖고 있었다. 이러한 발전 과정은 이 책에서 지금까지 이야기를 들려준 윌버 슈람과 대다수의 대학교, 초기 연구자, 그리고 학계 거물과 상관없이 별도로 전개되었다. 어떤 학문 분야의 본질적인 특징 중 두 가지를 꼽자면 학문적 단체의 형성과 연구 저널의 발행을 들 수 있다. 정년 보장과 다른 질적 관리 관련 심사를 포함해 학문적 커리어는 동료 간 심사를 근간으로 하기 때문에, 한 분야를 설립하는 초기 단계 중 하나는 연구를 다른 곳의 동료와 공유할 공간을 마련하는 일이다.

커뮤니케이션은 이러한 종류의 직업적 조직화를 그다지 신속하게 수행하지 못했는데, 이는 부분적으로는 윌버 슈람이 대학 교과 과정, 학부, 연구소에 에너지를 투입했고, 학술지 논문이나 학회 발표문보다는 책을 더 자주 출판했기 때문이다. 커뮤니케이션 연구 전체를 대표할 대학 간 기구에 대한 요구는 점진적으로 그리고 거의 우연하게 다른 학자들에 의해 충족되었다. 1950년 무렵 전국커뮤니케이션연구협회(the National Society for the Study of Communication: NSSC)가 결성되었다. NSSC의 학술 기관지인 〈커뮤니케이션 저널*Journal of Communication*〉(JOC)은 1951년에 발간을 시작하였다.[185] 1968년의 조직 개편의 일환으로서, NSSC는 국제커뮤니케이션학회(the International Communication

185 이 부분은 위버(Weaver, 1977)가 제공한 정보에 많이 근거하고 있다.

Association: ICA)로 이름을 바꾸었다. ICA의 학술 대회와 저널은 오늘날 커뮤니케이션 학자의 주된 모임 공간이 되었다.

이전의 미국스피치학회는 주로 수천 명에 달하는 수사학, 논증과 토론, 변론술, 공적 연설 교육자로 구성되었는데, NSSC는 이 학회 내부에서 일종의 반대 운동으로 시작되었다.[186] 2차 세계 대전 이후, 스피치 장애와 방송처럼 구두 발표에서 새로운 몇몇 분야가 스피치에서 떨어져 나가기 시작해 별도의 (그리고 아주 경쟁력이 있는) 독자적인 학과가 생겨났다. 일부 스피치 교수는 이 추세를 보고는 낙담하여, 포괄적 우산으로서 커뮤니케이션에 주목하기 시작했는데, 이리하여 이제 커뮤니케이션은 형식적인 웅변술을 가르치기보다는 포괄적인 커뮤니케이션 행동을 분석하는 학문으로 바뀔 예정이었다. 일반 의미론, 임상 방법론, 경험주의적인 읽기와 듣기 연구, 추상적인 커뮤니케이션 과정 모델 같은 새로운 지적 전통에서 볼 수 있듯이, 새로 출범하는 NSSC에서 강조한 부분은 커뮤니케이션의 연구였다. 이는 스피치 내부에서 개혁 운동의 일환으로 의도되었고, 대다수의 학교에서 전공 입문용으로 제공하는 스피치 구연 과목 대신에 폭넓은 개념적 개론 과목을 개설하려는 구체적인 목표를 갖고 있었다.

신생 학회인 NSSC는 매년 SAA 학술 대회와 함께 행사를 개최하면서, 초기 시절 내내 고전했다. 한동안 이 학회는 훨씬 대규모인 학회 산하의 특별 주제 분과*special interest group* 정도에 지나지 않는 것처럼

186 20세기 전반부 스피치 분야 내부에서 나타난 커뮤니케이션 연구의 기원에 관해서는 코엔(Cohen, 1994)을 보라. 코엔은 "커뮤니케이션"을 슈람과 아주 달리 정의하며, 둘 사이에는 우연한 용어 일치 외에는 중복되는 부분이 거의 없다(Craig, 1995).

보였다. 이 조직의 회원 수는 1957년에 500명이 약간 넘는 수준으로 일시적으로 정점에 도달했으나 이듬해 집행부가 SAA와 시기, 장소를 달리해 별도로 연례 학술 행사를 개최하기로 결정하자 이 수치는 300명 정도로 줄어들었다. NSSC의 첫 회장 세 명은 미시건주립대의 폴 D. 백웰, 미네소타대학교의 랠프 G. 니콜스, 덴버대학교의 엘우드 머레이였다. 〈커뮤니케이션 저널〉은 처음에는 플로리다주립대학교의 토머스 루이스가 편집장을 맡았으나(1951~1952), 매년 얇은 두 호 이상을 채울 정도로 출판 가능한 원고를 모으는 데에도 애를 먹었다. 이 지도자 모두, 그리고 거의 모든 NSSC 회원은 전통적인 스피치와 수사학을 배경으로 하고 있으나 현대의 대학교에서는 커뮤니케이션 연구 공간이란 개념이 더 포괄적으로 확대될 수 있다고 믿었다. 이들의 희망 사항 중 하나는 커뮤니케이션 분야의 개론 과목이 스피치뿐만 아니라 대학교 커리큘럼 전체에 필수 과목으로 되어야 한다는 것이었다.[187]

NSSC의 등장은 윌버 슈람이 커뮤니케이션 연구 분야를 결집하게 하는 데 매우 중심적인 역할을 한 사건과 시기적으로 비슷하지만, 서로 접촉은 거의 없었다. 아이오와대와 일리노이대에서 모두 스피치학과 교수진은 1940년대에 슈람의 사회과학적 박사 과정의 시도를 회피했다. 외관상 그 초창기에 슈람과 NSSC의 유일한 연계는 웬델 존슨인 것 같다. 존슨은 일반 의미론 학자로서 아이오와대에서 슈람의 스피치 치료 전문가 중 한 명이었고, 슈람이 아이오와를 떠난 몇 년 후인 1951년에 NSSC의 초창기 집행위원회 중 하나에 봉사했다. 이 책 앞 장에

187 미시건주립대에서 벌로의 개론 과목은 커뮤니케이션대학 전체뿐 아니라 모든 교육 전공자에게도 필수로 지정되었기 때문에, 이 목적을 어느 정도 실현한 셈이다.

서 슈람이 시조 네 명의 커리어를 자세히 소개한 바 있지만, 이 시조들이 시작한 연구 프로그램 중에서 NSSC와 가장 밀접하게 연계되는 인물은 아마 오하이오주립대학교의 프랭클린 노우어였을 것이다. 노우어가 이전에 설득 기법에 관해 강의실에서 수행한 실험은 칼 홉랜드가 2차 세계 대전 연구에서도 인용한 적이 있다(Hovland et al., 1953; Hovland et al., 1949). 노우어는 NSSC의 공식 창립 멤버였지만 거기서 적극적으로 조직 내 역할을 맡은 것으로는 보이지 않는다.

NSSC와 〈커뮤니케이션 저널〉은 슈람이 점차 확장해 나가던 궤도와 무관했을 뿐 아니라, 첫 10년 남짓의 기간 동안 그 조직은 어떤 기준에 비추어 보더라도 상대적으로 거의 고립된 상태에서 운영되었다. 설립된 지 15년 후에도 이 학회는 여전히 회원이 500명 정도에 불과했다. 이 학회의 노력은 수많은 방향으로 분산되었는데, 지역 웅변 단체, 중앙 집중식 연구 프로젝트, 산업 훈련 프로그램 등이 여기에 포함된다. 그러다가 1965년경 이 조직은 학술 대회 발표와 저널, 논문 출판을 통해 회원의 연구를 육성하는 핵심 목표를 중심으로 정착되었다. 1968년에 이르러 회원 수가 두 배로 늘어났고 그다음 10여 년 만에 다시 두 배로 증가했다. 1967년과 1969년 사이에는 NSSC를 (SAA에서) 독립된 학자(대부분 사회과학자와 행동과학자)의 조직으로 재구성하고 행정적 상부 구조는 거의 없애고 학문 분과는 간소화하는 식으로 해서 ICA가 만들어졌다. ICA의 주 기능은 우선 〈커뮤니케이션 저널〉을 (그리고 이후에 창간될 몇몇 다른 학술지를) 발간하는 일이었고, 그다음은 독창적인 연구 논문과 이론적 논문의 요약과 토론을 목적으로 하는 세션을 지배적 활동으로 삼는 연례 학술 대회를 개최하는 일이었다. 이 활동은 연구 중심 대학교의 연구직 학자의 직업적 평가와 출판에 대한 욕구를 충족해 주었다. 하지만 이와 동시에 학회 이름을 '전국*National*'에서 '국제*International*'로 바꾼 것은 실제적인 변화라기보다는 외관상의 변화에 더 가까웠다. 회원의 90% 이상이 미국 시민이었으며, 그다음으로 큰 집단은 캐나다인이었다. 1977년 서베를린에서의 행사 때 처음으로 ICA는 북미 대륙 바깥에서 학술 대회를 개최하게 된다.[188] 1968년에 NSSC가 ICA로 재창립한 것은 커뮤니케이션 연구의 제도화 과정에서 유용한 역사적 이정표이다. 개론 강의와 서비스 활동에 대한 강조가 흐지부지된 것처럼, 초창기 학회가 스피치에 대해 갖고 있던 일체감은 희석되었다. 네 가지의 광범위한 분과가 개설되었는데, 바로 정보 체제, 대인 커뮤니케이션, 조직 커뮤니케이션, 매스 커뮤니케이션이다. NSSC에서는 이 분파, 저 분파의 스피치 교수가 차례로 거의 독점해 차지하던 회장직도 이처럼 더 포괄적인 연구 영역의 학자가 돌아가면서 맡기 시작했다.

그 조직을 결성한 집단은 특히 막강했다. 여기서는 NSSC의 창립 때부터 적극적으로 참여했고 1963년에 회장을 지낸 퍼듀대학교의 W. 찰스 레딩이 주도했다. 대인 커뮤니케이션은 1950년대만 해도 학술적 연구 분야로서 눈에 띌 정도의 존재가 아니었으나 1970년대에 급속히 발전하여 ICA의 최대 분과로 성장했다. 비록 SAA와 동시 회원제가 계속해서 일반적이었으나 AEJ 회원층과 다른 매스 커뮤니케이션 집단에서도 상당한 숫자를 유치했다. 이 사람들에게 '커뮤니케이션'이란 NSSC 설립자들이 염두에 두었던 것이라기보다는 윌버 슈람의 책에서

188 그 이후로 ICA는 5년마다 한 번씩 연례 학술 대회를 해외에서 개최하는 정책을 채택했다. 그 회원은 계속 압도적으로 북미 중심으로 남아 있다.

읽은 것을 의미했다.

슈람의 전통과의 뚜렷한 연계는 1971년 아이오와대학교의 맬컴 S. 매클린이 ICA 회장 당선자로 선출된 데에서 처음으로 나타났다.[189] 매클린은 저널리즘과 매스 커뮤니케이션 배경을 지닌 첫 ICA 회장이었다. 하지만 그는 스피치 외부 출신으로 그 조직의 장이 된 첫 번째 행동과학자는 아니었다. 일찍이 1953년에 스피치 치료 전문가인 헤럴드 릴리화이트가 NSSC 회장을 지낸 적이 있다. 비록 상업적 컨설턴트로서 1965년에 NSSC 회장을 지낸 C. J. "미키" 도버가 비학자로서 유일하게 이 조직의 장이 된 사람이긴 하지만, 산업과의 연줄 역시 중요했다. 한때 슈람의 스탠포드 동료이던 네이선 매코비도 1974~1975년에 ICA 회장을 지냈다. 달리 말하자면. 조직이 성장하면서 ICA 역시 다변화했고 상당한 정도로 다학제적 커뮤니케이션 연구 분야라는 슈람의 비전을 구현하게 되었다.

1974년까지 조직의 회원 확장과 더불어 〈커뮤니케이션 저널〉도 진화했다. 프란시스 A. 카티어가 1953년 편집자가 되었을 때는 얇은 계간 발간물을 겨우 채울 정도로 논문을 유치하기에 급급했다. 그 후 20년 동안 3년 임기의 수많은 편집자의 주도하에 다채롭게 구성된 편집위원회를 통해 논문을 처리하는 표준적인 학술 심사 체제가 확립되었다. 〈커뮤니케이션 저널〉은 NSSC/ICA 회원에게 잡다한 경험적 연구, 문헌 검토, 이론적 분석, 조직 자체에 관한 리포트, 커뮤니케이션이나 강의 방법에 관한 조언, 비유적 오락물(가령 다넬Darnell의 1967년 글인 "마

189 이 책의 앞에서 설명한 대로, 매클린은 아이오와 교수진에 합류하기 전 위스콘신대와 미시건주립대에서 모두 계량적 커뮤니케이션 연구의 주도적인 옹호자였다.

못은 나무를 얼마나 들이받는가How Much Wood Would a Woodchuck Chuck")을 제공했다.

ICA의 출판물 프로그램은 조직 내부에서 발전해 온 학문적 노선을 반영하기 위해 1974년에 근본적으로 재편되었다. 〈커뮤니케이션 저널〉의 편집인 자리는 펜실베이니아대의 애넌버그 커뮤니케이션학부 학장이던 조지 거브너에게 장기간 할당되었다. 독특한 계약에 따라 〈커뮤니케이션 저널〉은 거브너가 편집인으로 재직한 18년 동안 애넌버그 학부와 ICA에 의해 공동으로 운영되었다[190] (그 기간 후에는 다시 ICA 소유로 되돌아갔다). 거브너는 잡지에 가까운 포맷을 채택해, 짧은 논문을 선호했으며 종종 매스 커뮤니케이션 기관의 문화적, 정책적 측면을 다루었다. 거브너가 재직하는 동안 〈커뮤니케이션 저널〉의 크기와 구독 부수는 두 배 이상으로 늘어났는데, 이는 주로 새로운 포맷과 매스 미디어 중심의 내용에 끌린 해외 구독자 때문이었다.[191]

대규모이던 행동 연구자 회원층에 대한 서비스를 위해 ICA는 1974년 두 번째 저널인 〈인간 커뮤니케이션 연구*Human Communication Research*〉(HCR)를 창간했다. 첫 번째 편집자인 제럴드 R. 밀러는 자신의 전문 분야인 대인 커뮤니케이션과 관련된 이론 검증식 경험적 연구를 주로 실었다. 또 다른 경험주의 성향의 저널인 〈커뮤니케이션 연구 *Communication Research*〉 역시 1974년 세이지출판사Sage Publications에

190 거브너가 편집장으로 있던 마지막 10년간은 그의 수석 조교이던 마샤 세이퍼트가 일상적 편집 작업을 관장했다.

191 1992년에 거브너는 편집인 자리에서 물러났으나, 매스 미디어에 대한 강조는 새 편집인인 마크 레비하에서도 유지되었다.

의해 독립적 사업으로 창간되었다. 이 저널의 창간 편집자인 F. 제럴드 클라인은 이 일을 10년간 계속했다. 미시건대학교와 미네소타대학교에서 저널리즘과 매스 커뮤니케이션 분야의 지도자로서, 클라인은 주로 슈람 전통에 가까운 매스 커뮤니케이션 원고를 주로 모집했다. 클라인의 저널은 주로 논문을 투고한 저자의 유형 때문에 그의 학문적 색채를 드러내게 되었다. HCR의 저널 이름은 CR과 사실상 동일했지만, 밀러로 시작해 편집자는 주로 대인 커뮤니케이션 학자였고 이는 그 저널의 특징으로 정착되었다. 그래서 여러 새 저널은 포괄적인 '커뮤니케이션'이란 이름표에도 불구하고, 분야의 새로운 구조를 빠르게 반영하게 되었으며, 대학교의 스피치-저널리즘 교육 사이의 이분법과 연구자층의 대인-매스 커뮤니케이션 간의 이분법을 대체하게 되었다.

이 새 저널은 모두 경험적인 데 초점을 두는 바람에 철학적 (그리고 수사학적) 성향의 학자를 소홀히 하게 되었고, 그래서 1991년 ICA는 〈커뮤니케이션 이론*Communication Theory*〉이라는 저널을 하나 더 출범시켰다. 초대 편집장인 로버트 T. 크레이그는 이를 주로 개념적 에세이와 메타 이론적 개관의 장으로 정착시켰다. 이 저널들은 각기 AEJMC와 SCA에서 발간되는 오래된 연구 발표장인 〈계간 저널리즘*Journalism Quarterly*〉과 〈계간 스피치 저널*Quarterly Journal of Speech*〉, 그리고 더 최근에 나온 일군의 정기 간행물과 어깨를 나란히 하는 위상을 차지하게 되었다.

이처럼 범학교적인 수준에서 분야가 등장한 것은 1950년대 초 NSSC의 창설과 함께 갑자기, 혹은 아마도 1960년대 NSSC가 ICA로 재편되면서, 아니면 1950년에서 1974년까지 사반세기에 걸쳐 점진적으로 일어난 일일 수도 있다. 물론 그 과정은 위스콘신과 미시건주립대

같은 대학교 내부에서 동시적으로 전개되고 있던 일과 서로 긴밀하게 얽혀 있었다. 이 여러 학교에는 ICA와 다른 학회 학술 대회에 논문을 발표하고 저널에 논문을 기고한 수많은 학자가 포진해 있었다. 비록 이 책 전체에서 윌버 슈람의 역할을 강조해왔지만, 그가 없었더라도, 아마 비록 규모는 작고 시기는 늦어졌을지 몰라도 분명히 커뮤니케이션 연구는 생겨나게 되었을 것이다.

연구소와 연구 센터의 운명

윌버 슈람은 미국 대학교에서 심화된 커뮤니케이션 연구를 제도화하는 수단으로서 연구소 모델을 강력하게 옹호한 사람이었다. 기존의 학과는 자신의 전통적 목표를 고수할 것이라고 인식했고, 커뮤니케이션 연구는 연구의 강점만으로도 학문적 추진력을 얻을 수 있을 것이라 확신했기 때문이다. 따라서 슈람은 가는 곳마다 전통적 학과와 별도로 커뮤니케이션 연구를 목적으로 하는 센터를 설치했다. 일리노이대에서 학장이었을 때는 커뮤니케이션대학 산하에 커뮤니케이션연구원을 설립했고, 스탠포드대에서도 학과 간 기관인 커뮤니케이션연구원을 세웠으며, 하와이 동서센터 시절에는 센터 내부에 동서커뮤니케이션연구소를 두었다. 요지를 확실히 전하기 위해 이 리스트를 반복한다. 슈람이 재직하는 동안 이 연구소 중 단 하나도 독립적이고 비학과적인 실체로서 오래 살아남지 못했다. 아이오와대에서는 센터가 학교 내에서 지배적인 새로운 학술적 접근이 아니라 본질적으로 저널리즘학부 내의 역점 사업 정도에 그쳤다. 일리노이대에서는 연구원이 박사 과정생의 교육 책임과 종신 보장직 교수 임용제를 갖추어, 학과와 거의 흡사하게 운영되었다. 스탠포드대의 커뮤니케이션연구원은 (저널리즘, 다큐멘터리 영화 제작과 함께) 커뮤니케이션학과의 한 구성 요소로 흡수되었다. 동서센터에서는 명칭의 진화에서 엿볼 수 있듯이, 연이은 조직 개편을 통해 슈람의 연구소가 점진적으로 사라졌다. 이 연구소는 처음에는 커뮤니케이션이었다가, 그다음엔 커뮤니케이션과 문화로, 그다음엔 문화와 커뮤니케이션, 그리고 이 책 집필 무렵에는 위태로운 문화연구소Institute of Culture로 바뀌었다.

초창기에는 심화된 커뮤니케이션 연구를 제도화하려 시도할 때, 연구 기능을 그러한 '연구소'나 '센터'로 분리하는 것이 관행이었다. 슈람은 독일 대학교의(바로 여기서 연구 중심 대학교라는 개념이 미국에 수입되었다), 그리고 라자스펠드의 컬럼비아대 응용사회조사연구실의 성공적인 모델이라고 여긴 방식을 따랐다. 커뮤니케이션 연구에서 다른 학자들은 슈람을 따랐다. 그러나 이처럼 외관상 고립된 연구 부문은 오늘날 거의 교수 두어 명에 돋보이는 편지지 양식 정도를 갖춘 존재에 불과할 뿐이다. 대학교 내부에서 교수의 연구가 보편적으로 정착되고 사회과학, 행동과학뿐 아니라 역사, 법제, 비판, 문화 연구까지도 포괄할 정도로 커뮤니케이션 박사 과정이 다양화하면서, 이 연구소는 대부분 지나간 시절의 사상을 환기하는 존재로만 남아 있다.

그런데 컬럼비아대학교의 라자스펠드와 예일대의 홉랜드 같은 아이비리그 선구자들이 '창립한' 초창기의 심화 커뮤니케이션 연구소는 해체되었고, 오늘날 그 대학교에서는 이들을 계승하여 심화된 커뮤니케이션 연구를 목적으로 삼는 학문 단위가 등장하지 않았다. (컬럼비아와 일부 다른 아이비리그 학교에도 직업 저널리즘 교육 단위는 있지만, 슈람이 심화된 커뮤니케이션 연구라 불렀을 만한 기관은 거의 갖추지 않고 있다.) 컬럼비아와 예일의 초창기 연구 프로그램은 실로 슈람의 비전에 토대가 된 곳이었으나, 이 기관 자체는 결국 토대가 되지 못했다. 자신의 학문적 평판을 높이는 일은 슈람, 그리고 슈람과 비슷한 생각에서 커뮤니케이션 연구를 선택한 상대적으로 신생 대학교의 동료들에게 남겨졌다.

슈람이 꿈꾸었던 과업, 즉 심화된 커뮤니케이션 연구를 제도화하는 과업에서 '연구소'와 '센터'가 대부분 실패한 데 비해, 지금도 자주 혼동을 주는 용어지만, '학과'와 '학부'는 성공을 거두었다. 현대의 대학교에서 학과는 한 학문을 대표하는 기본 단위이다. 학과는 교육과 연구 수행을 위해 교수를 채용하고, 교수가 이 과업을 잘 수행하면 종신 고용과 봉급 인상으로 보상해 준다. 대학교에서는 질적 수준 판단 문제에 대해서는 학과 교수에게 의견을 구한다. 누구를 채용하거나 승진시켜야 하고, 무슨 과목을 누가 가르쳐야 하며, 학문이 어떤 방향으로 가야 하며, 학교는 이에 대해 어떻게 대처해야 하는가? 이 중 일부 목적에는 학과가 성가신 장치일 수도 있지만, 대체로 이들은 계속 존속하는 단위이다. 심화된 커뮤니케이션 연구는 미국 고등 교육에서 주로 교육 중심 학과들이 마련해 준 공간을 비집고 들어갔으며, 새로 확장하고 있던 대학교의 신생 학과에서도 자리를 잡았다. 그러나 이 책 집필 시점 현재 확장 중이지도 않고 새로운 탐구 영역의 필요성도 느끼지 못하는 더 오래되고 권위 있는 대학에서는 거의 교두보를 확보하지 못했다.

이 책 집필 시점을 기준으로 보면 커뮤니케이션의 위상은 완전히 확고하다고 할 수 없다. 커뮤니케이션 연구에 몸담은 일부 사람들은 이를 사회과학으로 간주할지 몰라도, 더 오래된 기성 분야에서는 그렇게 보지 않는다. 예컨대, 저널 논문 인용 분석 결과를 보면, 커뮤니케이션 학자들은 심리학, 사회학, 인류학, 정치학과 경제학의 연구 결과를 빈번하게 인용하지만, 그 반대 현상은 일어나지 않고 있다(Reeves & Borgman, 1983; Rice, Borgman, & Reeves, 1988; So, 1988). 이 분야의 불안정성을 보여 주는 또 하나의 지표를 들자면, 국립과학재단the National Science Foundation 내부의 전통적인 학문들과 어깨를 나란히 하며 커뮤니케이션 연구를 대표하는 연구 집단은 존재하지 않는다. 대학교 조직표는 커뮤니케이션을 더 일반적 의미에서 학술적 학과로 취급하기보다는 교육이나 간호학부와 비슷한 반열의 독립적인 학부로 분류하는 것처럼 보인다.

그러므로 우리는 이 분야의 제도화가 완전히 실현되었다고 결론지을 수 없다. 그러나 분명히 윌버 슈람뿐 아니라 이 책 첫 부분에서 슈람이 묘사한 여러 시조를 딛고 선 다른 학자들에 의해 첫 걸음은 이미 내디뎌졌으며, 또한 대학 구조와 조직화 노력, 부지런히 연구를 수행하는 다른 학자들에 의해서도 마찬가지로 진전되고 있다. 오늘날 일반적인 커뮤니케이션 과정에 관해서는 반세기 전에 비해 훨씬 더 많은 지식이 나왔다. 현재 안고 있는 모든 한계에도 불구하고, 커뮤니케이션은 20세기 미국 고등 교육에서 정착된 아주 소수의 신생 학문 분야에 속한다. 우리 자신도 커뮤니케이션 연구에서 커리어를 영위해 온 사람으로서, 이 분야가 빚을 진 분들을 여기서 더 자세히 소개하는 데 필요한 공간과 자원이 부족해서 유감이다.

미래

그렇다면 커뮤니케이션 연구의 미래는 어떤가? 윌버 슈람은 사망 시에 그의 예측을 이 책 결론 초안 형태로 컴퓨터 하드 디스크에 남겨놓았다. 단기적으로는, 즉 다음 수십 년 동안에는 학문적 학과가 '커뮤니케이션'이란 이름을 중심으로 공고화할 것이라고 예측했는데, 이는 대략 이 장에서 서술한 내용과 요지가 비슷하다. 장기적으로는, 즉 아마 30년 내지 50년 후에는 커뮤니케이션 연구가 인류학, 심리학, 사회학, 경제학, 정치학과 — 그리고 아마 다른 학문과도 — 융합하여 인간 행동의 과학을 형성하는 추가적인 지적 통합이 이루어질 것이라고 예견했다. 커뮤니케이션은 이처럼 행동과학의 통일을 향한 움직임을 주도하게 될 것이라고 슈람은 예측했다. 이 시나리오, 즉 커뮤니케이션이란 핵을 중심으로 모든 행동과학의 통일이 실현될 것인지는 누구보다도 이 책 독자들이 결정할 사항으로 남아 있다.

American Psychological Association. (1958). Distinguished scientific contribution awards, 1957. *American Psychologist*, 13(4), 155~168.

Bain, J. M. (ca. 1984). *Three decades of planning and progress: A brief history of the Department of Communication at Michigan State University.* Unpublished manuscript.

Bandura, A. (1977). *Social learning theory.* Englewood Cliffs, NJ: Prentice Hall.

Barker, R., Dembo, T., & Lewin, K. (1941). Frustration and regression: An experiment with young children. *University of Iowa Studies in Child Welfare*, 18(1), 1~314.

Barnett, G. A., & Danowski, J. A. (1992). The structure of communication: A network analysis of the International Communication Association. *Human Communication Research*, 19(2), 264~285.

Barnouw, E. (Ed.). (1989). *International encyclopedia of communications.* New York: Oxford University Press.

Bavelas, A. (1949). A mathematical model for group structures. *Applied Anthropology*, 7, 16~30.

Becker, L. B. (1991). Annual enrollment census: Comparisons and projections. *Journalism Educator*, 46(3), 50~60.

Bell, D. (1973). *The coming of post-industrial society: A venture in social forecasting.* New York: Basic Books.

Berelson, B. (1948). Communications and public opinion. In W. Schramm (Ed.),

Communications in modern society. Urbana: University of Illinois Press.

Berelson, B. (1959). The state of communication research. *Public Opinion Quarterly*, 23, 1~5.

Berelson, B., Lazarsfeld, P. F., & McPhee, W. N. (1954). *Voting: A study of opinion formation in a presidential campaign*. Chicago: University of Chicago Press.

Berlo, D. K. (1960). *The process of communication*. New York: Holt, Rinehart & Winston.

Bleyer, W. G. (1931). What schools of journalism are trying to do. *Journalism Quarterly*, 8, 35~44.

Blumer, H. (1933). *Movies and conduct*. New York: Macmillan.

Blumer, H., & Hauser, P. (1933). *Movies, delinquency and crime*. New York: Macmillan.

Blumler, J. G. (1983). Communication and democracy: The crisis beyond and the ferment within. *Journal of Communication*, 33(3), 166~173.

Brown, J. F. (1929). The methods of Kurt Lewin in the psychology of action and affect. *Psychological Review*, 36, 200~221.

Bryce, J. (1921). *Modern democracies*. New York: Macmillan.

Bryce, J. (1987). *The American commonwealth* (3rd ed.). New York: Macmillan. (Original work published 1900)

Bryson, L. (Ed.). (1948). *The communication of ideas: A series of addresses*. New York: Harper.

Cantril, H., Gaudet, H., & Herzog, H. (1940). *The invasion from Mars: A study in the psychology of panic with the complete script of the famous Orson Welles broadcast*. Princeton, NJ: Princeton University Press.

Carey, J. W. (1977). Mass communication research and cultural studies. In J. Curran, M Gurevitch, & J. Woollacott (Eds.), *Mass communication and society*. London: Edward Arnold.

Carroll, J. B. (Ed.). (1956). *Language, thought, and reality: Selected writings of Benjamin Lee Whorf*. Cambridge, MA: Technology Press of the Massachusetts Institute of Technology.

Carter, R. F. (1995). On the essential contributions of mass communication programs. *Journalism Educator*, 49(4), 4~10.

Cartier, J. M. (1988). *Wilbur Schramm and the beginnings of American communication theory: A history of ideas*. Unpublished doctoral dissertation, University of Iowa, Iowa City.

Chaffee, S., & Clarke, P. (1975). Training and employment of PhDs in mass communication. *Journalism Monographs*, 42.

Chaffee, S. H. (1988). Research as an academic necessity. In N. W. Sharp (Ed.), *Communication research: The challenge of the Information Age*. Syracuse, NY: Syracuse University Press.

Chaffee, S. H., Chu, G. C., Lyle, J., & Danielson, W. (1974). Contributions of Wilbur Schramm to mass communication research. *Journalism Monographs*, 36.

Charters, W. W. (1933). *Motion pictures and youth*. New York: Macmillan.

Cohen, H. (1994). *The history of speech communication: The emergence of a discipline, 1914~1945*. Annandale, VA: Speech Communication Association.

Cole, R. R., & Bowers, T. A. (1973). Research article productivity of U.S. journalism faculties. *Journalism Quarterly*, 50, 246~254.

Coleman, J. S. (1980). Paul Lazarsfeld: The substance and style of his work. In R. K. Merton & M. W. Riley (Eds.), *Sociological traditions from generation to generation: Glimpses of the American experience*. Norwood, NJ: Ablex.

Commission on Freedom of the Press. (1947a). *A free responsible press: A general report on mass communication: Newspapers, radio, motion pictures, magazines and books*. Chicago: University of Chicago Press.

Commission on Freedom of the Press. (1947b). *Government and mass communication*. Chicago: University of Chicago Press.

Cooley, C. H. (1983). *Social organization: A study of the large mind*. New Brunswick, NJ: Transaction Books. (Original work published 1909)

Craig, R. T. (1995). [Book review of Cohen (1994) and of Rogers (1994)]. *Communication Theory*, 5, 178~184.

Crane, D. (1972). *Invisible colleges: Diffusion of knowledge in scientific communities*. Chicago: University of Chicago Press.

Dale, E. (1935a). *The content of motion pictures*. New York: Macmillan.

Dole, E. (1935b). *How to appreciate motion pictures*. New York: Macmillan.

Dale, E. (1937). Need for study of the newsreel. *Public Opinion Quarterly*, 1(3), 122~125.

Danielson, W. (1974, October). Wilbur Schramm and the unreachable stars: The technological papers. *Journalism Monographs*, 36.

Danielson, W. (1989). How to write like Wilbur Schramm. *Journalism Quarterly*, 66, 519~521.

Darion, J. (1966). *Man of La Mancha*. New York: Random House.

Darnell, D. K. (1967). How much wood would a woodchuck chuck. *Journal of Communication*, 17(1), 63~65.

DeFleur, M. (1992). *The forthcoming shortage of communications PhDs: Trends that will influence recruiting*. New York: Freedom Forum Media Studies Center.

Delia, J. G. (1987). Communication research: A history. In C. R. Berger & S. H. Chaffee (Eds.), *Handbook of communication science* (pp.20~98). Newbury Park, CA: Sage.

Dembo, T. (1931). Der Anger als dynamisches Problem. *Psychologische Forschung*, 15, 1~144.

de Sola Pool, I. (1969). Content analysis and the intelligence function. In A. A. Rogow (Ed.), *Politics, personality, and social science in the twentieth century: Essays in honor of Harold D. Lasswell*. Chicago: University of Chicago Press.

de Sola Pool, I., Lasswell, H. D., Lerner, D., Chapman, M., Conner, B., Lamb, B., Marshall, B., Meyer, E., Schueller, E., & Tinkoff, M. S. (1951). *Symbols of internationalism*. Stanford, CA: Stanford University Press.

Deutschmann, P. J., & Danielson, W. A. (1960). Diffusion of the major news story. *Journalism Quarterly*, 37, 345~355.

Dickson, T. (1995, August). *Final report of the AEJMC Task Force on Curriculum*. Paper presented at the annual conference of the Association for Education in Journalism and Mass Communication, Washington, DC.

Dollard, J., Miller, N. E., Doob, L. W., Mowrer, O. H., & Sears, R. R. (1939). *Frustration and aggression*. New Haven, CT: Yale University Press.

Donohue, G. A., Tichenor, P. J., & Olien, C. N. (1972). Gatekeeping: Mass media systems and information control. In F. G. Kline & P. J. Tichenor (Eds.), *Current perspectives in mass communication research* (pp.41~69). Beverly Hills, CA: Sage.

Dressel, P. A. (1987). *College to university: The Hannah years at Michigan State, 1935~1969*. East Lansing: Michigan State University Publications.

Dulles, F. R. (1968). Review of *Propaganda Technique in the World War*. *The Bookman*, 67.

Dysinger, W. S., & Ruckmick, C. A. (1935). *The emotional responses of children to the motion picture situation*. New York: Macmillan.

Ember, C. R. (1988). *Guide to cross-cultural research using the HRAF archive*.

New Haven, CT: Human Relations Area Files.

Ennis, T. W. (1978, December 20). Harold D. Lasswell, dead at 76; was top U.S. political scientist: An obituary. *New York Times*, p.B−11.

Eulau, H. (1968). The behavioral movement in political science: A personal document. *Social Research*, 35, 1~29.

Festinger, L. (1950). Informal social communication. *Psychological Review*, 57, 271~282.

Festinger, L. (1957). *A theory of cognitive dissonance*. Stanford, CA: Stanford University Press.

Festinger, L., Cartright, D., Barber, K., Fleischl, J., Gottsdanker, J., Keysen, A., & Leavitt, G. (1948). A study of a rumor: Its origin and spread. *Human Relations*, 1, 464~486.

Festinger, L., Reicken, H. W., Jr., & Schacter, S. (1956). *When prophecy fails*. Minneapolis: University of Minnesota Press.

Festinger, L., Schachter, S., & Back, K. (1950). *Social pressures in informal groups: A Study of a housing project*. New York: Harper.

French, J. R. P., Jr. (1950). Field experiments: Changing group productivity. In J. G. Miller (Ed.), *Experiments in social process*. New York: McGraw-Hill.

French, J. R. P., Jr., & Coch, L. (1948). Overcoming resistance to change. *Human Relations*, 1, 512~532.

French, J. R. P., Jr., & Marrow, A. J. (1945). Changing a stereotype in industry. *Journal of Social Issues*, 1(3), 33~37.

Greffrath, M. (1979). *Die Zerstörung einer Zukunft: Gespräche mit emigirerten Sozialwissenschaftlern*. Germany: Reinbek.

Hall, S. (1980). Cultural studies and the centre: Some problematics and problems. In S.Hall, D. Hobson, A. Lowe, & P. Willis (Eds.), *Culture, media, language: Working papers in cultural studies, 1972~1979*. London: Hutchinson.

Halloran, J. D. (1983). A case for critical eclecticism. *Journal of Communication*, 33(3), 270~278.

Holaday, P. W., & Stoddard, G. D. (1933). *Motion pictures and standards of morality*. New York: Macmillan.

Hornik, R. C., Mayo, J. K., & McAnany, E. G. (1976). *Television and educational reform in El Salvador*. Stanford, CA: Stanford University Press.

Hovland, C. I. (1936). *The generalization of conditioned responses*.

Unpublished doctoral dissertation, Yale University, New Haven, CT.
Hovland, C. I. (1952). A "communication analysis" of concept learning. *Psychological Review* 59, 461~472.
Hovland, C. I. (Ed.). (1957). *The order of presentation in persuasion*. New Haven, CT: Institute of Human Relations/Yale University Press.
Hovland, C. I. (1959). Reconciling conflicting results derived from experimental and survey studies of attitude change. *The American Psychologist*, 14, 8~17.
Hovland, C. I. (1960). Computer simulation of thinking. *The American Psychologist*, 15(11), 687~693.
Hovland, C. I., & Janis, I. L. (Eds.). (1962). *Personality and persuasibility*. New Haven, CT: Yale University Press.
Hovland, C. I., & Janis, I. L., & Kelley, H. H. (1953). *Communication and persuasion: Psychological studies of opinion change*. New Haven, CT: Yale University Press.
Hovland, C. I., Lumsdaine, A. A., & Sheffield, F. D. (1949). *Experiments on mass communication: Studies in social psychology in World War II* (Vol. III). Princeton, NJ: Princeton University Press.
Hovland, C I., & Weiss, W. (1951). The influence of source credibility on communication effectiveness. *Public Opinion Quarterly*, 15, 635~650.
Hull, C. L., Hovland, C. I., Ross, R. T., Hall, M., Donald, T. P., & Fitch, F. B. (1940). *Mathematico-deductive theory of rote learning: A study in scientific methodology* (Institute of Human Relations). New Haven, CT: Yale University Press.
Innis, H. A. (1951). *The bias of communication*. Toronto: University of Toronto Press.
Janis, I. L., & Feshbach, S. (1953). Effects of fear-arousing communications. *Journal of Abnormal and Social Psychology*, 48, 78~92.
Janowitz, M. (1969). Content analysis and the study of the "symbolic environment." In A. A. Rogow (Ed.), *Politics, personality, and social science in the twentieth century: Essays in honor of Harold D. Lasswell*. Chicago: University of Chicago Press.
Johnson, W. (1946). *People in quandaries: The semantics of personal adjustment*. New York: Harper & Row.
Katz, E. (1983). The return of the humanities and sociology. *Journal of Communication*, 33(3), 51~52.

Katz, E., & Lazarsfeld, P. F. (1955). *Personal influence: The part played by people in the flow of mass communications*. New York: Free Press.
Kelley, H. H. (1952). Two functions of reference groups. In G. E. Swanson, T. M. Newcomb, & E. L. Hartley (Eds.), *Readings in social psychology* (Rev. ed.). New York: Holt.
Kelley, H. H., & Volkart, E. H. (1952). The resistance to change of group-anchored attitudes. *American Sociological Review*, 17, 453~465.
Kelman, H. C., & Hovland, C. I. (1953). "Reinstatement" of the communicator in delayed measurement of opinion change. *Journal of Abnormal and Social Psychology*, 48, 327~335.
Klapper, J. T. (1960). *The effects of mass communication*. New York: Free Press.
Kuhn, T. S. (1962). *The structure of scientific revolutions*. Chicago: University of Chicago Press.
Lang, K., & Lang, G. E. (1953). The unique perspective of television and its effect. *American Sociological Review*, 18, 3~12.
Lang, K., & Lang, G. E. (1983). The "new" rhetoric of mass communication: A longer view. *Journal of Communication*, 33(3), 128~140.
Lasswell, H. D. (1923a). Chicago's old first ward: A case study in political behavior. *National Municipal Review*, 12, 127~131.
Lasswell, H. D. (1923b). Political policies and the international investment market. *Journal of Political Economy*, 31, 380~400.
Lasswell, H. D. (1925). Prussian schoolbooks and international amity. *Journal of Social Forces*, 3, 718~722.
Lasswell, H. D. (1935). *World politics and personal insecurity*. New York: McGraw-Hill.
Lasswell, H. D. (1936a). Encyclopedia of the social sciences in review. *International Journal of Ethics*, 46, 388~396.
Lasswell, H. D. (1936b). *Politics: Who gets what, when, how*. New York: Whitlesey House.
Lasswell, H. D. (1937). Relation of skill politics to class politics and national politics. *Chinese Social and Political Science Review*, 21, 298~313. [This article is abridged and reprinted as Chapter 6 in D. Marvick (Ed.), *Harold D. Lasswell: On political sociology* (pp.152~164). Chicago: University of Chicago Press.]
Lasswell, H. D. (1941a). The garrison state and the specialists on violence.

American Journal of Sociology, 46, 455~468.
Lasswell, H. D. (1941b). World attention survey. *Public Opinion Quarterly*, 5, 456~462.
Lasswell, H. D. (1948). The structure and function of communication in society. In L. Bryson (Ed.), *The communication of ideas: A series of addresses*. New York: Harper.
Lasswell, H. D. (1949). Why be quantitative? In H. D. Lassell & N. C. Leites (Eds.), *Language of politics: Studies in quantitative semantics* (pp.40~52). New York: George Stewart.
Lasswell, H. D. (1951). *The world revolution of our time: A framework for basic policy research*.
Lasswell, H. D. (I960). *Psychopathology and politics*. New York: Viking. (Original work published 1930)
Lasswell, H. D. (1971). *Propaganda technique in the World War*. New York: Knopf. (Original work published 1927)
Lasswell, H. D. (1972). Communication research and public policy. *Public Opinion Quarterly*, 36, 301~310.
Lasswell, H. D. (1977a). The garrison state and the specialists on violence. In D. Marvick (Ed.), *Harold D. Lasswell on political sociology*. Chicago: University of Chicago Press.
Lasswell, H. D. (1977b). Skill politics and skill revolution. In D. Marvick (Ed.), *Harold D. Lasswell: On political sociology*. Chicago: University of Chicago Press.
Lasswell, H. D., Casey, R. D., & Smith, B. L. (1935). *Propaganda and promotional activities*. Minneapolis: University of Minnesota Press.
Lasswell, H. D., Casey, R. D., & Smith, B. L. (Eds.). (1946). *Propaganda, communication, and public opinion: A comprehensive reference guide*. Princeton, NJ: Princeton University Press.
Lasswell, H. D., & Jones, D. B. (1939). *World revolutionary propaganda*. New York: Knopf.
Lasswell, H. D., Lerner, D., & de Sola Pool, I. (1952). *The comparative study of symbols*. Stanford, CA: Stanford University Press.
Lasswell, H. D., Lerner, D., & Rothwell, C. E. (1952). *The comparative study of elites*. Stanford, CA: Stanford University Press.
Lasswell, H. D., Lerner, D., & Speier, H. (1980a). *Emergence of public opinion in the West: Propaganda and communication in world histor*y (Vol. 2).

Honolulu: University Press of Hawaii.
Lasswell, H. D., Lerner, D., & Speier, H. (1980b). *A pluralizing world of information: Propaganda and communication in world history* (Vol. 3). Honolulu: University Press of Hawaii.
Lasswell, H. D., Lerner, D., & Speier, H. (1980c). *The symbolic instrument in early times: Propaganda and communication in world history* (Vol. 1). Honolulu: University Press of Hawaii.
Lazarsfeld, P. F. (1925). Über die Perihlbewegung des Merkur aus der Einsteinschen Gravitationstheorie. *Zeitschrift für Physik*, 35, 119~128.
Lazarsfeld, P. F. (1933). An unemployed village. *Character and Personality*, 1, 147~151.
Lazarsfeld, P. F. (1969). An episode in the history of social research: A memoir. In D. Fleming & B. Bailyn (Eds.), *The intellectual migration: Europe and America 1930~1960*. Cambridge, MA: Belknap.
Lazarsfeld, P. F., Berelson, B., & Gaudet, H. (1944). *The people's choice: How the voter makes up his mind in a presidential campaign*. New York: Duell, Sloan, & Pearce.
Lazarsfeld, P. F., Bühler, C., Biegeleisen, B., Hetzer, H., & Reininger, K. (1931). *Jugend und Beruf: Kritik und Material*. Jena, Austria: Gustav Fisher.
Lazarsfeld, P. F., Jahoda, M., & Zeisel, H. (1933). *Die Arbeitslosen von Marienthal: Ein soziographischer Versuch über die Wirkungen langdauernder Arbeitslosigkeit*. Leipzig: S Hirzel.
Lazarsfeld, P. F., Jahoda, M., & Zeisel, H. (1960). *Die Arbeitslosen von Marienthal: Ein soziographischer Versuch über die Wirkungen langdauernder Arbeitslosigkeit* (2nd ed.). Allensbach und Bonn: Verlag für Demoskopie.
Lazarsfeld, P. F., Jahoda, M., & Zeisel, H. (1971). *Marienthal: The sociography of an unemployed community*. Chicago: Aldine-Atherton.
Lazarsfeld, P. F., Klein, L. R., & Tyler, R. W. (1964). Some problems of organized social research. *In The behavioral science: Problems and prospects*. Boulder, CO: University of Colorado, Institute of Behavioral Science.
Lazarsfeld, P. F., & Stanton, F. N. (Eds.). (1944). *Radio research, 1942~1943*. New York: Duell, Sloan & Pearce.
Lazarsfeld, P. F., & Stanton, F. N. (Eds.). (1949). *Communication research, 1948~49*. New York: Harper & Brothers.

Lerner, D. (1958). *The passing of traditional society: Modernizing the Middle East.* New York: Free Press.

Lerner, D., & Lasswell, H. D. (Eds.). (1951). *The policy sciences: Recent developments in scope and method.* Palo Alto, CA: Stanford University Press.

Levinson, D. (1988). *Instructor and librarian's guide to the HRAF archive.* New Haven, CT: Human Relations Area Files.

Levy, M. R., & Gurevitch, M. (Eds.). (1994). *Defining media studies: Reflections on the future of the field.* New York: Oxford University Press.

Lewin, K. (1929). Die Auswirking von Umweltkräften. *Proceedings of the 9th International Congress of Psychology*, pp.286~288.

Lewin, K. (1931). The conflict between Aristotelian and Galilean modes of thought in contemporary psychology. *Journal of Genetic Psychology*, 5, 141~177.

Lewin, K. (1940). Formalization and progress in psychology. *University of Iowa Studies in Child Welfare*, 16(3).

Lewin, K. (1942). *The relative effectiveness of a lecture method and a method of group decision for changing food habits.* Washington, DC: Committee on Food Habits, National Research Council.

Lewin, K. (1943). Forces behind food habits and methods of change. *Bulletin of the National Research Council*, 58, 35~65.

Lewin, K. (Ed.). (1951). *Field theory in social science: Selected theoretical papers.* New York: Harper & Row.

Lewin, K., Barker, R., & Dembo, T. (1937). Experiments on frustration and regression in children. *Psychological Bulletin*, 34, 754~755.

Lewin, K., & Bavelas, A. (1942). Training in democratic leadership. *Journal of Abnormal and Social Psychology*, 37, 115~119.

Lewin, K., Lippitt, R., & White, R. (1939). Patterns of aggressive behavior in experimentally created "social climates." *Journal of Social Psychology*, 10, 271~299.

Lindley, W. L. (1976). Chilton Bush: The great innovator. *Journalism Educator*, 31, 18~23.

Lippitt, R. (1940). An experimental study of authoritarian and democratic group atmospheres. In Studies in topological and vector psychology. *University of Iowa Studies in Child Welfare*, 1, 16.

Lippitt, R., & White, R. (1940). An experimental study of authoritarian and democratic group atmosphere. In Studies in topological and vector psychology, *University of Iowa Studies in Child Welfare*, 16(3), 45~193.

Lippitt, R., & White, R. (1943). The "social climate" of children's groups. In R Lippitt & R. White (Eds.), *Autocracy and democracy: An experimental inquiry*. New York: Harper & Row.

Lippmann, W. (1965). *Public opinion*. New York: Free Press. (Original work published 1922)

Lynd, R. S., & Lynd, H. M. (1929). *Middletown: A study in American culture*. New York: Harcourt, Brace.

Maccoby, E. E., & Jacklin, C. N. (1974). *The psychology of sex differences*. Stanford, CA: Stanford University Press.

Maccoby, N. (1963). The new "scientific" rhetoric. In W. Schramm (Ed.), *The science of human communication: New directions and new findings in communication research*. New York: Basic Books.

MacElwain, M. (1985, April). Meet Wilbur Schramm. *Saturday Evening Post*, pp.25, 50.

Marrow, A. J. (1969). *The practical theorist: The life and work of Kurt Lewin*. New York: Basic Books.

Marvick, D. (1977). Introduction: Context, problems, and methods. In D. Marvick (Ed.), *Harold D. Lasswell: On political sociology*. Chicago: University of Chicago Press.

McAnany, E. G. (1988). Wilbur Schramm, 1907~1987: Roots of the past, seeds of the present. *Journal of Communication*, 38(4), 109~122.

McCombs, M. E., & Shaw, D. L. (1972). The agenda-setting function of mass media. *Public Opinion Quarterly*, 36, 176~187.

McDougall, D. (1984). *Harold D. Lasswell and the study of international relations*. Washington, DC: University Press of America.

McGuire, W. J. (1973). The YIN and YANG of progress in social psychology: Seven koan, *Journal of Personality and Social Psychology*, 26, 446~456.

McGuire, W. J. (1985). Attitudes and attitude change. In G. Lindzey & E. Aronson (Eds.), *Handbook of social psychology* (Vol. 2: Special Fields and Applications). New York: Random House.

McLuhan, M. (1962). *The Gutenberg galaxy: The making of typographic man*. Toronto: University of Toronto Press.

McLuhan, M. (1965). *Understanding media*. New York: McGraw-Hill.

Melody, W. H., & Mansell, R. E. (1983). The debate over critical vs.

administrative research: Circularity or challenge. *Journal of Communication*, 33(3), 103~116.

Merriam, C. E. (1925). *New aspects of politics*. Chicago: University of Chicago Press.

Merton, R. K. (1979). Remembering Paul Lazarsfeld. In R. K. Merton, J. S. Coleman, & P. H. Rossi (Eds.), *Qualitative and quantitative social research: Papers in honor of Paul F. Lazarsfeld*. New York: Free Press.

Merton, R. K., Fiske, M., & Curtis, A. (1946). *Mass persuasion: The social psychology of a war bond drive*. New York: Harper & Row.

Merton, R., & Lazarsfeld, P. F. (Eds.). (1950). *Continuities in social research: Studies on the scope and method of "The American Soldier."* New York: Free Press.

Miller, G. R. (1983). Taking stock of a discipline. *Journal of Communication*, 33(3), 31~41.

Nafziger, R. O. (1930). A reader interest survey of Madison, Wisconsin. *Journalism Quarterly*, 2(1), 128~141.

National Institute of Mental Health. (1972). *Television and growing up: The impact of televised violence* (Report to the Surgeon General, U.S. Public Health Service, from the Surgeon General's Scientific Advisory Committee on Television and Social Behavior). Rockville, MD: Author.

Nelson, L. M. (1977). The Stanford years. In D. Lerner & L. M. Nelson (Eds.), *Communication research: A half-century appraisal*. Honolulu: University Press of Hawaii.

Neurath, P. (1960). *Radio farm forum in India*. Paris: United Nations Educational, Scientific and Cultural Organization.

Neurath, P. (1983). In memoriam Paul F. Lazarsfeld: Paul F. Lazarsfeld and the institutionalization of empirical social research. In B. Holzner, K. D. Knorr & H. Strasser (Eds.), *Realizing social science knowledge*. Vienna: Physica-Verlag.

Noelle-Neumann, E. (1983). The effects of media on media effects research. *Journal of Communication*, 33(3), 157~165.

Osgood, C. E., Suci, G. J., & Tannenbaum, P. H. (1957). *The measurement of meaning*. Urbana: University of Illinois Press.

Osgood, C. E., & Tannenbaum, P. H. (1955). The principle of congruity in the prediction of attitude change. *Psychological Review*, 62, 42~55.

Park, R. E. (1922). *The immigrant press and its control*. New York: Harper.

Park, R. E. (1940). News as a form of knowledge: A chapter in the sociology of knowledge. *American Journal of Sociology*, 45, 669~686.

Park, R. E. (1955). News as a form of knowledge. In R. E. Park (Ed.), *Society: Collective behavior, news and opinion, sociology and modern society*. Chicago: University of Chicago Press.

Park, R. E. (1972). The crowd and the public (C. Elsner, Trans.). In H. Elsner, Jr. (Ed.), *The crowd and the public and other essays*. Chicago: University of Chicago Press. (Original work published 1904)

Park, R. E., & Burgess, E. W. (1969). *Introduction to the science of sociology*. Chicago: University of Chicago Press. (Original work published 1924)

Peterson, P. V. (1973). J-enrollments reach all-time high as some academic disciplines ebb. *Journalism Educator*, 27(4), 4~5.

Peterson, R., & Thurstone, L. L. (1933). *Motion pictures and social attitudes of children*. New York: Macmillan.

Reeves, B., & Borgman, C. (1983). A bibliometric evaluation of core journals in communication research: Networks of communication publications. *Human Communication Research*, 10, 119~136.

Reick, T. (1949). *Listening with the third ear: The inner experience of a psychoanalyst*. New York: Farrar Straus.

Renshaw, S., Miller, V. L., & Marquis, D. P. (1933). *Children's sleep*. New York: Macmillan.

Rice, R., Borgman, C., & Reeves, B. (1988). Citation networks of communication journals, 1977~1985. *Human Communication Research*, 15, 256~283.

Riley, J. W., Jr., & Schramm, W. (1951). *The reds take a city*. New Brunswick, NJ: Rutgers University Press.

Rivers, W. L., & Schramm, W. (1969). *Responsibility in mass communication* (Rev. ed.). New York: Harper & Row.

Rogers, E. M. (1983). *Diffusion of innovations* (3rd ed.). New York: Free Press.

Rogers, E. M. (1994). *A history of communication study: A biographical approach*. New York: Free Press.

Rogers, E. M., & Chaffee, S. H. (1983). Communication as an academic discipline: A dialogue. *Journal of Communication*, 33(3), 18~30.

Rogers, E. M., & Chaffee, S. H. (1994, December). Communication and journalism from "Daddy" Bleyer to Wilbur Schramm: A palimpsest. *Journalism Monographs*, 147.

Rogers, E. M., & Dearing, J. W. (1988). Agenda-setting research: Where has it been, where is it going? In J. A. Anderson (Ed.), *Communication Yearbook 10*. Newbury Park, CA: Sage.

Rogers, E. M., Dearing, J. W., & Bregman, D. (1993). The anatomy of agenda-setting research. *Journal of Communication*, 43(2), 68~84.

Rogow, A. A. (1969). Toward a psychiatry of politics. In A. A. Rogow (Ed.), *Politics, personality, and social science in the twentieth century: Essays in honor of Harold D. Lasswell*. Chicago: University of Chicago Press.

Rosenberg, M. J., & Hovland, C. I. (Eds.). (1960). *Attitude organization and change*. New Haven, CT: Yale University Press.

Rosengren, K. -E. (1987). News diffusion: An overview. *European Journal of Communication*, 2, 135~142.

Ross, L. Q. (1937). *The education of H*Y*M*A*N K*A*P*L*A*N*. New York: Harcourt Brace.

Rosten, L. (1938). *The return of H*Y*M*A*N K*A*P*L*A*N*. New York: Harper & Brothers.

Rosten, L. (1967, April 15). Harold Lasswell: A memoir. *Saturday Review*, pp.65~67.

Salomon, G. (1979). *Interaction of media, cognition and learning*. San Francisco: Jossey-Bass.

Sapir, E. (1931). Communication. In *Encyclopedia of the Social Sciences* (Vol. 4). New York Macmillan/Free Press.

Schiller, H. I. (1983). Critical research in the Information Age. *Journal of Communication*, 33(3), 249~257.

Schramm, W. (1932). *Hiawatha and its predecessors*. Unpublished doctoral dissertation, University of Iowa, Iowa City.

Schramm, W. (1933). The cost of books in Chaucer's time. *Bibliography of modern language*, 48, 139~145.

Schramm, W. (1941). *Windwagon Smith and other yarns*. New York: Harcourt Brace.

Schramm, W. (Ed.). (1948). *Communication in modern society*. Urbana: University of Illinois Press.

Schramm, W. (Ed.). (1954). *Process and effects of mass communication*. Urbana: University of Illinois Press.

Schramm, W. (1955). Information theory and mass communications. *Journalism Quarterly*, 32, 131~146.

Schramm, W. (1956). The Soviet-Communist theory of the press. In F. S. Siebert, T. Peterson, & W. Schramm (Eds.), *Four theories of the press.* Urbana: University of Illinois Press.

Schramm, W. (1957). *Responsibility in Mass Communication.* New York: Harper & Row.

Schramm, W. (1959a). Comments on "The state of communication research." *Public Opinion Quarterly*, 23, 6~9.

Schramm, W. (1959b). *One day in the world's press.* Stanford, CA: Stanford University Prees.

Schramm, W. (1960). *Mass communications.* Urbana: University of Illinois Press. (Original work published 1949)

Schramm, W. (Ed.). (1963). *The science of human communication: New directions and new findings in communication research.* New York: Basic Books.

Schramm, W. (1964). *Mass media and national development.* Stanford, CA: Stanford University Press.

Schramm, W. (1973). *Men, messages, and media: A look at human communication.* New York: Harper & Row.

Schramm, W. (1977). *Big media, little media: Tools and technologies for instruction.* Beverly Hills, CA: Sage.

Schramm, W. (1988). *The story of human communication.* New York: Harper & Row.

Schramm, W., & Chu, G. C. (1967). *Learning from television: What the research says.* Washington, DC: National Association for Educational Broadcasters.

Schramm, W., Lyle, J., & Parker, E. B. (1961). *Television in the lives of our children.* Stanford, CA: Stanford University Press.

Schramm, W., Nelson, L. M., & Bethan, M. T. (1981). *Bold experiment: The story of educational television in American Samoa.* Stanford, CA: Stanford University Press.

Schramm, W., & Riley, J. W., Jr. (1951). Communication in the Sovietized state, as demonstrated in Korea. *American Sociological Review*, 16, 757~766.

Schramm, W., & Ruggels, W. L. (1967). How mass media systems grow. In W. Schramm & D. Lerner (Eds.), *Communication and change in the developing countries.* Honolulu: East-West Center Press.

Seashore, C. E., & Schramm, W. (1934). Time and intensity in English tetrameter verse. *Philological Quarterly*, 13(1), 65~71.

Sherif, M., & Hovland, C. I. (1960). *Social judgment*. New Haven, CT: Yale University Press.

Shoemaker, P. (1991). *Communication concepts 3: Gatekeeping*. Newbury Park, CA: Sage.

Shuttleworth, F. K., & May, M. A. (1933). *The social conduct and attitude of movie fans*. New York: Macmillan.

Siebert, F. S., Peterson, T., & Schramm, W. (1956). *Four theories of the press*. Urbana: University of Illinois Press.

Simpson, C. (1994). *Science of coercion: Communication research and psychological warfare 1945~1960*. New York: Oxford University Press.

Smith, B. L. (1969). The mystifying intellectual history of Harold D. Lasswell. In A. A. Rogow (Ed.), *Politics, personality, and social science in the twentieth century: Essays in honor of Harold D. Lasswell*. Chicago: University of Chicago Press.

Smith, B. L., Lasswell, H. D., & Casey, R. D. (1946). *Propaganda, communication, and public opinion: A comprehensive reference guide*. Princeton: Princeton University Press.

Smythe, D. W., & van Dinh, T. (1983). On critical and administrative research: A new critical analysis. *Journal of Communication*, 33(3), 117~127.

So, C. Y. K. (1988). Citation patterns of core communication journals: An assessment of the development status of communication. *Human Communication Research*, 15, 236~255.

Stouffer, S. A., Guttman, L., Suchman, E. A., Lazarsfeld, P. F., Star, S. A., & Clausen, J. A. (1950). *Measurement and prediction: Studies in social psychology in World War II* (Vol. IV). Princeton, NJ: Princeton University Press.

Stouffer, S. A., Lumsdaine, A. A., Lumsdaine, M. H., Williams. R. M., Jr. Smith, M. B., Janis, I. L., Star, S. A., & Cottrell, L. S., Jr. (1949). *The American Soldier: Combat and its aftermath: Studies in social psychology in World War II* (Vol. II). Princeton, NJ: Princeton University Press.

Stouffer, S. A., Suchman, E. A., DeVinney, L. C., Star, S. A., & Williams, R. M., Jr. (1949). *The American soldier: Adjustment during army life: Studies in social psychology in World War II* (Vol. I). Princeton, NJ: Princeton University Press.

Tankard, J. W. Jr. (1990). Wilbur Schramm: Definer of a field. In W. D. Sloan

(Ed.), *Makers of the media mind: Journalism educators and their ideas.* Hillsdale, NJ: Lawrence Erlbaum.

Tannenbaum, P. H. (1953). *Attitudes towards source and concept as factors in attitude change through communications.* Unpublished doctoral dissertation, University of Illinois at Urbana-Champaign.

Taylor, W. L. (1953). "Cloze procedure": A new tool for measuring readability. *Journalism Quarterly*, 30, 415~453.

Thayer, F. (1944). *Legal control of the press.* Chicago: Foundation Press.

Toffler, A. (1980). *The third wave.* New York: Morrow.

Troldahl, V. C. (1968). *Perspectives in studying communication.* Unpublished paper, East Lansing, Michigan State University, Department of Communication.

Washington, B. T. (1912). *The man farthest down: A record of observation and study in Europe.* New York: Doubleday.

Weaver, C. H. (1977). Appendix: A history of the International Communication Association. In B. D. Ruben (Ed.), *Communication yearbook I: An annual review published by the International Communication Association.* New Brunswick. NJ: Transaction Books.

White, D. M. (1950). The gate-keeper: A case study in the selection of news. *Journalism Quarterly*, 27, 283~290.

Whorf, B. L. (1941). The relation of habitual thought and behavior to language. In L. Spier, A. I. Hollowell, & S. S. Newman (Eds.), *Language, culture, and personality: Essays In memory of Edward Sapir.* Menasha, WI: Sapir Memorial Publication Fund.

Whorf, B. L. (1956). A linguistic consideration of thinking in primitive communities. In J. B. Carroll (Ed.), *Language, thought, and reality: Selected writings of Benjamin Lee Whorf.* Cambridge, MA: Technology Press of the Massachusetts Institute of Technology. (Original work published 1941)

Windelband, W. (1898). *A history of philosophy* (J. H. Tufts, Trans.). New York: Macmillan

Wright, C. (1960). *Mass communications: A sociological perspective.* New York: Random House.

Zajonc, R. B. (I960). The concepts of balance, congruity, and dissonance. *Public Opinion Quarterly*, 24(2), 280~296.

Zeigarnik, B. (1927). Über Behalten von erledigten und unerledigten

Handlungen. *Psychologische Forschung*, 9, 1~85.

Zeisel, H. (1979). The Vienna years. In R. K. Merton, J. S. Coleman, & P. H. Rossi (Eds.), *Qualitative and quantitative social research: Papers in honor of Paul F. Lazarsfeld*. New York: Free Press.

Zimbardo, P. G. (1985, June). Laugh where we must, be candid where we can: PT conversation with Allen Funt. *Psychology Today*, pp.42~47.

윌버 슈람 Wilbur Schramm은 1987년 호놀룰루에서 세상을 떠날 당시 당시 동서센터 동서커뮤니케이션연구소의 명예 소장이었다. 1907년 오하이오 주 마리에타에서 태어났으며, 1929년 마리에타대학을 우등생(Phi Beta Kappa)으로 졸업했다. 그 후 하버드대학교(1930년 석사)와 아이오와대학교(1932년 영문학 박사)를 다녔다. 2년간 심리학 분야에서 박사 후 과정으로 근무한 후, 1934년부터 아이오와에서 영문학을 가르쳤으며, 1942~1943년에 학교를 떠나 전시 복무를 했다. 그 후에는 아이오와 저널리즘학부장으로 돌아와서 1943~1947년까지 가르쳤다. 1947~1955년까지는 일리노이대학교, 1955~1973년에는 스탠포드대학교에서 재직했다. 스탠포드에서 은퇴한 후에는 홍콩중문대학교와 미시건대학교에서 잠시 가르친 기간을 제외하면, 커리어 나머지를 동서센터에서 보냈다. 슈람의 수많은 출판물에는 매스 커뮤니케이션 학문 분야의 발전에서 이정표가 된 많은 책이 포함되어 있는데, 《현대 사회의 커뮤니케이션*Communication in Modern Society*》(1948), 《매스 커뮤니케이션즈*Mass Communications*》(1949/1960), 《매스 커뮤니케이션의 과정과 효과*Processes and Effects of Mass Communications*》(1954), 《언론의 4이론*Four Theories of the Press*》(프레드 시버트와 시어도어 피터슨과 공저, 1956), 《매스 커뮤니케이션에서의 책임*Responsibility in Mass Communication*》(1957), 《우리 아동들의 삶에서의 텔레비전*Television in the Lives of Our Children*》(공저, 1961), 《매스 미디어와 국가 발전*Mass Media and National Development*》(1964), 《개발도상국의 커뮤니케이션과 변화*Mass Media and National Development*》(다니엘 러너와 공저, 1967), 《인간, 메시지와 미디어*Men, Massage, and Media*》(1973), 《빅 미디어, 작은 미디어*Big Media, Little Media*》(1978) 등이 대표작이다.

스티븐 H. 채피Steven H. Chaffee는 스탠포드대학교의 재닛 M. 펙 국제 커뮤니케이션 석좌 교수로 있다가 2001년 세상을 떠났다. 1980~1981년에 위스콘신대학교 매디슨 캠퍼스에서 저널리즘과 매스커뮤니케이션학부장을 지냈고, 1985~1990년, 1996~1997년에 스탠포드대학교 커뮤니케이션학과 학과장을 역임했다. 국제커뮤니케이션학회(ICA)의 회장과 펠로우를 지냈다. 1935년 캘리포니아의 사우스 게이트South Gate에서 태어나 레드랜즈대학교(1957년 학사), UCLA(1962년 석사), 스탠포드대학교(1965년 커뮤니케이션 박사)를 마쳤다. 저서로는 《정치 커뮤니케이션*Political Communiction*》(1976), 《텔레비전과 인간 행동*Television and Human Behavior*》(조지 콤스톡George Comstock 등과 공저, 1978), 《커뮤니케이션 과학 핸드북*Handbook of Communication Science*》(찰스 버거Charles Berger와 공저, 1986), 《우리 자신을 보려면: 중국와 미국의 전통적인 문화적 가치 비교*To See Ourselves: Compairing Traditional Chinese and American Cultural Values*》(종당 팬Zongdang Pan 등과 공저, 1994) 등이 있다.

에버렛 M. 로저스Everett M. Rogers는 뉴멕시코대학교의 커뮤니케이션-저널리즘학과 교수이자 학과장을 지내다가 2004년 은퇴한 직후 세상을 떠났다. 지난 42년간 커뮤니케이션 연구를 가르치고 연구를 수행했다. 오하이오주립대학교, 미시건주립대학교, 미시건대학교, 스탠포드대학교, 서던캘리포니아대학교, 뉴멕시코대학교에서 교수로 재직했다. 특히 저서로는 《혁신의 확산*Diffusion of Innovations*》 제4판(1995)과 《커뮤니케이션 연구의 역사: 전기적 접근*A History of Communication Study: A Biographical Approach*》(1994)이 유명하다.